小学数学教材研究

XIAOXUE SHUXUE JIAOCAI YANJIU

刘久成　著

南京大学出版社

图书在版编目(CIP)数据

小学数学教材研究 / 刘久成著. —南京：南京大学出版社，2022.8
ISBN 978-7-305-26040-7

Ⅰ.①小… Ⅱ.①刘… Ⅲ.①小学数学课－教材－研究 Ⅳ.①G623.502

中国版本图书馆 CIP 数据核字(2022)第 143332 号

出版发行	南京大学出版社
社　　址	南京市汉口路 22 号　　邮　编　210093
出 版 人	金鑫荣

书　　名	小学数学教材研究
著　　者	刘久成
责任编辑	钱梦菊　　　　　　编辑热线　025-83592146
照　　排	南京开卷文化传媒有限公司
印　　刷	江苏凤凰数码印务有限公司
开　　本	787 mm×960 mm　1/16　印张 19.75　字数 370 千
版　　次	2022 年 8 月第 1 版　2022 年 8 月第 1 次印刷
ISBN	978-7-305-26040-7
定　　价	62.00 元

网　　址：http://www.njupco.com
官方微博：http://weibo.com/njupco
官方微信：njupress
销售咨询热线：025-83594756

* 版权所有，侵权必究
* 凡购买南大版图书，如有印装质量问题，请与所购图书销售部门联系调换

前　言

在我国，中小学教材是几亿师生的精读文本，对读者的影响极为深远。我国近代教育家陆费逵在《中华书局宣言书》提出"教科书革命"的口号，他说："国立根本，在乎教育，教育根本，实在教科书。"改革开放之初，邓小平在主持召开科学和教育工作座谈会上指出："关键是教材，教材要反映出现代科学文化的先进水平，同时要符合我国的实际情况。"《国家中长期教育改革和发展规划纲要（2010—2020年）》也强调指出："调整教材内容，科学设计课程难度"。在课程改革的新形势下，探索教材的编制理念、内容结构、难度变化，以及如何适应学生的学习需要，都将成为教材研究的时代课题。

教材作为教学内容的载体，是教学大纲或课程标准的具体体现，是教学活动的凭借。它体现了国家意志，是提高国民素质、培养国家建设所需要的人才的重要工具。教材建设应坚持继承、改革、创新的基本方针，建立科学合理的教材体系，应着眼于学生的全面发展，既符合学科本身的特点，又符合学生的心理特征和认知规律；教材内容的更新和教材结构的设计，要在广泛实验的基础上慎重进行；教材的广度、深度宜在适当水平，并力求适度平衡；教材改革宜有适度频率、宜于渐进发展。教材一方面需要稳定，只有在稳定的过程中，一套教材的合理性、优势以及存在的不足才能显现出来，从而为下一步的改革积累经验、提供佐证。然而，稳定也是相对的，当今世界科技快速发展，知识更新的频率加快，课程教材长时间不变，将无法满足社会对学校教育的需求，无法满足学生发展的需要。况且，儿童智力发展水平提高，接受新信息的渠道增多、能力增强，教材内容如不及时更新、完善，儿童就会失去学习动力。

改革开放40多年来，教材制度经历了"国定制"到"审定制"变革，小学数学教材改革也经历了恢复重建、义务教育教材多样化探索和本世纪以来的改革创新三个主要阶段。通过分析研究不同阶段的教材，不仅可以回顾40多年来小学数学教材编写的历史，为学科课程和教材史研究积累资料，丰富理论，为构建更加完整的中国教育史具有学术参考价值,而且,通过分析、比较、评价教材的结构体系、内容设计、难度水平等,发现差异,归纳特色,总结规律,为深化小学数学课程改革和教材建设,以及教材编写和修订提供经验和理论依据。

本书为全国教育科学"十三五"规划教育部重点课题"改革开放以来小学数学教科书内容嬗变及其经验研究"(批准号 DHA190371)的研究成果。其特色在于以人民教育出版社改革开放以来出版的具有一定代表性的三套小学数学教材为研究对象,将教材内容划分为以下四个层次:知识领域—知识主题—知识单元—知识点,通过构建合理的研究框架和量化模型,以知识主题或知识单元为单位进行具体分析;再按数与代数、图形与几何、统计与概率三个知识领域对教材的编制背景、内容设计、呈现方式、结构特点和教材难度等进行归纳比较,最后对三个不同阶段小学数学教材的横向特点、纵向发展进行概括总结和进一步思考,运用定性、定量相结合的方法,客观理性地对教材的内容结构、广度、深度和教材难度等做出解释,揭示其主要特征和基本规律,比较系统、完整,具有一定的科学性和学术研究价值。

在历时三年的研究中,我的研究生朱茜、问婷郡、杨文、张茜、黄苏丹、蔡静怡、蒋璐、邵静仪、梁馨文、刘欣宜、盛泠芸、吴佳慧、顾瑾、孙京京等做了大量具体工作,分工撰写了部分初稿,没有他们的参与,如此海量的工作难以顺利完成。在该书出版之际,特别感谢南京大学出版社钱梦菊编辑给予的宝贵帮助,本书的出版得到了扬州大学出版基金的资助,在此一并表示感谢。

本书可供高等学校小学教育专业本科生、研究生阅读,也可为小学数学教师、教研员,小学数学教育研究者和教材编写人员提供参考。

小学数学教材改革研究一直在路上,愿我们携手共进。

刘久成

2022 年 3 月 26 日

目 录

第一章 绪 论 · 1
    一、研究背景 · 1
    二、文献综述 · 7
    三、研究问题与意义 · 19

第二章 研究设计 · 22
    一、教材选取 · 22
    二、研究维度 · 26
    三、研究内容与方法 · 28
    四、量化模型 · 30

第三章 数与代数内容研究 · 35
    一、整数认识内容研究 · 35
    二、分数认识内容研究 · 50
    三、小数认识内容研究 · 68
    四、整数运算内容研究 · 85
    五、分数运算内容研究 · 103

六、小数运算内容研究 …………………………………… 126
七、简易方程内容研究 …………………………………… 143
八、正比例和反比例内容研究 …………………………… 157

第四章 图形与几何内容研究 173
一、三角形内容研究 ……………………………………… 173
二、立体图形认识内容研究 ……………………………… 190
三、多边形面积内容研究 ………………………………… 207
四、体积测量内容研究 …………………………………… 225

第五章 统计与概率内容研究 243
一、统计表内容研究 ……………………………………… 243
二、统计图内容研究 ……………………………………… 261

第六章 研究结论与启示 280
一、各领域研究结论 ……………………………………… 280
二、整套教材研究结论 …………………………………… 299
三、研究启示 ……………………………………………… 304

主要参考文献 ……………………………………………… 310

第一章

绪　论

关于教材存在不同的理解,《中国大百科全书·教育卷》对此进行了解释:一是根据一定学科的任务,编选和组织具有一定范围和深度的知识和技能的体系,一般以教科书的形式来具体反映;二是教师指导学生学习的一切教学材料,包括教科书、讲义、讲授提纲、参考书刊、辅导材料以及教学辅助材料。其中教科书、讲义和讲授提纲是教材整体中的主体部分。① 由此可见,从狭义来说,教材即教科书或课本;从广义来说,教材是包含教科书在内的教师指导学生学习的一切教学材料。这里所论及的教材是狭义概念,即教科书或课本。小学数学教材即小学数学教科书或课本。它是根据小学数学教学大纲(或课程标准)编订的、系统地反映小学数学学科内容的教学用书,是课程的核心教学材料,是学生学习的重要资源,为教学活动的开展提供了基本线索。教材建设是一项专业的、复杂的系统工程,具有全方位、多层次、立体化的特征,必须加强统筹谋划、厚植基础研究。② 进入21世纪以来,教材的地位和作用越来越重要,人们对教材建设的期望也越来越高,更多地赋予教材研究的学科地位与学术品格,教材研究呈现全面升温态势。

一、研究背景

1978年,党的十一届三中全会召开,做出了把工作重点转移到社会主义现代化建设和实行改革开放的战略决策。40多年来,我国社会、经济、科技、文化飞速发展,基础教育成就显著,经历了拨乱反正与课程重建、实施义务教育,以及21世纪以来全面提高学生素质促进学生核心素养发展的课程改革。小学教育

---

① 中国大百科全书出版社编辑部.中国大百科全书·教育卷[M].北京:中国大百科全书出版社,1985:144-145.
② 余宏亮.建设教材强国:时代使命、主要标志与基本路径[J].课程·教材·教法,2020(3):95-103.

是基础教育的重要组成部分,是学生终身学习和不断发展的重要阶段。小学数学是义务教育的基础课程,在促进学生掌握必备的基础知识和基本技能,培养学生的抽象思维和推理能力,发展学生的创新意识和实践能力,建立正确的情感、态度与价值观等方面发挥着不可替代的作用。40多年来的小学数学教材演进,经历了教材"国定制",即全国一个教学计划、一部教学大纲、一套教材的"一纲一本",到"一纲(标)多本"的教材"审定制"变革。为适应课程教材改革和教学实际需要,国家和地方以及相关研究机构或组织先后编写了多套小学数学教材。

（一）改革开放以来小学数学教材改革之脉

1978年1月,教育部颁发的《全日制十年制中小学教学计划试行草案》提出:"数学课要加强数学基础知识教学和基本技能的训练。从小学起就要注意反映现代数学的观点。小学和中学都要适当提高程度。"[1]依据"教学计划"制订了《全日制十年制学校小学数学教学大纲(试行草案)》,并在总结过去编写教材的经验和教训,深入研究和借鉴国外中小学数学教学改革经验的基础上,编制了相应的小学数学教材。关于小学数学教材改革,有学者认为,学科体系不同于科学体系,教材内容确定之后,教材体系的安排应该主要考虑便于教、便于学。作为中小学教材的数学,除了要注意数学本身的系统性外,更重要的是必须考虑到学生的年龄特征和接受能力,在内容安排上遵循由浅入深、由易到难、循序渐进的原则,并允许有适当的循环。[2]

1986年4月,经第六届全国人民代表大会第四次会议通过并颁布了《中华人民共和国义务教育法》,并于1986年7月1日起施行,为我国确定义务教育课程性质,实行课程教材多样化提供了法律依据。1986年9月,国家教育委员会成立了全国中小学教材审定委员会和各学科教材审查委员会,国家教材审定、审查制度的建立,保证了在统一基本要求的前提下,有领导、有计划地实现教材多样化。

1988年8月,国家教育委员会颁发的《九年义务教育教材编写规划方案》的通知指出:"九年义务教育教材,必须在统一基本要求、统一审定的前提下,逐步实现教材的多样化,以适应各类地区、各类学校的需要。"这个规划方案设想用四五年时间逐步完成以下四种不同类型教材的编写工作,即:面向全国大多数地区

---

[1] 课程教材研究所.20世纪中国中小学课程标准·教学大纲汇编课程(教学)计划卷[M].北京:人民教育出版社,2001:328.

[2] 张玺恩,蔡上鹤.当前中小学数学教材改革中需要深入研究的几个问题[J].课程·教材·教法,1981(1):38-41.

适合一般学校使用的"五四制"和"六三制"教材,面向经济文化比较发达的办学条件较好学校使用的教材,面向经济文化基础比较薄弱的边远地区、农牧地区和山区学校使用的教材。① 根据这个规划方案,参加这项改革实验的有所谓"八套半"教材,即:人教社编写面向全国大多数地区的"六三制"和"五四制"教材共二套;北师大编写"五四制"一套;广东省教育厅、福建省教委、海南省教委以及华南师范大学组编的一套"沿海版""六三制"教材;四川省教委和西南师范大学组编的"内地版""六三制"教材一套;河北省教委编写的一套适应农村小学复式班的教材(没有初中部分,俗称半套);东北师范大学等八所高师院校出版社协作委员会编写的"六三制"教材(该套教材由于种种原因未能出齐)。此外,国家教委还委托上海编写了一套适应发达城市地区的"六三制"教材,委托浙江编写了一套面向发达农村地区的"六三制"教材(暂不审查)。② 八套半教材开启了国家层面的教材从"一纲一本"到"一纲多本"的多样化探索之路,是政府主导下的、自上而下的对教材多样化的积极尝试。

20世纪90年代,姜乐仁提出:数学教材要融数学知识,儿童认识规律,教法、学法基本原理于一体。③ 张奠宙也曾提出,数学教材的编写需要回答以下十个问题:自下而上还是自上而下;分科还是综合;螺旋式还是直线式;形式演绎体系要不要坚持;过程式还是结论式;选修与必修;学生用书与教师用书;民族性特色;趣味性问题;计算器的使用。④ 这些问题既涉及教材设计的价值取向和指导思想,也涉及教材的编排体系和编写风格,如果没有明确的决策,教材改革的特色就不会鲜明,效果也会受影响。

在谈到人教版九年义务教育小学数学教材改革成果时,卢江认为,教材内容的改革体现了以下几个方面:一是在数与计算。重视数概念的教学,重视形成数的意识;重视加强口算和估算;笔算重视算理的教学。二是加强几何初步知识。包括:注意几何知识与认数、计算、量的计量的配合,适当分散安排;加强了动手操作;注意从实际中抽象出几何概念和几何图形,强调对几何概念和几何图形的理解,培养学生的空间观念;适当渗透了一些几何变换的思想;重视几何知识应用,适当增加了联系实际的题目。三是加强统计初步知识的教学。改变了原通

---

① 课程教材研究所.新中国中小学教材建设史(1949—2000)研究丛书·数学卷[M].北京:人民教育出版社,2010:154.
② 课程教材研究所.课程教材改革之路[M].北京:人民教育出版社,2000:12.
③ 姜乐仁.素质教育的最佳方式和途径是实行启发式教学——对深化数学启发式教学实验的思考[J].人民教育,1996(11):37-38.
④ 张奠宙.有关编写数学教材的十项决策[J].中学教研,1990(1):1-2.

用教材直到最后一册才出现统计知识的做法,把统计初步知识提前并适当分散教学,同时加强统计思想的教学,培养学生用统计的思想方法分析思考问题的习惯。四是改革应用题的教学。在步数上限制只有三步,在内容选取上限制"典型应用题",尽量选取与实际相联系的题目,增加探索性题目,注意与计算、几何初步知识、统计初步知识贯穿在一起。①

进入 21 世纪以来,新一轮课程教材改革呈现了以下特点:小学数学教材更深层地融入"以学生为本"的理念;注重学生的生活经验,加强数学与现实生活的联系性;注重数学学科与其他学科、科学精神和人文精神的整合性;注重呈现形式的多样化,倡导多元化的学习方式;教材的编写更有利于师生互动、更富有弹性,为学生的发展留出空间;素材选择、编排体例上努力体现最新课程理念,改变过去通常以"例题—结论—练习"的编写模式,采取"问题情境—建立模型—解释、应用与拓展"的编写模式。也有学者认为,21 世纪我国各版本数学教材有如下共同特点:① 重视数学知识与实际问题的联系,反映数学的实际背景与应用;② 重视数学知识的形成过程,加强教材的启发性和探究性;③ 改进教材的呈现方式,提高学生学习数学的兴趣;④ 介绍有关数学背景知识,体现数学文化的价值;⑤ 注重信息技术与数学课程的整合,提高教与学的效益。②

综观改革开放以来,我国小学数学教材改革大致经历了改革开放初期的小学数学教材的恢复与重建时期,实施义务教育采取"一纲多本"的教材多样化探索时期,以及本世纪以来的小学数学教材建设的改革与创新时期。现行小学数学教材与以往教材相比,应当说明显地表现出新的理念和编写风格。首先,新教材特别强调与现实生活的联系,即普遍采取了"问题情境—建立模型—解释、应用与拓展"这样一种基本的编写模式;其次,新教材"致力于改变小学生的数学学习方式",即努力倡导"探索、合作、交流的新型学习方式";新教材在计算方法多样化与估算的普遍提倡,努力培养学生提出问题的能力等方面,也明显地表现出了新的导向。③ 然而,教材研究是一个历久弥新的领域,任何时候都有值得研究的问题:如何加强课程标准与教材的系统设计?如何处理不同学段间的有效衔接?如何给教师的创造性劳动提供更为合适的空间?如何进一步增强教材编写工作的科学性?回顾过往历程,总结经验教训,立足当前实际与深入进行教材理论研究是不断提高教材编写质量的重要途径与必要保证。

---

① 卢江.面向 21 世纪的小学数学课程改革与发展[J].课程·教材·教法,1998(10):38-43.
② 曹一鸣,梁贯成.21 世纪的中国数学教育[M].北京:人民教育出版社,2018:157.
③ 郑毓信.关于小学数学教材建设的若干想法[J].课程·教材·教法,2006(7):35-38.

（二）不同阶段小学数学教材比较研究之需

回顾改革开放以来我国小学数学教材建设走过的历程，由于小学数学教材在数学课程计划和实施中具有重要地位，承担着将国家意志、课程标准转化为实际教学内容的责任，因此小学数学教材研究一直以来是数学教育研究关注的领域之一。

然而，从研究内容来看，现有成果中关于小学数学教材史研究较为少见，特别是对近40多年小学数学教材系统研究比较缺乏。邱学华主编的《中国小学数学四十年》（河北教育出版社，1989），王权主编的《中国小学数学教学史》（山东教育出版社，1996），李润泉等编著的《中小学数学教材五十年》（人民教育出版社，2008），以及课程教材研究所编著的《新中国中小学教材建设史（1949—2000）研究丛书·数学卷》（人民教育出版社，2010）是对新中国成立以后至20世纪末的小学数学教材发展历程的梳理和经验总结。上述成果主要在于提供小学数学教材建设史料，介绍教材变革的时代背景和来龙去脉，总结教材编写的特点和经验，从时间跨度来看，缺少对近二十年来的小学数学教材的系统研究。近年来，有学者出版了关于教材质量以及数学教材的国际比较研究成果，如袁振国主编的《中小学理科教材难度国际比较研究丛书》（教育科学出版社，2016）、孔凡哲的《教科书质量研究方法的探索——以义务教育数学课程标准实验教科书为例》（人民教育出版社，2008）、陈月茹的《中小学教科书改革研究》（教育科学出版社，2009）等，以及史宁中、鲍建生、曹一鸣等进行的中小学数学教材的国际比较研究成果等。这些研究有的主要关注于教材的难度、特色，有的专注于教科书质量的研究方法，也有从理论上、策略上探索教科书改进和革新之路。但是，关于国内不同版本小学数学教材的比较研究，往往只是针对同一时期不同版本教材内容的比较，或者是就某版教材中的单元内容、主题内容进行分析研究，缺乏对不同阶段整套教材内容的系统比较。如此难以客观、完整地反映我国多年来小学数学教材内容的演变历程，难以准确揭示教材发展的特点和规律。

从研究方法来看，我国小学数学教材的比较研究起步较晚。改革开放之前，只有一些零星成果，主要是外国教学大纲或课本的简单介绍，教材研究者主要是一线教师和教材编写者。从研究的理论深度和研究方法的运用来说，对教材的研究是浅层次的、分散的，缺乏系统性。改革开放之后"一纲多本"的教材制度、民族教材发展以及视听教材建设等为教材理论研究提供了丰富的实践源泉和良好机遇，教材研究逐步由"潜在"到"显在"，从"混杂"到"独立"。[①] 由于对教材文

---

① 曾天山.教材论[M].南昌：江西教育出版社，1997：2.

本进行分析研究,没有绝对统一的方法,当前教材研究偏重于比较法和内容分析法。客观来说,小学数学教材研究成果在广度、深度上仍存在不足,在课程、教材、教法的结合水平上,在教材设计、实践、评价的科学水平上,在教材研究的理论、方法、手段的建构上,教材研究者仍然面临许多挑战。

(三)小学数学教材难度于学生负担加重之辨

就世界范围来看,中小学教材的内容越来越丰富,知识领域与范围有增加和扩大之势,笼统来看,教材难度有所增加。随着改革开放和基础教育发展,我国近几十年来的小学数学教材也发生了明显变化,随之而来关于减轻中小学生过重课业负担的呼声也越来越高。2010年7月29日,中共中央、国务院印发了《国家中长期教育改革和发展规划纲要(2010—2020年)》,指出"调整教材内容,科学设计教材难度"。2021年8月27日,中共中央办公厅、国务院办公厅印发了《关于进一步减轻义务教育阶段学生作业负担和校外培训负担的意见》,目的在于通过"意见"的贯彻落实,使得学校教育教学质量和服务水平进一步提升,作业布置更加科学合理,学校课后服务基本满足学生需要,学生学习更好回归校园,校外培训机构培训行为全面规范。

中小学教材一定程度上反映一个国家教育发展水平,教材的难易不仅决定学生掌握科学文化知识的程度,而且关系到人才培养的目标和全民族整体素质,关系到国家的未来。教材改革必然涉及教材难度的调整,我国现行教材的难度如何?有研究者对俄罗斯、美国、澳大利亚、德国、中国、新加坡、韩国、日本、法国、英国等十国中小学现行理科教材难度进行比较研究认为:"从总体上看,我国教材难度处于世界中等水平,但在广度、深度和不同知识主题的难度上表现出不同特征。""小学数学教材难度比较适中,初高中数学教材偏难。"[①]其研究是仅就教材文本进行比较,没有涉及教师素质、学生因素,也没有涉及教学要求,尤其是相关国家在使用教材时对文本的依赖程度不一样,难以考量所需要的实际教学时间。当然,要综合上述诸多因素的教材难度研究是难以完成的。

纵向来看,我国现行小学数学教材内容,经过40多年来的演进发生了一定变化,精选传统的算术内容,适当增加代数、几何初步知识,适当渗透集合、函数、统计、概率等数学思想方法,增加弹性,加强应用,注重实践。然而,传统的算术内容作为小学数学知识的主干依然存在,主要知识主题依然保留。这些内容在不同阶段的教材中是如何编制的?教材的结构体系、内容设计、呈现方式等有怎

---

① 袁振国.中小学理科教材难度国际比较研究丛书[M].北京:教育科学出版社,2016:8.

样的特点呢？教材难度又有怎样的变化呢？这就启示我们需要客观认识造成学生过重学习负担的真正根源，寻求减轻学生负担的治标与治本之策。

二、文献综述

（一）教材评价研究

数学教材的评价能为编者修订、完善数学教材提供理论基础与实践建议。全面、客观的数学教材评价指标体系的建立，能让我们直观有效地评价教材，为修订教材，提高教材质量创造了可能，提供了条件。

国外从19世纪中叶开始进行教材评价研究，20世纪初开始教材评价的理论探索，内容包括教材评价的概念、范围、内容、功能，评价的主体、过程、方法和原则等。20世纪50年代就有学者提出教材评价标准的概念，国外对教材综合性评价体系的研究，主要集中在20世纪60—80年代，21世纪以后转向微观指标研究。美国学者扬和瑞格鲁斯（M.J.Young & C.M.Reigeluth，1988）提出教材评价的一般维度和特殊维度，一般维度包括学科内容、社会内容、教学设计、可读性和制作质量；特殊维度包括教材与课程纲要的适切性等。

关于教材评价细则，国外较早涉及教材评价工具的是美国科学促进会提出的"2061计划"，它设计了针对数学与科学教材的评价工具，从内容分析和教学分析两个维度对教材进行评估。[1] 该计划经过多次实践研究表明，其可信度与效度都较高，对我国基础教育教材的评价起到一定的参考作用。该计划的理念主要是倡导科学教育，以科学教育、学生为本的精神指导教材的评估，提倡对课程整体内容的精简，而加强学生与生活实际的联系。[2] 同时注重教材的实际使用效果。

美国的基础教育教材评价研究起步较早，发展至今已相对成熟且系统化。与其地方分权的教育管理体制相适应，美国既有跨州的"2061计划"教材评价标准，也有各州在此基础上制定的本州教材评价标准，这些标准的研制理念与现代教育评价理论一致，很好地体现了对教材价值的判定，并使教材的价值得以量化并外显出来。[3] 英国苏克萨斯大学迈克·伊劳特（Michael Eraut）等人研制的"苏克萨斯方案"，在英国教材评价中很有代表性，方案在评价维度上兼顾了教材

---

[1] 张颖.美国"2061计划"教材评价工具简介[J].课程·教材·教法，2009(3)：82-85.
[2] 续润华，王会娟.美国2061计划倡导的素质教育理念述评[J].继续教育研究，2010(3)：112-114.
[3] 杨文源，刘恩山.美国基础教育理科教科书评价标准及其启示[J].外国中小学教育，2013(8)：54-59.

的静态质量分析和动态使用评价。① 日本学者松田义哲的教材评价体系分为六个维度：内容、对于学习者发展的适切性、对地区的适切性、便于教学、物理属性、编著出版。② 该指标体系将教材质量、教材发行和教材使用效果结合起来。

上述研究对我国教科书评价研究及标准的制定具有借鉴和参考意义。总体来看，国外的教材评价主要呈现了以下四个方面的特点：淡化"评价"的色彩，增加"分析"的成分；对宏观评价体系的研究减少，对具体指标和微观评价的研究增多；教材评价方式由封闭走向开放，兼顾教材的静态质量分析和动态使用评价；评价主体更加多元化。

在国内，早在1989年，阎金铎提出了关于教材内容和选择、关于教材内容的程度水平、关于教材的版面设计这三个方面的评价角度，并具体给出了28个问题。③ 近年来，也有不少的研究者对教材进行评估。丁朝蓬认为，教材评价主体包括学生主体和社会主体，这两个主体的需要应该综合考虑，教材的评价指标可划分为目标、内容特性和教学特性三个维度。④ 高凌飚认为，教材评价是评价主体对教材价值的判断过程，涉及评价的维度、标准、指标体系等方面。⑤。对于教材评价有学者认为，归纳起来主要有以下四种观点：一是认为教材评价本质上是衡量教材在实现教育目标的过程中的有效程度；二是将教材评价视为对教材的测量和测验；三是把教材评价看作是收集与提供资料，让决策人员从事有效决策的历程；四是将教材评价视为评价主体"对教材价值的判定"。⑥ 前三种观点主要是从教育决策角度去界定教材评价的概念，是对教材评价的一种认识，并没有清楚揭示教材评价的本质。第四种观点表明，教材评价是对教材一定价值关系可能后果的预见和推断，反映了教材评价的本质。也有学者认为，教材评价可以从以下维度来评价：① 教材内容的正确性如何，知识点有没有错误的地方。② 教材的知识内容是否按照学生的心理逻辑来安排。③ 教材的插图如何，图片是否有趣生动。④ 教材是否体现了课程标准的内容。⑤ 教材的内容是否最大程度上体现了时代性。⑥ 教材的内容是否体现了开放性，为学生的思考留下了一

---

① Michael Eraut, Len Goad, George Smith. The Analysis of Curriculum Materials [M]. Falmer: University of Sussex Press, 1975:79,103-108.
② 袁振国主编,廖伯琴等著.中小学理科教材难度国际比较研究(高中物理卷)[M].北京:教育科学出版社,2016:15.
③ 阎金铎.评价教材的参照性细目[J].学科教育,1989(3):62-64.
④ 丁朝蓬.教材评价的本质、标准及过程[J].课程·教材·教法,2000(9):36-38.
⑤ 高凌飚.教材分析评估的模型和层次[J].课程·教材·教法,2001(3):1-5.
⑥ 邝丽湛.教材评价的本质及其价值分析[J].教育研究,2002(7):33-36.

些空间。⑦ 教材是否通过适当的处理满足了不同程度学生的需要。⑧ 教材是否能够避免完全城市化的倾向,加入地方文化,以适应地方学生的需要。① 王晓丽等聚焦于"教材适切性评价",从教材与学生一般认知规律的适切性、教材与学生一般生活经验的适切性、教材与具体学科思维培养要求的适切性以及教材与具体学科知识技能学习要求的适切性四个维度,建构了 17 个评价指标。②。

李润泉等编著的《中小学数学教材五十年》(人民教育出版社,2008 年),以人民教育出版社先后出版的中小学数学教材为线索,回顾总结了新中国成立五十年来中小学数学教材编写的历史,阐述了其间教材编写的来龙去脉,并对教材的结构、内容等进行了分析评论,为人们提供了编写教材的一些经验和原始资料。有学者认为,改革开放 40 年小学数学教材建设经历了以教材改革和课程改革为中心的两大发展阶段,其演进逻辑以如何使教材更具适应性为主线,通过不断与时代发展的需求相适宜,不断与教育改革相吻合,不断与学生需求相适应,实现了教材的现代化、多样化发展。③ 有学者回顾中国小学数学教材建设 70 年历程时指出,中国小学数学教材建设经历了"为了中国化"和"实现现代化"两大阶段,并在教材目标上从三大能力的培养拓展到落实十大核心概念;在教材内容上从算术内容体系拓展到四大领域的内容体系;在教材编制上形成以数学课程文件为根本的教材编制模式;在教材改革上形成实验先行的小学数学教材建设基本路线。④

对教材的评价研究能够间接地为审视教材提供方向,进而为编写教材做出一定的贡献。应该说,改革开放 40 多年来的教材研究从理论性和实践操作性上都有所突破。但是,教材评价研究反哺于教材编写的能力仍然欠缺,在今后相当长的一段时间内,教材评价研究仍将是教材研究的重点甚至是难点。

(二)教材比较研究

教材比较是指在科学理论指导下,采用适当的研究方法描述教材的现象,比较不同版本教材在不同维度的特点,探究它们之间的相似性和差异性,为分析、评价和改进教材提供理论支撑。在国际上,TIMSS 的课程教材比较研究是最具影响力的,其研究的国际协调者罗比塔耶(D.F.Robitaille)认为,在每个国家,数

---

① 张鹤,国晓华.从教材理论发展的三个方面看教材评价[J].当代教育论坛,2005(11):45-46.
② 王晓丽,芦咏莉,李斌.教材适切性评价指标体系的理论及实证研究[J].课程·教材·教法,2014(10):40-45.
③ 李星云.改革开放 40 年我国小学数学教材的建设[J].课程·教材·教法,2018(12):21-26.
④ 章全武.中国小学数学教材建设 70 年:回顾与展望[J].数学教育学报,2021(3):59-63.

学教材在数学的教和学上都发挥了重要作用,因此,理解不同国家的教材是如何展现它们的内容和方法的,这是一个很重要的研究领域。① 数学教材作为数学课堂师生互动的载体,它的地位举足轻重,一本好的教材一定程度上会影响课堂的教学质量。因此一些研究机构、学者和教育专家开始对不同版本的教材进行分析,发现彼此的优缺点,加以改进。小学数学教材比较研究主要有两大类:不同教育体制影响下的中外小学数学教材的比较和国内不同版本小学数学教材的比较。

1. 中外小学数学教材比较研究

20 世纪 80 年代,张孝达(1981)发表的《日本中小学数学教材修订前后》,探讨了日本这次修订数学教学内容的原因,它同教材内容的关系以及学校具体实施情况。曹飞羽(1987)发表的《英国中小学数学教育的改革》,介绍了其 1986 年参加在伦敦举行的第二届中英数学教育讨论会以及参观、访问所了解到的有关英国中小学数学教育的改革情况。王正旭(1987)发表的《苏联小学的数学教育改革情况》,介绍了苏联普通学校的学制改革、课程设置、教学内容、教材编写等数学教育改革情况等。

20 世纪 90 年代,数学教育研究范围逐步扩大,数学教育国际比较快速发展。关注的领域增多,不仅是外国数学课程的介绍,还有课程、教材的评析,课程、教材差异的比较等,研究内容更加深入。曹侠等将我国"义务教育大纲(初审稿)"与我国台湾"课程标准"和日本"指导要领"进行比较时认为:在内容结构上,"义务教育大纲"按照我国的习惯以知识块的形式分为七大部分,而我国台湾的"课程标准"则分为五大领域:① 数与量;② 实测与计算;③ 图形与空间;④ 统计与图表;⑤ 集合与关系。日本"指导要领"将教学内容分为四大领域:① 数与计算;② 量与测量;③ 图形;④ 数量关系。在广度和深度上,四种教学大纲的教学内容和范围大体一致,但其广度、深度却有区别,总的看来,"课程标准"和"指导要领"规定的教学内容较"义务教育大纲"和"现行大纲"面广而不难,至于深度则有的较深,有的较浅,不能一概而论。在内容编排上,日本"指导要领"整数部分四个循环,小数部分三个循环,分数部分四个循环。我国台湾"课程标准"与"指导要领"大体相同,唯一不同的是在六年级学完整数、小数、分数以后又引入负数的初步

---

① Howson.Mathematics textbooks: A comparative study of grade 8 texts[M]. Vancouver: Pacific Educational Press,1995.

概念。①

通过分析比较美国、英国、法国、德国、瑞典、日本和苏联七国的有关资料,刘兼认为,当今主要发达国家关于中小学数学课程内容反映了以下特点:① 拓宽知识面,使学生尽早体会数学的全貌。② 注重现代数学思想方法的渗透。③ 重视在应用数学解决问题的过程中,使学生学习数学、理解数学。④ 加强几何直观,特别是三维空间图形的认识,降低传统欧氏几何的地位,特别是欧氏几何对演绎推理的作用,用现代数学思想处理几何问题。⑤ 较早引入计算器、计算机,发挥现代技术手段在探索数学、解决问题中的作用。② 有学者分析、探讨了自 20 世纪 50 年代至 90 年代,韩国基础数学教育课程进行的六次重大改革,认为韩国基础数学教育课程的每次改革都将数学教育适应社会发展作为第一需要,将实现人才全面培养作为最终目的。③ 綦春霞分析了阿拉伯国家 80 年代以前和 80 年代以后的数学教育情况认为,阿拉伯国家数学课程内容将更强调数学的应用、数学的民族性。④

进入 21 世纪以来,小学数学教材的国际比较成了数学教育界共同关心的问题。以上海、日本一至五年级的教材为研究对象,对数与计算、量与计量、几何初步知识等六部分教学内容的编排特点和编写特点进行分析。曹培英认为,在编排方式上两套教材大体按适当分段、螺旋上升的教材整体结构编排。在编写方式上,上海教科书是学科特点、理性认识和练习效率,而日本教科书是学生特点、感性认识和练习兴趣,两者具有互补性。⑤

美国、日本、德国等发达国家小学数学教材建设存在哪些共性特点,张天孝等对此分析认为,重视问题解决、数学应用、倡导现代技术的应用等是其共性特征。⑥ Meixia Ding & Xiaobao Li 比较了美国与中国小学数学教材的分布属性,并从三个维度切入,发现美国教材中以计算策略为主,但是基本原理很少明确,而中国教材较侧重于基本原则与从学生认知方面出发。⑦ 有学者认为,中国的

---

① 曹侠,李润泉.九年制义务教育全日制小学数学教学大纲(初审稿)同我国现行大纲、台湾课程标准、日本国学习指导要领的比较[J].教育学报,1992(3):2-6.
② 刘兼.面向 21 世纪的中小学数学课程改革——使大众数学成为现实[J].教育研究,1997(8):63-67.
③ 陆书环.韩国基础数学教育课程改革历程[J].教育研究,1998(10):73-76.
④ 綦春霞.阿拉伯国家数学教育的概况[J].外国中小学教育,1999(1):28-32.
⑤ 曹培英.中日小学数学教材的比较研究[J].课程·教材·教法,2000(6):52-55.
⑥ 张天孝,唐彩斌.美、日、德小学数学教材的共性特征及启示[J].比较教育研究,2005(1):78-81.
⑦ Meixia Ding & Xiaobao Li. A Comparative Analysis of the Distributive Property in U.S. and Chinese Elementary Mathematics Textbooks[J]. Cognition and Instruction,2011(4): 146-180.

人教版、北师大版和美国芝加哥大学数学项目教材中问题提出的编写有较大差异。主要表现在：问题提出数量、问题提出的类型、问题提出所处知识领域以及含特定要求的问题提出方面。中国教材中问题提出的编写可以关注以下几个方面：合理增加教材中问题提出的比例，均衡各类型问题提出的分布，适当调整各知识领域问题提出的设置，对问题提出加以适当引导。① 有学者通过对美、英、法、德、俄、澳、韩、日、新加坡 9 个发达国家的 12 套小学数学教科书进行比较研究发现，当前发达国家小学数学教科书在编写理念上普遍重视数学的基础知识和基本技能的掌握，突出创新精神和实践能力的培养；在编写方式上普遍以螺旋式为编排方式，以数学活动为编写形式，以直观形象为呈现方式，淡化形式化表述，突出数学与生活的联系。②

我国学者在教材比较研究方面，主要集中在数与代数领域，例如蔡金法等人比较研究了中美小学数学教材中代数概念的部分，目的是探究我国小学数学课程中代数概念的发展。研究结果表明数的四则运算在两个国家的小学数学中是一个重点，但在等式与方程的一些细节概念上，两国差别较大。③ 此外，在这一领域更多的是集中在分数部分。蒲淑萍对中、美、新三国小学数学教材中分数的定义进行了比较研究。④ 王利从内容呈现、例题设置和对学生的要求这三个方面比较了中新两国小学数学教材"分数"内容，根据结果对中国教材的编写提出了一些意见。⑤ 徐亚、隋佳源对中国、日本、新加坡教材中的分数问题展开了研究，以期通过这些知识点比较小学数学教科书认知复杂程度，并对中国教科书的修订及使用提供参考意见。⑥ 张艳以美国、新加坡、中国小学数学教材为例，从横向维度和纵向维度对教材中分数的运算展开比较研究。⑦

教材难度比较是教材比较的重要内容。有学者运用数学教材难度模型，对澳大利亚 Nelson 小学数学教材和我国人教版的小学数学教材进行难度比较，二

---

① 胡典顺,薛亚乔,王明巧.中国和美国小学数学教材中问题提出的比较研究[J].数学教育学报,2016(4):37-41.
② 邝孔秀,宋乃庆.发达国家小学数学教科书编写改革趋势及其启示[J].比较教育研究,2016(5):63-70.
③ 蔡金法,江春莲,聂必凯.我国小学课程中代数概念的渗透、引入和发展:中美数学教材比较[J].课程·教材·教法,2013(6):57-61,122.
④ 蒲淑萍."中国 美国 新加坡"小学数学教材中的"分数定义"[J].数学教育学报,2013(1):38-41.
⑤ 王利.中新两国小学数学教材"分数"内容的比较研究[D].西南大学,2014.
⑥ 徐亚,隋佳源.小学数学教科书认知复杂程度的比较研[J].上海教育科研,2015(12):37-41.
⑦ 张艳.小学数学教材中分数运算的比较研究——以美国、新加坡和中国为例[D].华东师范大学,2011.

者都选择4年级的数学教材。研究发现:在内容广度上,澳教材明显高于我国教材;在内容深度上我国教材高于澳教材;在习题难度上,我国教材低于澳教材。结果表明:中、澳两国小学数学教材总体难度相当,但澳教材在各维度上难度较均衡;中国教材难度在各维度上有一定的波动;澳小学数学教材内容宽而不浅;中国小学数学教材在内容深度上难度较高。① 从教材的内容广度、内容深度、习题难度比较研究我国人教版与澳大利亚"新路标数学"小学四年级数学教材的难易度,发现:① 内容广度上,"人教版"知识点个数比"新路标数学"知识点个数少,前者更侧重数与代数领域且着重计算;② 在教材内容深度方面,"人教版"相对更加偏重知识的掌握层次;③ 在教材习题的安排方面,"人教版"教材中习题题量小得多,以模仿与迁移为主,而"新路标数学"教材中的习题多得多,大多是模仿型任务,类似于一本习题集。②

通过构建小学数学教材习题分析体系,对我国和法国各一套有代表性的小学数学教材的四年级全部习题进行定量分析,发现法国小学数学教材的习题认知水平比我国的高,两国小学数学教材的习题背景水平比较接近,我国小学数学教材需要增加"迁移""探究"层次的习题,减少"模仿"层次的习题,同时适当增加"生活背景"和"科学背景"类的习题。③

袁振国领衔的研究课题"中小学理科教材难度国际比较研究",集中了6所师范大学的13个团队,2011年开始,从广度、深度着手,综合判断教材的难度,其成果由教育科学出版社出版。选取了俄罗斯、美国、澳大利亚、德国、中国、新加坡、韩国、日本、法国、英国等十国有一定代表性教材进行研究,从总体上看,我国理科教材难度处于世界中等水平,但广度、深度和不同知识主题的难度上表现出不同特征。其中,小学数学教材难度比较适中,初高中数学教材偏难,小学数学教材内容略少,初高中数学教材内容偏多,小学、初中数学教材习题偏难,高中数学教材习题偏易。④ 既然我国理科教材难度在世界上处于中等水平,那为什么我国中小学生的负担会特别重呢?课题组通过调查认为,原因主要在于课外加码和教育不得法,并且,我国理科教学的实际难度远远高出教材的平均难度。

---

① 王宽明.中澳两国小学数学教材难度比较研究——以人教版和Nelson小学数学四年级教材为例[J].现代中小学教育,2015(2):112-117.
② 李忠如.中澳小学数学教材难易度表现的比较研究——以四年级教材为例[J].数学教学通讯,2018(2):10-12.
③ 邝孔秀,朱亚丽,刘芳.中国、法国小学数学教科书的习题比较及其启示[J].湖州师范学院学报,2015(12):1-4.
④ 袁振国.中小学理科教材难度国际比较研究丛书[M].北京:教育科学出版社,2016:8.

中外比较的意义在于了解别国的小学数学教材情况,吸取其在小学数学教材编写方面的先进经验,进而改善我国小学数学教材的编写状况。

2. 港台及内地小学数学教材比较研究

以"人教版"和台湾"康轩版"小学数学教材为研究对象,对海峡两岸教材中分数例题的整体结构和编写特征进行比较。研究结果表明:① 两套教材在例题的整体结构方面差别不大;② 在例题的编写特征方面,两套教材在例题的情境类型、表征形式、有无点拨及点拨类型、启发方法、解题方法的多样化、回答方式等6个方面均存在一定差异。可以得到如下启发:例题应为学生提供更多反思的机会;应更加重视分数的图象表征形式;应更关注儿童对分数概念的理解。①

教材的编排方式在一定程度上会影响教师的教学和学生的学习。有学者以分数除法这一计算教学中的难点为切入点,分别从横向和纵向两个维度对大陆(苏教版)和台湾(康轩版)教材中分数除法的编排进行比较。比较发现,在整体结构上,康轩版教材的例题数量多于苏教版;苏教版练习的数量是康轩版的两倍多;康轩版涉及的知识点更多,且内容难度大,但例题间难度的坡度比苏教版小。在具体内容的组织上,苏教版通过个案联系、引导猜想等过程,即通过不完全归纳得到计算法则,康轩版则从多例呈现、算法引导、发现规律等过程得到计算法则,其例题结构完整,算法前后统一。由此,小学数学教材的编写和教学实践需合理地把握教材中例题间的难度,有意识地关注教材内容所涉及的数学知识的本质和境脉,凸显数学概念的深层次理解。②

西南师大版与香港版小学数学教材知识表征的比较研究表明:① 教材知识表征形式方面,两版教材都是以文字表征为主,但香港版教材比西师版教材更加注重图象表征。② 教材知识表征多元性方面,香港版教材比西师版教材更加注重多元性。③ 教材知识表征关联性方面,两版教材都比较注重知识表征形式的关联性,并都以并列关系和承接关系为主,但香港版教材并列关系所占比例大,而西师版教材承接所占关系比例大。④ 教师对教材知识表征使用情况方面,内地教师和香港教师对教材知识表征进行完全使用的情况较多,香港教师在对教材知识表征进行改编使用的部分比内地教师多,在教材知识表征的创新使用相

---

① 张文宇,张守波.海峡两岸小学数学教材分数内容例题的比较研究[J].数学教育学报,2015(3):68-72.

② 张平,彭亮,徐文彬.大陆与台湾小学数学教材中分数除法的编排比较[J].数学教育学报,2018(6):38-43.

对比内地教师少。①

"式与方程"是小学数学中重要的内容之一。通过对现行苏教版和人教版两个版本小学数学教科书的比较,发现两者在提前渗透代数思想、直观教学渗透方程思想、经历过程培养符号意识等方面相同;在内容编排、呈现顺序方面有差异。建议增添、调整式与方程的编排内容和顺序。② 宋运明等运用内容分析法对国内三个版本的小学数学教材的例题编写特点进行研究,以此发现共性和差异,并提出建议。③

我国内地教材的比较,以同时期不同版本某一主题内容的比较为多,鲜有同一版本不同时期的教材比较。有学者比较人民教育出版社1994年版和2004年版两种小学数学教材认为,2004年版中问题提出的百分比高于1994年版;改编型、追问型、运算给定型、补充条件与问题型、补充问题型五类问题提出的分布显著不同;两种教材中的问题提出在不同教学环节的分布有显著的差异;两种教材中的问题提出在不同内容领域的分布也有显著的差异;2004年版比1994年版包括了更多以图表的形式给出的问题情境。④ 通过构建量化模型,以教材的内容广度、内容深度、习题难度来刻画教材的静态难度,研究认为,人民教育出版社1981年、1992年和2012年陆续出版的三套小学数学教材中"简易方程"所含知识点数有所增加,内容也有所变化但内容深度变化不大,总体比较平稳;三套教材的习题难度比较接近,但在不同类型上的表现不同;40年来人教版"简易方程"教材的综合难度上升了7.93%。⑤

国内学者关于外国教材的研究相对较少,主要集中于中外小学数学教材的比较和国内不同版本小学数学教材的比较。通过不同教育体制影响下的中外比较,可以展现不同国家和地区、不同时代背景下的教材特色,为我国小学数学教材改革提供借鉴,但涉及的国家多为发达国家,所选教材的版本也有一定的局限性。关于国内不同版本小学数学教材的比较,主要集中于本世纪以来出版的不

---

① 张静.香港版与西师版小学数学教材知识表征的比较研究——以4—6年级为例[D].重庆师范大学,2019.
② 彭国庆,黎阳."苏教版"与"人教版"小学数学教科书中"式与方程"的比较[J].内蒙古师范大学学报(教育科学版),2019(1):110-114.
③ 宋运明,李明振,李鹏,宋乃庆.小学数学教材例题编写特点研究[J].课程·教材·教法,2014(2):47-51.
④ 胡典顺,蔡金法,聂必凯.数学问题提出与课程演变:两个版本小学数学教材的比较[J].课程·教材·教法,2015(7):75-79.
⑤ 刘久成.小学数学"简易方程"内容量化分析——基于人教版三套教科书的比较[J].课程·教材·教法,2019(8):72-78.

同版本教材的比较,并且以选择某些主题内容研究的较多,重点是关于不同版本教材特色的介绍,不同时期的纵向比较很少涉及,尤其是对不同时期整套小学数学教材的比较较为缺乏。

(三)教材研究的方法

研究教材通常是指教师掌握教材所提供的全部信息并对这些信息进行加工,从而使教材信息完整地、准确地、高效地显现出来。有学者借助课程论与教学论的有关理论,总结出教材分析的五种角度,即社会历史、表层结构、深层结构、心理、教育功能几个方面。[①] 教师要多视角解读和研究教材:① 学科知识视角。一是要区分教材的知识类型,二是把握教材中学科的基本结构,三是从跨学科的视角认识学科知识。② 学生学习视角。要考虑学生当下的学习需求,考虑学生现有经验。③ 现实生活视角。主要从学科知识的发生、发展的过程和学科知识的应用过程分析教材。④ 评价视角。从落实"立德树人"的高度来分析教材,明确体现数学的学科特性,注重学生知识理解的过程性,凸显数学核心素养。⑤ 文化视角。从文化的角度分析数学教材,就是要找出教材中所隐含的数学思想方法,寻找和挖掘数学教材中的"文化元"与"文化丛"。[②]

关于教材研究的方法,国内大多学者采用内容分析法和比较分析法。如熊妍茜、郭萌[③]及薛亚乔[④]等人都采用了比较研究法和内容分析法。也有学者在上述两种方法的基础上还采用了案例研究法,选取两个版本教材共有的且具有代表性的案例进行分析。[⑤] 此外也有在比较分析法的基础上采用了访谈法,访谈对象选择的是国内小学的 10 名数学教师,让一线教师对教材所涉及的内容做出直观评判,表明自己对两版教材的认识。[⑥] 而在国外较大规模地对各国小学数学课程内容进行研究的是 TIMSS,TIMSS 是由国际教育成就评价协会(IEA)发起和组织的国际教育评价研究和评测活动,TIMSS 每一次的课程测评活动中参与的教育系统都多达几十个国家,且 TIMSS 所采用的研究方法是课程分析工具"主题追踪图",它通过建模方法有效弥补了传统研究方法的不足,为许多研究机

---

① 蔡晓春,陆克毅.关于数学教材分析方法的探讨[J].数学教育学报,1996(2):35-39.
② 吴立宝,王光明,王富英.教材分析的几个视角[J].教育理论与实践,2016(23):39-42.
③ 熊妍茜,郭萌,陈朝东.小学数学教科书中"分数概念"呈现的比较研究[J].内蒙古师范大学学报,2015(12):142-146.
④ 薛亚乔.中美两国小学数学教材中问题提出的比较研究[D].华中师范大学,2014.
⑤ 段丽莎.小学数学教材"解决问题"集中编排的比较研究[D].杭州师范大学,2013.
⑥ 郑鸿远."人教版"与"北师大版"小学数学教材"分数乘除法"内容的比较研究[D].东北师范大学,2012.

构或学者借鉴[1],因此它所做的比较研究工作的规模是开启了大规模课程综合研究的先河。例如,S.Leigh Nataro通过借鉴TIMSS的研究方法,从课程文件、教材及学生测试成绩出发,对德国、法国、荷兰、波兰、日本等八个国家课程中几何内容进行了比较。

关于内容分析法,我国台湾学者欧用生认为,透过量化的技巧以及质的分析,以客观及系统的态度,对文件内容进行研究与分析,借以推论产生该项文件内容的环境背景及其意义的一种研究方法。[2] 在对文本进行内容分析时,大致有三种情况:一是以某一教育理念为主轴,对相关学科的教材内容进行分析;二是对单一学科的教材内容进行分析;三是对单一学科教材内容中某一重要主题进行分析。[3] 内容分析通常包括:内容难度、课程容量、课程的综合性、社会性与教育性,对教材结构进行分析时,通常包括:教材的组织方式(如螺旋式、直线式)、教材的价值取向(如学科型、经验型)、教材的体例风格等。

教材研究有量化和质化两大基本研究范式。量化研究主要有内容分析法、调查研究法。质化研究主要有民族志和话语分析两种方法。[4]

在量化研究中,有学者通过建构难度模型进行研究。国内较早系统研究课程难度的是华南师大的黄甫全。他认为课程难度是预期的教育结果从简单到复杂、从低级到高级的质和量在时间上相统一的动态过程,它的特性之一是"动态阶梯型"。课程难度阶梯具有知识序列阶梯与人类能力阶梯相统一、科学逻辑与心理逻辑相统一、教育目标的抽象性与具体化相统一等主要特性,并表现出阶梯的多层级、阶梯的波浪式上升、阶梯的多规格等主要特征。[5]

鲍建生借鉴已有研究,结合数学学科的特征,确定了运算、推理、知识含量、数学认知、背景五个难度影响因素,建立了综合难度的一个多因素模型,用五边形直观显示数学题的综合难度,并且比较了中英两国初中数学期望课程综合难度。[6] 在后来的研究中,与王建磐一起改进了之前的难度比较模型。可以看出,鲍建生所提出的难度模型更适用于例题与习题的难度比较方面。

史宁中、孔凡哲、李淑文从影响课程难度的三个主要因素入手,构建了刻画

---

[1] 张新宇,袁志强,占小红.课程内容研究的新视野——TIMSS课程分析工具"主体追踪图"的演进与启示[J].比较教育研究,2011(1):76-80.
[2] 欧用生.开放社会的教育改革[M].台北:心理出版社,1992:150.
[3] 陈月茹.中小学教科书改革研究[M].北京:教育科学出版社,2009:7.
[4] 张倩,黄毅英.教科书研究之方法论建构[J].课程·教材·教法,2016(8):41-47.
[5] 黄甫全.关于课程难度阶梯的初步探讨[J].华南师范大学学报(社会科学版),1995(2):104-108.
[6] 鲍建生.中英两国初中数学期望课程综合难度的比较[J].全球教育展望,2002(9):48-52.

课程难度的定量模型 $N=\alpha S/T+(1-\alpha)G/T$（$N$ 表示课程难度，S 表示课程深度，G 表示课程广度，T 表示课程时间），并以我国义务教育阶段的几何课程中的知识块为例，进行了具体分析。[1] 在后面的研究中进一步分析了已经建立的难度模型，并以教科书中"不等式""四边形"的课程内容为例，对现行教科书课程难度展开了静态定量对比分析。[2] 之后，郭民、史宁中在此基础上对模型进行重构，提出课程难度模型 $N=\alpha_1 G/T+\alpha_2 S/T+\alpha_3 X/T$。其中，$N$、$G$、$S$、$X$、$T$ 分别表示知识团的教材难度、内容广度、内容深度、习题难度、教学课时；α_1、α_2、α_3 分别为权重 0.4、0.3、0.3，并对中国和英国高中数学教材函数部分的课程难度进行了比较分析。[3] 该模型对于教材的静态定量研究有一定的代表性。

蔡庆有、邝孔秀、宋乃庆等人在鲍建生与史宁中等研究的基础上，采纳有关专家和小学数学优秀教师等对模型必须可理解、好操作的意见，通过实验与问卷调查得出新的难度模型：

$$N=0.30C+0.36W+0.34E,$$
$$C=0.45C_1+0.32C_2+0.23C_3, W=0.40W_1+0.30W_2+0.30W_3,$$
$$E=0.34E_1+0.32E_2+0.34E_3$$

其中 N 表示小学数学教材难度，C 表示内容难度，W 表示例题难度，E 表示习题难度；C_1 表示内容多少，C_2 表示内容的要求，C_3 表示内容呈现方式；W_1 表示例题要求，W_2 表示例题与内容切合度，W_3 表示例题复杂度；E_1 表示习题与例题匹配，E_2 表示习题题型，E_3 表示习题要求。[4]

有学者认为，对教材文本进行分析，没有绝对统一的方法。其中，比较法、内容分析法是两种主要方法。在对文本进行内容分析时通常包括：内容难度、课程容量、课程的综合性、社会性与教育性。在对教材结构进行分析时，通常包括：教材的组织方式（如螺旋式、直线式）、教材的价值取向（如学科型、经验型）、教材的体例风格。[5] 研究方法的单一将限制教科书研究内容的深入，未来的教科书研究必须重视理论深化，建立广阔的研究视野和反思意识；加强体系建构，打造完

---

[1] 史宁中,孔凡哲,李淑文.课程难度模型：我国义务教育几何课程难度的对比[J].东北师大学报,2005(6):151-155.

[2] 孔凡哲,史宁中.现行教科书课程难度的静态定量对比分析[J].教育科学,2006(6):40-43.

[3] 郭民,史宁中.中英两国高中数学教材函数部分的课程难度比较研究[J].外国中小学教育,2013(7):55-59.

[4] 蔡庆有,邝孔秀,宋乃庆.小学数学教材难度模型研究[J].教育学报,2013(10):97-105.

[5] 马云鹏.小学数学课程标准与教材研究[M].北京：高等教育出版社,2016:94-98.

整的教科书研究方法体系；促进范式整合，推动教科书研究范式由单一走向综合；注重合理转化，将其他学科方法论转化为教科书研究方法论。①

从总体上看，当前教科书研究偏重于内容分析法，相对而言，实证研究、实验研究的数量仍然偏少，对于教材研究方法的探讨相对缺乏。随着教材研究领域学术成果的积累，专门探讨教科书研究方法的论文有望增加，系统的方法论构建将更好地指导教材研究的实践。

三、研究问题与意义

（一）研究问题

以改革开放以来历次课程改革为线索，以其间对应于教学大纲（课程标准）由人民教育出版社出版的小学数学教材为主要研究对象，通过选择不同阶段有代表性的小学数学教材，运用定性和定量相结合的方法，审视各阶段小学数学课程目标，分析研究教材的编制背景、结构体系、内容设计、呈现方式和教材难度，以及教学传播和普及基本知识的特点等，并进行不同阶段代表性教材的纵向比较，揭示差异，概括特色，总结规律，为促进当前基础教育改革，深化小学数学课程和教材编制理论研究，带来启示和提供借鉴。

（1）横向就各个阶段代表性教材从编制背景、结构体系、内容设计、呈现方式、教材难度等进行分析研究，概括特色。具体按教材内容的不同知识主题或知识单元进行分析，教材内容划分采用以下四个层次：

知识领域——知识主题——知识单元（知识团）——知识点

"知识领域"是指课程标准中所划分的四个学习领域，具体包括：数与代数、图形与几何、统计与概率、综合与实践；"知识主题"一般指教材体系中密切联系的相对独立部分，如"整数的认识""整数的运算""平面图形的认识"等；"知识单元"或"知识团"是指知识主题下由若干知识点构成的相对独立的知识组块，一般指教材中的一个单元，或大单元下的相对独立部分，如"三角形""圆"等；"知识点"是指知识主题或知识单元下涉及的概念、方法、规则等，如"三角形的高""三角形的内角和""圆的直径""圆的直径和半径关系"等。

（2）纵向审视不同阶段教材内容的特点，总结经验，探索规律。针对改革开放以来课程教材改革的三个主要阶段，以比较的视角，运用定量定性结合的方

---

① 王攀峰.教科书研究方法的现状、问题与建议[J].课程·教材·教法，2017(1)：34-41.

法,发现不同时期、不同版本教材的特点、差异,总结教材演进的基本规律。具体从教材内容结构体系的变革、教材内容素材的选取、教材难度水平的变化、教材中概念呈现的调整、教材话语体系的转变等方面展开讨论。

(3) 构建难度模型及指标体系,以量化的方式对教材内容的广度、深度、习题难度等进行刻画和比较。以便客观说明教材内容的主要知识领域或知识主题的难度水平,总结改革开放以来小学数学教材难度的变化情况与趋势,为我国小学数学教材难度水平设计提供参考和理论支撑。

(二) 研究意义

教材历史源远流长,如果把夸美纽斯1658年出版的《世界图解》视为世界范围内第一本系统、完整的教材,也已有近400年的历史。教材是伴随学生成长不可或缺的工具,在人类发展进程中发挥了重要作用,但教材的理论和实践研究并不同步,教材理论研究长期落后于教材实践。"二战"以后,教材理论研究形成热潮,并在教材实践中发挥作用。20世纪50年代有学者提出教材评价概念,国外对教材综合性评价体系的研究,主要集中在20世纪60—80年代。新中国成立以后重视教材建设,但由于20世纪80年代中期以前实行国定制及编审合一制度,教材理论研究较为薄弱。20世纪80年代中期以后,国家采取教材审定制,给教材建设带来生机。本世纪以来,教材研究受到广泛关注,主要包括教材的评价与比较。对教材评价研究,也由宏观体系研究转向微观指标研究;对教材比较研究,主要集中在教材研究的方法、教材研究的维度、教材难度模型等方面。本研究在已有研究的基础上,通过合理选择研究对象,明确研究问题,构建合理的研究框架和难度模型,主要运用内容分析法和比较研究法,力求最大限度地保证研究的可行性与科学性,努力体现以下学术价值和应用价值。

1. 学术价值

近年来,有关教材内容的设计、评价、分析、比较的研究有上升趋势,对教材理论研究以及理论与实践的结合上有所加强,强化了教材建设的科学基础、教学基础、技术基础,教材内容的定量研究受到关注。然而,对教材的纵向发展研究涉及很少,尤其是对小学数学教材纵向发展的阶段归纳、内容特色和经验总结缺少系统研究。本研究以改革开放以来小学数学课程教材改革为线索,通过分析研究不同阶段教材的制度、编写背景、内容设计与呈现,以及难度水平等,回顾我国小学数学教材编写的历史,归纳特色,总结经验,发现规律,为课程标准的制订和教材的修订提供理论支撑,为学科课程和教材史研究积累资料、丰富理论。

已有研究主要从定性的角度进行一般性经验概括,较少运用量化模型进行定量分析比较,本研究对于不同阶段的代表性小学数学教材,按照研究设计的基本框架,建构难度模型,运用定性结合定量的方法,进行教材文本分析和比较研究,能客观合理地对教材的内容结构、广度、深度和教材难度等做出解释,具有一定的科学性。

2. 应用价值

教材受社会、政治、经济、科技、文化等多种因素影响,并随之变化而嬗变。小学数学教材是教学大纲或课程标准的具体体现,一定程度上反映了一个国家的基础教育状况,对教材研究可以推动教材改革与课程建设。我国改革开放以来小学数学教材内容嬗变,大致经历了初期的课程教材重建、义务教育教材探索和本世纪以来的课程教材改革,具有精简传统算术内容,适当增加代数、几何、统计等内容,渗透基本数学思想,并增加内容的选择性和弹性的趋势。通过分析、比较、评价教材的结构体系、内容设计、难度水平等,增强了教材设计、实践、评价过程的科学水平和操作水平,为深化小学数学课程改革和教材建设,以及教材编写和修订提供实践基础和历史经验。

教材内容系统反映了教学内容的选择、组织、呈现、难度等,以相对独立的知识主题或知识单元进行研究,有利于从结构体系、内容的广度和深度、呈现方式、习题难度等维度进行分析比较,总结其嬗变的特点和规律,其成果能有效提供历史借鉴,促进教材建设。教材改革宜有适度频率、宜于渐进发展。数学教材的编制应有教育家、数学家、一线教育工作者和教研人员共同参与,并在实验的基础上慎重前行。

第二章

研究设计

教材作为知识的载体，课程目标的具体化，教学质量评价的主要依据，关系到人才培养和全民族的整体素质。一直以来，人们对教材编制存在不同认识，特别是在减轻学生课业负担，促进学生全面发展的呼声下，小学数学教材如何编制，仍然需要不断探索研究。基于已有文献的梳理和研究问题的提出，需要明确研究对象，选择主要的知识主题或知识单元，通过设计研究框架，建构量化模型，进行分析研究，为深化课程改革和小学数学教材建设，提供经验和理论支撑。

一、教材选取

改革开放以来，我国中小学数学教材由实行"一纲一本"的"国定制"，到"一纲（标）多本"的审定制，作为国家事权的教材建设，不断进行改革探索，研究这一时期的教材改革历程，揭示教材的演进特点和发展规律，对于丰富教材理论、指导教材实践非常重要。人民教育出版社自1950年成立起，作为长期致力于研究、编写、出版全国中小学教材的专门机构，先后出版了多套小学数学教材，其中，改革开放以来，出版的小学数学教材有如下几种。

表2-1 人民教育出版社编写出版的小学数学教材一览（1978—2018）

教材套次	出版时间	人教版教材名称
1	1978—1981	《全日制十年制学校小学课本·数学》（试用本）
2	1981—1985	《五年制小学课本·数学》和《六年制小学课本·数学》
3	1986—1990	五年制《小学实验课本·数学》
4	1990—1995	五、六年制《义务教育小学教科书·数学》（实验本）
5	1992—1998	五、六年制《义务教育小学教科书·数学》（试用本）
6	2000—2005	五、六年制《义务教育小学教科书·数学》（试用修订本）

(续表)

教材套次	出版时间	人教版教材名称
7	2001—2006	六年制《义务教育课程标准实验教科书·数学》
8	2012—2014	六年制《义务教育教科书·数学》

40多年来的课程教材改革,可以大致划分为以下三个主要阶段:

第一个阶段:改革开放初期课程教材的恢复与重建(1978—1986)。1978年2月,教育部颁发了《全日制十年制学校小学数学教学大纲(试行草案)》,人教社依据1978年大纲编写了两套通用教材。1978年先行出版了《全日制十年制学校小学课本·数学》(试用本),为了适应当时小学五、六年制并存的需要,1981年起修订出版了《五年制小学课本·数学》和《六年制小学课本·数学》。编写课本的指导思想是,加强基础知识教学,注意能力培养,在小学给学生切切实实打好数学基础,以适应我国社会主义四个现代化培养人才的需要。① 编写这两套教材时,采取了精选传统的算术内容,适当增加代数、几何的部分内容,适当渗透集合、函数、统计等数学思想。这样改革的结果,传统的算术内容约占95%,新增的内容仅占5%,同时把学科的名称由"小学算术"改为"小学数学",这是一次重要的改革。②

第二个阶段:实行"一纲多本",提高全民族素质,进行义务教育小学数学教材多样化的探索(1986—2001)。其间,人民教育出版社编写出版的小学数学教材共有四套。

1986年,国家教委着手制订九年制学校义务教育数学教学大纲,并决定采用"一纲多本"的方针,在广泛调查研究、总结经验和认真实验的基础上,课程教材研究所编写了五年制《小学实验课本·数学》。全套教材是为实施义务教育所作的教材改革尝试,教学内容的安排和教材的结构比较合理,有利于学生掌握知识、发展智力、培养能力。但在教材的程度、分量和教学要求方面还要做适当的调整,减少一些内容,降低一些要求,才能普遍适用。③

根据国家教委1988年、1992年、2000年先后颁发的义务教育全日制小学数

---

① 李润泉,夏有霖,曹飞羽.新编全日制十年制学校小学数学教材介绍[J].小学教学研究,1980(2):42-50.
② 李润泉,陈宏伯,蔡上鹤,方明一,饶汉昌.中小学数学教材五十年(1950—2000)[M].北京:人民教育出版社,2008:59.
③ 李润泉,陈宏伯,蔡上鹤,方明一,饶汉昌.中小学数学教材五十年(1950—2000)[M].北京:人民教育出版社,2008:79.

学教学大纲,经过实验、修订先后出版了"实验本""试用本"和"试用修订本"。编写教材的指导思想是以"面向现代化、面向世界、面向未来"为指针,以唯物辩证法为基本指导思想,以现代教学论和心理学为依据,正确处理需要与可能、数学学科特点与儿童认知特点、教与学、掌握知识与发展能力、智育与德育、共同要求与因材施教、提高教学质量与减轻学生负担等方面的关系;注意精选教学内容,建立合理的教材结构,在分量和要求上具有一定的弹性。"试用本"教材继承了过去教材编写的优点和成功经验,提出了对学生进行素质教育和因材施教的要求,考虑到全国要逐步普及义务教育的实际情况,对教材要适当精减教学内容,降低对全体学生的基本要求。[①]

在此期间,北京、上海、浙江等地根据"一纲多本"的精神,也陆续出版了适合不同需要的义务教育教科书,全国共有"八套半"。其中"六三制"有六套,"五四制"有两套和河北省适合于农村小学的教材(称为半套),以供全国不同地区、不同条件的学校使用。

第三个阶段:本世纪以来促进学生全面发展的课程教材改革与创新(2001—)。起始于本世纪初的新一轮课程改革,调整和改革教材内容、体系结构,凸显教材的过程性、情境性、探索性和一定的弹性,强调"四基",发展"四能",促进学生的创新精神和实践能力发展。此间,人民教育出版社编写出版的小学数学教材共有两套。

一是依据课程标准(实验稿)的要求,先后有多家出版社出版了《义务教育课程标准实验教科书》(小学数学),经"全国中小学教材审定委员会"审查通过试用,其中,人教社出版了一套。新一轮基础教育教材改革的指导思想是:基础教育以提高学生素质为宗旨;减轻学生课业负担,促进学生全面发展;加强基础知识和基本能力,重视思想品德教育,讲求思想性、科学性与趣味性,最大限度地体现时代精神;教材开发体现多样性、先进性;教材要体现开放的特点,有利于学生的学习方式由单一性转变为多样性;增强数学知识与现实生活的联系,及时反映科学技术的新成果。

二是经历了十年的课程改革实践,根据修订后的《义务教育数学课程标准(2011年版)》,各版本实验教科书进行修订和完善,人教社修订出版了相应的《义务教育教科书》(小学数学)。新修订的教材清晰地体现了《义务教育数学课程标准(2011年版)》提出的教育教学新理念和新要求,设计出有效的、可操作的

---

① 李润泉,陈宏伯,蔡上鹤,方明一,饶汉昌.中小学数学教材五十年(1950—2000)[M].北京:人民教育出版社,2008:107.

路径或方式,确实使学生获得"四基",形成"四能";更加细致地反映教师教学和学生学习的过程,突出关键点和启发性,体现学生学习、能力发展、思维发展等规律。① 在内容编排上体现了以下特点:更新内容素材,突出以改革创新为核心的时代精神,努力体现社会主义核心价值体系;突出基本数学思想在知识发生、发展和应用过程中的作用,引导学生初步感受数学思想方法的意义和价值;努力呈现发现和提出问题、分析和解决问题的完整过程,帮助学生不断积累数学活动经验;关注不同领域的核心概念,引导学生逐步建立对数学知识和方法的深层次理解;适当调整教材容量和难度,努力体现小学数学课程的基础性、普及性和发展性。②

2001年以来,经"全国中小学教材审定委员会"审查通过的《义务教育教科书》还有:北京师范大学出版社、江苏教育出版社、西南师范大学出版社、河北教育出版社、青岛出版社等出版的小学数学教材。有学者认为新课标颁布后,不少版本教材均展现了一些易教利学的优势:① 题材丰富多样,紧密联系学生的生活实际;② 呈现形式图文并茂,利于激发学生兴趣;③ 注重转变学生的学习方式,引导经历数学知识的"再创造";④ 注重知识的形成过程,强调数学知识的应用等。③ 这些教材凝聚了基础教育课程改革专家学者、教研人员、一线教师的理性思考和实践智慧,反映了多年来教材研究的成果。

人民教育出版社长期以来担负着中小学教材编写的重要职责,有相对稳定的编写队伍和较好的传承,其出版的教材在全国使用范围广,影响力大。研究40多年小学数学教材内容的演进,以人教版教材作为研究对象具有代表性。根据上述课程教材改革的阶段划分,我们可以看到:人教社1978年出版的《全日制十年制学校小学课本·数学》(试用本)(简称"78版教材"),是改革开放之初第一套小学数学教材,能较好反映当初教材改革的指导思想和设计理念;1992年秋季开始陆续出版的《义务教育小学教科书·数学》(试用本)(简称"92版教材"),是在义务教育教材探索时期使用时间较长,且相对稳定的一套教材。《义务教育教科书·数学(1—6年级)》,是在"实验教科书"试用的基础上,吸收了十年课改的实践经验和教材研究的理论成果,依据教育部颁发的《义务教育数学课程标准(2011年版)》进行全面修改,于2012年秋季起使用的教材(简称"12版教

---

① 卢江.落实新理念,关注学生的数学发展和教师的教学需要——人教版《义务教育教科书·数学(一至六年级)》介绍[J].小学数学教师,2014(7,8):5-8.
② 金成梁,刘久成.小学数学课程与教学[M].南京:南京大学出版社,2013:74-75.
③ 宋乃庆,宋运明,李欣莲.我国小学数学新教材编写特色探析——以西师版为例[J].西南大学学报(社会科学版),2014(3):80-85.

材")。本研究选择上述三个主要阶段中具有代表性的人教版教材(78版、92版、12版)进行分析研究,能较好地反映我国40多年来小学数学教材改革的脉络、教材演进的基本规律和特点。

二、研究维度

基于研究的不同需要和研究的内容不同,研究者选择的研究方法和具体研究视角存在差异,教材研究的维度也有所不同。如,国外学者Charalambos Y. Charalambous,Seán Delaney等人对三个国家教材中分数加减法的内容进行了比较分析,从内容的编排顺序、知识结构、例题习题以及学生反馈等方面切入,调查结果强调需要对不同国家的教材深入解读,了解不同国家的教学差异。[1] 国内学者张文宇、傅海伦从教材内容和编排、教材编写特点这两个维度对中国与新加坡小学数学教材中四大知识领域的内容进行了分析比较。研究结果发现,新加坡教材相较于中国教材来说更重视学生对基本概念与技能的理解和运用,注重将解决数学问题置于课程中心地位。[2] 栾家佳以人教版数学教材和每日数学为例,分别从课程结构、课时比例、课程广度、课程深度、课程时间和编排体系这些方面对中美小学数学教材的差异性做出了研究。[3] 石利群对新课改背景下两种版本小学数学教材进行了比较研究,分别从教材编写背景、内容概况、内容结构以及呈现方式这几个维度切入,发现两个版本的教材编写各有利弊。[4] 陈燕对人教版、北师大版、西师大版和苏教版小学数学教材中的"实践与综合应用"领域进行了比较研究,通过静态文本比较与动态调查分析从专题数量、素材选取、内容编排、呈现方式这几个维度展开,总结了这四个版本的差异性与主要问题。[5] 李忠如从教材的内容广度、内容深度、习题难度比较研究我国人教版与澳大利亚"新路标数学"小学四年级数学教材的难易度。[6] 也有学者以初中数学教材为研究对象,从内容分布、内容广度、内容深度、例题与习题等进行比较

---

[1] Charalambos Y. Charalambous, Seán Delaney. A Comparative Analysis of the Addition and Subtraction of Fractions in Textbooks from Three Countries[J]. Mathematical Thinking and Learning. 2010(3): 117-154.
[2] 张文宇,傅海伦.新加坡与中国小学数学教材的比较研究[J].外国教育研究,2011(7):36-39.
[3] 栾家佳.中美小学数学教科书比较研究[D].东北师范大学,2010.
[4] 石利群.新课程改革背景下两种版本小学数学教材的比较研究[D].湖南师范大学,2009.
[5] 陈燕.小学数学教材"实践与综合应用"比较研究[D].西南大学,2009.
[6] 李忠如.中澳小学数学教材难易度表现的比较研究——以四年级教材为例[J].数学教学通讯,2018(2):10-12.

研究。[①]

从已有研究来看,教材研究的维度主要包括教材的内容、结构和呈现方式。教材的内容是课程目标的具体体现,表明了学生应掌握的知识技能,教材的结构顺序则反映出不同文化间数学思维发展的过程。教材中的例题是帮助学生理解并获得知识技能的重要工具,习题的潜在认知水平和回答要求则决定了学生参与任务的程度。教材内容的呈现方式,体现了编者的教育观念和教材设计理念,反映了教材的风格与特色,会影响学生对内容的理解和阅读兴趣。借鉴上述已有研究,结合小学数学教材文本编制的传统和学科特点,本研究拟根据三版教材各知识主题或知识单元的内容,在审视教材编制背景的基础上,从教材的结构体系、内容设计、呈现方式等进行分析比较,归纳特点,揭示规律,获得启示。具体包括以下内容。

(一) 结构体系

教材的结构体系是指将教学材料分化为可供连续学习的内容元素及其组织,包括教材的单元设置、内容分布以及教材内容的逻辑联系、具体栏目的安排等。

(二) 内容设计

教材的内容设计是指依据教学大纲(或课程标准)的要求,为学生学习提供的有组织的学习资源。包括:内容广度或知识容量、内容深度、习题难度、教材难度等。

(1) 内容广度(知识容量)——是指教材内容所涉及的范围或领域的广泛程度,通常与教材内容所含知识点的数量有关。包括:单元数、知识点数、例题数、课时数。

(2) 内容深度——是指教材内容所要求的思维深度。主要针对教材中正文部分的概念、方法、规则,包括例题以及配合新知识教学的"想一想""做一做""说一说"等(不含阅读材料)。研究表明,教材的内容深度主要受内容的"认知要求"和"内容表述"反映的思维特征的影响。其中,"认知要求"包括了解(模仿)、理解(认识)、掌握(应用)、综合应用四级水平,"内容表述"包括直观描述(操作)、归纳类比、演绎推理、探究开放四级水平。

(3) 习题难度——是指学生解答习题时思维的难易程度。可从"认知要求"

[①] 王建波.中美澳三国初中数学教材统计内容的比较研究[M].上海:上海教育出版社,2016:42.

"习题背景"对相应单元的习题进行定量刻画,表达难度水平。(不包括学期总复习题)

(4)教材难度——是指教材文本内容的总体难度。它有赖于内容广度、内容深度和习题难度。考虑小学数学学科的特点,依据教材某一知识主题的可比内容广度、可比内容深度、可比习题难度刻画教材的静态难度。

(三)呈现方式

教材的呈现方式主要指教材中数学知识结构的外部表征。包括:素材选取、情境设计、插图运用、习题安排、语言表达方式等。教材以什么样的方式表达内容,体现了怎样的教育观念、教材编写的指导思想、教材的设计理念,反映了教材的风格与特色,关系到教师如何教与学生如何学。

(1)素材选取——素材是数学学习内容的载体,是数学本质的外在表现,经过数学化处理可以揭示其所反映的数学概念、思想方法、基本原理和规律。素材选取包括:数学内部本身、数学与生活、数学与其他学科联系等不同类型。

(2)情境设计——教材中恰当的情境设计有助于增强师生互动,激发学生学习兴趣和对数学知识的理解。情境的类型多样,从涉及的领域可分为生活情境(与日常生活直接相关)、实践操作(直接服务于数学知识学习的动手实践)、科学实验(与其他学科、社会职业活动相联系)三种,通常后者相对于前者需要更高的理解水平;也可从形式上分为实物或图形、活动或动作、文字语言、创设问题等情境。

(3)插图运用——教材中的插图通常包括:装饰性图,如表示情境、背景或栏目标识的图;表征性图,如含有数或形意义的实物图、示意图以及表达数学信息或操作流程的图;知识性图,如解释、说明、提示或揭示数学概念、规则、方法的图。

(4)习题编排——运用定性结合定量的方法,对习题的数量、层次、类型、功能等,主要从外部表征进行概括和特点分析。

(5)语言表达方式——包括概念、规则、问题等的叙述方式以及版面的呈现方式。

三、研究内容与方法

(一)研究内容

依据《义务教育数学课程标准(2011年版)》,现行小学数学教材内容被划分为四个学习领域,即:"数与代数""图形与几何""统计与概率""综合与实践"。由于"综合与实践"并非在前三个领域之外增加新知识,而是以问题为载体、以学生自主参与为主的学习活动。在学习活动中,学生将综合运用数与代数、图形与几何、统计与概率等知识和方法解决问题。因此,在确定研究的知识主题或知识单元时,只选择前三个领域中的内容。

"数与代数"中,数的认识、数的运算是小学数学的主干内容,正比例和反比例、简易方程属于代数初步知识,都是该领域中的重要部分。所以在确定知识主题或知识单元时选择了以下内容:整数认识、分数认识、小数认识、整数运算、分数运算、小数运算、简易方程、正比例和反比例。

"图形与几何"中,本次课改虽增加一些新的内容,如图形的运动、图形与位置,使得该领域的内容有了新的拓展,但重点仍在于认识图形和几何测量,考虑到40多年教材内容的可比性,选择的知识主题或知识单元分别是:三角形认识、立体图形认识、多边形面积、体积测量。

"统计与概率"中,由于本次课改首次将"概率"纳入小学数学课程内容,过去教材中没有相关部分与之对应,因此,本领域确定的知识主题是:统计表、统计图。

综上,我们选取的知识主题或知识单元共有十四个,这些知识主题或知识单元所反映出来的教材特点和难度水平,一定程度代表了这三版教材的整体面貌,反映了我国四十多年来小学数学教材演进的基本规律。

(二)研究方法

基于研究的目的、内容和问题,本研究主要采用文献法、内容分析法、统计分析法和比较研究法。

1. 文献法

收集、梳理和分析有关教材评价、教材比较和教材研究方法的文献,初步掌握教材的编制原理、评价理论、教材比较研究的不同类型和教材研究的主要方法,为本研究奠定理论基础,拓宽研究视角,形成对小学数学教材研究的思路、方法与框架,使本研究结论更具理论意义和实践价值。

2. 内容分析法

内容分析法的典型特征是非介入性,即强调在不影响研究对象的情况下对教育资料进行分析,主要适用于对静态的教科书文本的内容特质进行描述性的分析。这里以改革开放以来进行的历次课程改革为线索,选择其间对应于大纲

(课标)由人民教育出版社出版的小学数学教材为主要研究对象,确定研究主题或单元内容,按教材的编制背景、结构体系、内容设计、教材难度(包括内容的广度、深度以及习题难度等)和呈现方式等进行分析研究。

3. 统计分析法

对各套教材同一主题内容的基本数据进行收集、编码、统计,并对其特征进行描述和推断,从量化的视角进行分析。

4. 比较研究法

比较研究法是指根据一定的标准,对两个或两个以上有联系的事物进行考察,寻找其异同,探求普遍规律与特殊规律的方法。通过设计研究框架,构建难度模型,采取质性和量性相结合的方法进行比较,分析异同,揭示特征,获得启示,最大限度保证研究的可行性与科学性。

四、量化模型

对教材进行量化分析的重点在于对教材难度进行刻画。这里所说的"教材难度"是指教材的静态难度,通常指学习者获得教材规定的知识和技能的艰难程度。这不仅涉及教材内容的选择范围、知识点的广泛程度和教学时间,也涉及教材内容的组织呈现,概念、方法、规则的抽象程度和认知要求。同时,由于习题是组成教材的重要部分,是学生理解知识、形成技能、发展能力的必要途径,因此习题难度也必然反映教材难度。已有研究表明,以教材的内容广度、内容深度、习题难度来刻画教材的静态难度受到普遍认同。[①] 据此,通过构建量化模型,对上述三个方面进行量化处理,再综合考虑可比内容广度、可比内容深度、可比习题难度,来刻画教材难度。具体采取以下方法:

(1) 第 i 种教材该知识主题所需要的教学课时数用 $T_i(i=1、2、3\cdots)$ 表示,T_i 通常依据教学大纲或教学参考书的规定。用 T 表示 T_i 的最大值,令 $\beta_i = T_i \div T (\leqslant 1)(i=1、2、3\cdots)$,称为第 i 种教材该知识主题的教学课时系数。

(2) 内容广度是指教材内容所涉及的范围或领域的广泛程度,通常与教材内容所含知识点的数量有关。具体采用层次分析法,将知识主题划分为紧密联系的一些知识点构成的相对独立的知识组块(知识单元或知识团),而知识点是指知识组块下涉及的概念、方法、规则等。

---

① 史宁中,等.十国高中数学教材的若干比较研究及启示[J].外国教育研究,2015(10):106-116.

同一知识主题下不同版本教材所含知识点的并集中若有 n 个知识点,其中第 i 套教材有 n_i 个知识点,则第 i 套教材内容广度为 $n_i \div n$(≤1)。由于教材难度与教材的内容广度和所用教学课时有关,在教学课时数相同的情况下增加内容广度则会增加难度,在内容广度不变时增加教学课时数则会降低难度。也就是说,教材难度与内容广度成正比,而与教学课时数成反比。这样,将第 i 种教材该知识主题的可比内容广度界定为 $G_i = n_i \div n \div \beta_i$(i=1、2、3…)是合理的。

（3）内容深度是指教材内容所要求的思维深度,主要针对教材中正文部分的概念、方法、规则,包括例题以及配合新知识教学的"想一想""做一做""说一说"等(不含阅读材料)。研究表明,教材的内容深度主要受内容的认知要求和内容表述的影响。[①] 这里将"内容表述"划分为直观描述、归纳类比、演绎推理、探究开放四级水平;在"认知要求"的水平划分中,参照布卢姆教育目标分类学(认知领域)的认知过程维度划分,以及现行义务教育数学课程标准目标行为动词的内涵和实际教学要求(参考配套的教师用书),制订"认知要求"四级水平的划分标准。两类影响因素的具体划分标准见下表：

表 2-2　内容深度中"认知要求"四级水平划分标准

层次水平	划分标准	内容深度赋值
了解(模仿)	从具体实例中知道或举例说明对象的有关特征;根据对象的特征,从具体情境中辨认或者举例说明对象。对已学过的知识、方法再现或再认;情境熟悉,解题的方法、步骤与例题一致;仿照例题解答与例题类似的题目;概念、规则的了解是指对其模糊、笼统的认识。	1
理解(认识)	描述对象的特征和由来,阐述此对象与相关对象之间的区别和联系;题目的情境或设问或方法或要求与例题有所变化;将学习材料从一种形式转换成另一种形式。概念的理解是指对概念本质特征的认识,规则的理解是指能说明算理和适用对象。概念、规则的理解主要指辨析。	2
掌握(应用)	在理解的基础上,把概念、规则、方法等用于新的情境;应用 2 个及以下知识点,用常规方法解决问题。	3
综合应用	综合运用已掌握的对象,涉及 3 个及以上知识点;没有直接对应的例题,问题开放或没有确定答案;进行较复杂的推理和思维活动;选择或创造适当的方法解决问题。教材中的思考题或"*"号题一般为该认知水平。	4

---

① 巩子坤,等.中德两国小学数学教材难度比较研究[J].外国中小学教育,2014(11):49-56.

表 2-3 内容深度中"内容表述"四级水平划分标准

层次水平	划分标准	内容深度赋值
直观描述	借助单个例子、简单情境或图形,呈现或描述相关知识点,没有推理论证。	1
归纳类比	借助2个或以上例子来推测或归纳出相关规律,得出结论。	2
演绎推理	从具有普遍性的知识或理论出发,运用推理去认识个别的、特殊的事物。	3
探究开放	独立或与他人合作参与到具有一定开放性的数学活动中,理解或提出问题,寻求解决问题的思路和方法,发现对象的特征、规律及其与相关对象的区别和联系,获得一定的理性认识。	4

知识主题中包含若干个知识点,给每个知识点对照"认知要求""内容表述"标准分别赋值,可以算出其平均等级。即,设 S_{i1}、S_{i2} 分别表示"认知要求"、"内容表述"的平均等级,其中 $S_{i1}=(m_1\times1+m_2\times2+m_3\times3+m_4\times4)\div(m_1+m_2+m_3+m_4)$,$m_1$、$m_2$、$m_3$、$m_4$ 分别表示"认知要求"四级水平的知识点数。"内容表述"的平均等级 S_{i2} 类似可得。

均衡考虑"认知要求""内容表述"这两类影响因素,第 i 种教材该知识主题的平均内容深度即为 $\frac{1}{2}(S_{i1}+S_{i2})$。由于平均内容深度在影响教材难度上具有直接可比性,因此,我们用 $S_i(i=1,2,3\cdots)$ 表示可比内容深度,并采用以下公式进行计算:$S_i=\frac{1}{2}(S_{i1}+S_{i2})\div4$("4"表示四级水平中最高水平)($0<S_i\leqslant1$)。

(4)习题是教材为学生进行数学练习而编制的题目。习题难度是指学生解答习题时思维的难易程度。蒂尔斯沃(F.Tirtiaux,1972)提出练习题的7个等级水平:复制(独立重复先前已经做过的事情)、再认(在一组案例中区分出哪些与学习对象的结构一致,哪些结构不同)、调整(改变案例的结构使之符合学习对象的结构)、应用(使用某一知识来解决简单的情境)、完成创新(完成对某一情境的阐述,从而使之与学习对象的结构相适应)、模仿(从教师提出的一个情境想象一个新的情境)、创造(没有另一个情境支持的前提下,创造一个情境)。7个等级水平由低到高,反映了由趋同思维向发散思维的转化。

通常来说,学生解答习题的难度不仅与习题的等级水平有关,也与学生本身有关,但考虑学生个体因素的习题难度的讨论会非常复杂,这里只是对教材做静态分析,而将学生因素看成常量,在本研究中予以忽略。在统计习题数量时,按第一层次序号计算,当某题含有多个小题时,以其难度最高的一小题赋值。静态习题的难易涉及的因素也比较多,如习题认知要求、涉及的知识点多少、习题背景、与例题的匹配性等。根据主因素分析和相关因素的融合,并参照相关专家意见,本研究从"认知要求""习题背景"两方面进行刻画,并以"认知要求"略高于"习题背景"的权重进行量化。"认知要求"水平划分标准见前,"习题背景"水平划分标准如下:

表 2-4 习题难度中"习题背景"四级水平划分标准

层次	划分标准	习题难度赋值
无背景	纯粹数学问题,没有生活和科学背景。	1
个人生活背景	有学生个人或家庭生活中熟悉的情境,并且这些情境或背景有用于解答习题的信息。	2
公共生活背景	问题背景中包含公共生活常识,并且这些常识有用于解答习题的信息。	3
科学实验背景	问题背景中包含科学实验,并且这些背景或过程为解答习题提供信息。	4

以 X_{i1}、X_{i2} 分别表示"认知要求""习题背景"的平均等级;其中 $X_{i1}=(m_1\times 1+m_2\times 2+m_3\times 3+m_4\times 4)\div(m_1+m_2+m_3+m_4)$,$m_1$、$m_2$、$m_3$、$m_4$ 分别表示"认知要求"四级水平的习题数。"习题背景"的平均等级 X_{i2} 类似可得。

以 3:2 的权重对"认知要求""习题背景"这两个影响因素进行量化,第 i 种教材该知识主题的平均习题难度即为 $\left(\frac{3}{5}X_{i1}+\frac{2}{5}X_{i2}\right)$。由于平均习题难度直接影响教材难度,因此,第 i 种教科书该知识主题的可比习题难度记为 $X_i(i=1,2,\cdots)$,即有 $X_i=\left(\frac{3}{5}X_{i1}+\frac{2}{5}X_{i2}\right)\div 4$。("4"表示四级水平中最高水平)($0<X_i\leqslant 1$)。

为保证内容深度和习题难度水平的刻画有较好的信度,在具体赋值时,采取由两位研究者分别独立赋值,对赋值不一致的重新协商,再予以确定。

(5) 教材难度的刻画有赖于内容广度、内容深度和习题难度,考虑小学数学学科的特点,依据教材某一知识主题的可比内容广度、可比内容深度、可比习题难度刻画教材的静态难度,各项权重的确定,我们采用西南大学"中小学理科教材国际比较研究(小学数学)"课题组经调研、分析给出的权重分别为 0.2、0.5、

0.3 进行计算。则有
$$N_i = 0.2G_i + 0.5S_i + 0.3X_i \quad (i=1、2、3\cdots)$$

其中,N_i、G_i、S_i、X_i 分别表示第 i 种教材某一知识主题(或知识单元)的教材难度、可比内容广度、可比内容深度、可比习题难度。

在进行分领域和全套教材的量化分析时,由于各领域在相应教材中所占比重不同,需要考虑其页数占比或课时占比,具体做法见相应部分说明。

第三章

数与代数内容研究

数与代数是整个数学知识体系的基石,在义务教育阶段的数学课程中占有重要地位[①]。这里着重讨论的数与代数内容主要包括数的认识与运算(分为整数、分数和小数)、简易方程以及正比例和反比例共八个知识主题或单元。通过对人教版三版教材数与代数内容从结构体系、内容设计和呈现方式三个维度进行横向和纵向比较分析,探究改革开放以来小学数学教材数与代数领域的编写特点及演变规律,以期为今后小学数学教材改革提供借鉴。

一、整数认识内容研究[②]

整数是小学生最先接触的数概念。学生从数数开始,将生活中实物的数量抽象出来,因此整数是对量的抽象。教材中通常这样描述整数:像1,2,3,4,5,……是自然数,0也是自然数。引入负数后,把1,2,3,4,5,……叫作正整数;把-1,-2,-3,-4,-5,……叫作负整数。零是正数和负数的界限,它既不是正数,也不是负数。因此,整数就是正整数、零和负整数的统称。[③]认识整数是指对整数意义的理解,包括整数的基数意义与序数意义、数的大小、数的顺序、数的读法与写法等,这些都是数学最基础的部分。数学来源于生活实际,又被认为是人们发明创造出来的。小学数学作为教育数学而非科学数学,既要遵循数学学科特点,又必须适应社会发展需要,适合小学生的年龄特点,因此必须处理好教材体系的建构、内容的设计,以及教材内容的呈现方式等问题。

---

① 金成梁,刘久成.小学数学课程与教学[M].南京:南京大学出版社,2013:233.
② 朱茜撰写初稿.
③ 南京东方数学教育科学研究所.义务教育教材教师教学用书·数学(一年级上册)[M].南京:江苏凤凰教育出版社,2013:226.

（一）整数认识结构体系

教材的结构体系是支撑整套教材的外部框架，主要由单元设置、内容分布、具体栏目的安排和教材内容的逻辑联系这几部分的外显的因素构成。教材的编写通常可以采用"直线式"和"螺旋式"两种，其中螺旋式上升的课程设计和内容编排兴起于"螺旋式课程"，是美国著名教育学家、心理学家布鲁纳在20世纪60年代提出的。他认为要掌握并有效地加以运用自然科学、数学的基本观念和文学的基本课题，不能只靠一次学习就达到目的，必须通过反复学习，通过在越来越复杂的形式中加以运用，不断地加深理解，进而逐渐掌握。

整数的认识在小学数学教材中具有重要的基础性地位，内容的编排是按照"螺旋式上升"方式，总体分为四大循环圈，分别是"20以内数的认识""百以内数的认识""万以内数的认识"和"多位数的认识"。92版教材把整数的认识由原来的四段改成五段，把"多位数的认识"分成"亿以内数的认识"和"亿以上数的认识"，以几个循环圈的形式逐级递增，与其他不同领域的知识交叉编排，符合学生的认识发展特点。

1. 单元设置

改革开放以来，人教社78版、92版和12版的三版教材在"整数认识"这部分单元设置有共同之处，不同版本根据相应大纲要求也存在必要调整，从单元设置看，整体情况如下：

表3-1 三版教材整数认识单元设置一览

版本/学年制	册数	单元序号	单元数	页码	页数	主题页数	页数占比
78版/5年制	第一册	一	3	1—41	41	101(1 120)	9.02%
		二		42—45	4		
		四		85—92	8		
	第三册	二	1	49—59	11		
	第五册	一	1	1—15	15		
	第八册	三	1	52—73	22		

(续表)

版本/学年制	册数	单元序号	单元数	页码	页数	主题页数	页数占比
92版/6年制	第一册	二	2	7—69	63	129(1 682)	7.67%
		四		74—78	5		
	第二册	三	1	27—37	11		
	第四册	四	1	55—66	12		
	第七册	一	1	1—13	13		
	第八册	四	1	51—75	25		
12版/6年制	第一册	三	3	14—33	20	178(1 359)	13.10%
		五		39—72	34		
		六		73—81	9		
	第二册	四	1	33—50	18		
	第四册	七	1	74—99	26		
	第七册	一	1	2—32	31		
	第十册	二	1	5—27	23		
		四	1	60—76	17		

三版教材"整数认识"分布在不同的年级,贯穿于小学数学的两个学段。从表格中可以看出78版教材对应一、二、三、四这四个年级,92版教材对应一、二、四这三个年级,12版教材涉及一、二、四、五这四个年级,这样的设置体现了"整数认识"的内容多、跨度大,显示了其重要的基础性地位。此外,单元序号中表明这部分内容在编排时多安排在教材的前几个单元,表明是学习后继内容的准备与基础,具有一定的知识连贯性特点。

三版教材"整数认识"单元数分别是:78版有6个单元,92版有6个单元,12版有8个单元,12版教材中的单元数略多。总体来看,三版教材有关"整数认识"这部分内容在单元设置上相仿,都是作为相应四则运算的前置部分,认数到一定范围,相应范围内的四则运算才有了基础。同时,四则运算的学习又加深了学生对数的理解,促进了数感的发展。

三版教材主题页数占比有差异。从三版教材主题页数在教材总页数的占比来看,78版教材是9.02%,92版教材是7.67%,12版教材是13.10%,三版教材中92版教材主题页数的占比较低,12版教材的占比最高。三版教材分别依据不同的大纲编写,对应的学制也不完全一样,这种情况表明,12版教材更重视整数认识的教学。

2. 内容分布

三版教材有关"整数认识"内容年级分布及知识要点如下:

表3-2 三版教材整数认识内容年级一览

版本/学年制	授课年级	内容名称
78版/5年制	一年级上学期	10以内数的认识
		11—20各数的认识
		100以内数的读写
	二年级上学期	万以内数的读法和写法
	三年级上学期	多位数的读法和写法
	四年级下学期	数的整除
92版/6年制	一年级上学期	10以内数的认识
		11—20各数的认识
	一年级下学期	100以内数的读法和写法
	二年级下学期	万以内数的读法和写法
	四年级上学期	亿以内数的读法和写法
	四年级下学期	亿以上数的读法和写法
		数的整除
12年/6年制	一年级上学期	1—5以内数的认识
		6—10以内数的认识
		11—20以内数的认识
	一年级下学期	百以内数的认识
	二年级下学期	万以内数的认识
	四年级上学期	大数的认识
	五年级下学期	因数和倍数

(1)"整数认识"在内容分布上基本按照四大循环圈的逻辑顺序。按照20以内数的认识、100以内数的认识、万以内数的认识,最后再到多位数的认识,这

样的分布安排,不仅符合数学知识的内在逻辑体系,也遵循小学生的身心发展规律。具体看来,认数的过程都是先由数数开始,学生经历数数、理解数的组成、能够正确读数写数、比较数的大小,掌握数位顺序表和十进制计数法等,有了这些知识的铺垫之后再学习近似数、多位数等。

(2) 三版教材有关"整数认识"知识点的整合不同。三版教材根据不同的大纲进行编写,依据《九年义务教育全日制小学数学大纲》92 版教材把"整数认识"四段扩展成为五段,将多位数的认识划分为"亿以内"和"亿以上"。78 版和 92 版教材将"分解质因数""约分""通分"的内容放在数的整除这个大单元中以小节的形式出现,12 版的教材把它安排在"你知道吗?"栏目,介绍了短除法的写法;"约分"和"通分"在 12 版教材中放在了"分数的意义和性质"当中,紧接着介绍"公因数"和"公倍数"以及"最大公约数"和"最小公倍数",12 版教材修订清晰地体现《义务教育数学课程标准(2011年版)》提出的教育教学新理念和新要求,设计出有效的、可操作的路径或方式,使学生获得"四基",形成"四能"。12 版对教材结构的调整,使内容的编排更符合学生的认知规律。[①]

3. 逻辑体系

分析知识体系是指按照知识逻辑线,剖析教材内容的知识结构和逻辑关联,以及把握学科知识的本质内涵。[②] "整数认识"是小学数学最基础的内容,是学习分数、小数等内容的必备基础,三版教材有关这部分内容是循序渐进的,都采取了分阶段、螺旋上升的编写方式,重点在于发展学生的数感。

12 版教材没有采用"数的整除"作为标题,而是"因数和倍数",要求有所降低。其目的是为学习约分和通分奠定基础,并为后期学习异分母分数的加减法做好铺垫。

4. 具体栏目安排

人教版教材注重栏目的安排,三版教材随着时间的推移栏目设置也是越来越多样化,下面是三版教材的具体栏目:

78 版:准备题、例题、练习、复习、总复习,共 5 个。

92 版:例题、做一做、练习、复习、你知道吗? 思考题、总复习,共 7 个。

[①] 卢江.落实新理念,关注学生的数学发展和教师的教学需求——人教版《义务教育教材·数学(一至六年级)》介绍[J].小学数学教师,2014(Z1):5-8.

[②] 潘超,吴立宝.教材分析的四条基本逻辑线——以人教版"单调性与最大(小)值"为例[J].中小学教师培训,2019(3):51-56.

12版:例题、做一做、练习、成长小档案、生活中的数学、你知道吗？数学乐园、数学游戏、思考题、数学广角、整理和复习、总复习、自我评价,共13个。

（1）三版教材的主要栏目相同。三版教材在具体栏目的安排上都包括例题、习题、复习、总复习这几个部分,例题和习题是数学教材的重要组成部分,它们承载不同功能。教材中的例题是学生学习新知的桥梁,是揭示数学规律、启示解题方法的载体,能起到贯通知识、归纳方法、培养能力和发展思维等作用。三版教材的例题都有明显的标记。78版是直接以"例几"的形式标出,92版不仅标明例题的序号,上方还标注了该例题所要呈现的知识点,12版教材基本延续了该做法,并以打开着的书为背景图案,标明序号表示例题。总体来看三版教材例题的呈现清晰可见。习题是巩固新知、训练数学技能的载体,三版教材在例题及说明后都编有相应的习题。总体呈现"例题＋习题"的结构模式,学生先通过例题学习、模仿,再运用习题加以练习巩固、强化。

（2）12版教材栏目的类型和数量明显增加。具体栏目的安排上三版教材的不同点表现在:从数量上看12版教材的具体栏目有13种,比78版教材和92版教材多；从栏目的类型上看,多样化的栏目设置会对学生具有吸引力,能提高学生阅读数学教材的兴趣,也会让学有余力的学生得到适当的拓展。78版教材主要是"例题""习题"和"总复习"三个经典板块,92版教材增添了"你知道吗？",提高了数学教材的可读性和拓展性。12版教材增添了"生活中的数学、数学乐园、数学游戏、数学广角"等栏目,比较丰富,单元末尾设有"成长小档案、自我评价"栏目,可以增强学生的自我反思能力,体现学生的主体性,通过自我评价先自测近期的数学学习情况,再有针对性地查漏补缺。

（二）整数认识内容设计

内容设计是指依据教学大纲（或课程标准）的要求,为学生提供有组织的学习资源。包括教材的内容广度、内容深度、习题难度和教材难度等。"整数认识"这部分内容贯穿小学数学的始终,依据已有研究,内容深度与教材内容的"认知要求"和"呈现方式"有关,习题难度与题目的"认知要求"和"背景水平"有关,最后将确定的可比内容广度 G_i、可比内容深度 S_i 和可比习题难度 X_i 按照 0.2、0.5、0.3 的比重算出每套教材中"整数认识"的难度 N_i。

1. 内容广度

内容广度是指教材内容所涉及的范围或领域的广泛程度,通常与教材内容所含知识点的数量有关。可比内容广度还要综合考虑主题内容的课时系数。下面列举了三版教材的详细知识点。

表3-3 三版教材整数认识知识点一览

版次	78 版	92 版	12 版
知识点	数10以内的数,1—5的认识和写法,0的认识和写法,6—10各数的认识和写法,数11—20各数,20以内数的组成,11—20各数的读法写法,数100以内的数,认识个位、十位,10以内数的读法写法,数万以内的,认识百位、千位,万以内数的读法写法,认识数位顺序表,十进制计数法,多位数读法写法,数的分节,数的近似值,自然数和整数的意义,能被2、3、5整除特征,质数和合数,100以内质数表,分解质因数,约数和倍数的意义,公约数和公倍数,求最大公约数,求最小公倍数	数10以内的数,1—5以内数的组成顺序,10以内数的读法写法,0的认识,数11—20以内数的组成顺序,11—20以内数的读法写法,数100以内的数,个位、十位、百位的读法写法,数万以内的数,百位、千位、万位,三位数读法写法比较,四位数读法写法比较,认识数位顺序表,十进制计数法,多位数读法和写法,多位数的大小比较,以万做单位的近似数,能被2、3、5整除特征,奇数和偶数,质数和合数,100以内质数表,分解质因数,约数和倍数,公约数和公倍数,求最大公约数,求最小公倍数,自然数和整数的意义	数10以内的数,1—5的认识,0的认识,10以内数的认识,序数含义,数11—20各数的认识,数100以内的数,认识个位、十位,100以内数的读法写法,数万以内的数,认识计数单位千,万以内数的读法和写法,数位顺序表,万以内数的组成,近似数的含义,亿以内数的认识,亿以内数的改写,求大数的近似数,十进制计数法,亿以上数的读法和写法,能被2、3、5整除特征,奇数和偶数,质数和合数,100以内质数表,分解质因数,因数和倍数,公因数和公倍数,最大公因数,最小公倍数
合计	27	28	29

三版教材的知识点分别是27、28和29个,其中共有知识点是25个(交集),并集中的知识点有34个,由此可以看出不同版本教材所囊括的知识点还是存在差异的。根据公式可以算出三版教材的可比内容广度。

表3-4 三版教材整数认识内容广度

版本	课时数 (T_i)	课时系数 (β_i)	知识点数 (n_i)	知识点并集 (n)	内容广度 (G)	可比内容广度(G_i)
78 版	96	1	27	34	0.794 1	0.794 1
92 版	59	0.614 6	28		0.823 5	1.339 9
12 版	60	0.625 0	29		0.852 9	1.364 6

从表格中可以看出,三版教材的可比内容广度由低到高分别是 78 版、92 版和 12 版,78 版的可比内容广度较低,导致这种差异的一个重要因素是课时数,78 版教材的课时系数明显高于后两种。有学者研究义务教育大纲把小学数学知识区分为基础知识和初步知识。① "整数认识"这部分内容属于基础知识,新课改之后的 12 版教材也充分体现了其基础地位,因此,92 版和 12 版的相比课时数和知识点数都略有增加。

2. 内容深度

教材内容的深度主要受"认知要求"和"内容表述"的思维特征影响,"认知要求"分为了解、理解、掌握和综合应用四个方面,"内容表述"分为直观描述、归纳类比、演绎推理、探究开放。对 78 版、92 版和 12 版三版教材"整数认识"这部分内容赋值以后,得到结果如下:

表 3-5　三版教材内容深度中"认知要求"各水平占比统计

版本	了解(模仿)	理解(认识)	掌握(应用)	综合应用
78 版	44.44%	44.44%	11.12%	0
92 版	42.86%	53.57%	3.57%	0
12 版	51.72%	44.83%	3.45%	0

表 3-6　三版教材内容深度中"内容表述"各水平占比统计

版本	直观描述	归纳类比	演绎推理	探究开放
78 版	29.63%	48.15%	22.22%	0
92 版	25%	53.57%	21.43%	0
12 版	37.93%	44.83%	6.90%	10.34%

从表 3-5 和表 3-6 当中可以看出,三版教材"认知要求"中"综合应用"的水平都为 0,在"探究开放"当中,除了 12 版教材有 10.34% 之外,78 版和 92 版的"内容表述"也都是 0,主要集中在前三个水平。"认知要求"中三版教材以"了解"和"理解"为主,由此可以看出教学大纲(或课程标准)对"整数认识"的要求还是注重基础,三版教材的"内容表述"以归纳类比水平为主,78 版、92 版和 12 版的占比分别是 48.15%、53.57%、44.83%。学生在认识整数的过程中,都通过数

---

① 宫建.对我国小学数学课程知识选择优化的思考[J].课程·教材·教法,1993(12):27-30,39.

生活中实物的数量抽象得到数。例如在学习"万以内数的认识"时,教材引导学生:"10 个一是一个十,10 个十是一个百,10 个百是一个千,10 个千就是一万",通过这样的类比与数数,学生容易理解"万"这个计数单位,可见有关"整数认识"内容表述的思维特征多以归纳类比为主。在学习 20 以内较为简单的数时,往往从生活中直接观察得到,通过直观描述,加上平时的生活经验不难理解。具备一定基础之后,有关数的组成也会出现一些需要分情况讨论的分析推理题,培养学生的数学推理能力。下表中根据公式计算出"整数认识"教材的可比内容深度。

表 3-7 三版教材整数认识内容深度统计

版本	认知要求平均等级	内容表述平均等级	平均内容深度	可比内容深度(S_i)
78 版	1.666 7	1.925 9	1.796 3	0.449 1
92 版	1.607 1	1.964 3	1.785 7	0.446 4
12 版	1.517 2	1.896 6	1.706 9	0.426 7

综合"认知要求"和"内容表述",可以算出"整数认识"的可比内容深度,三版教材的计算结果分别是 0.449 1、0.446 4 和 0.426 7,从认知要求的平均等级来看,平均等级都在 1.6 左右,根据认知要求的赋值规定,"整数认识"的要求在了解和理解之间,符合大纲要求。三版教材有关"整数认识"的知识点数量相近。从内容深度上看,78 版教材的可比内容深度略高,12 版教材的可比内容深度略低,相差并不明显。

3. 习题难度

习题难度是衡量内容深度的另一重要因素,影响习题难度的两大因素是"认知要求"和"习题背景"。下面是对三版教材"整数认识"的习题进行的统计,有关"整数认识"的"认知要求"和"习题背景"占比如下:

表 3-8 习题难度中"认知要求"各水平占比统计

版本	了解(模仿)	理解(认识)	掌握(应用)	综合应用
78 版	81.07%	11.24%	5.92%	1.78%
92 版	84.85%	8.42%	4.71%	2.02%
12 版	68.95%	20.16%	6.85%	4.03%

表 3-9　习题难度中"习题背景"各水平占比统计

版本	无背景	个人生活背景	公共生活背景	科学实验背景
78 版	75.15%	10.65%	11.24%	2.96%
92 版	79.12%	13.47%	5.05%	2.36%
12 版	58.06%	32.26%	6.05%	2.63%

习题是数学教材的重要组成部分,从表 3-8 和表 3-9 来看,78 版和 92 版的教材在"认知要求"维度上主要以"了解"为主,占比分别是 81.07% 和 84.85%,掌握和综合应用的两个水平的占比都比较低,12 版教材与前两版教材相比,理解水平的占比明显提高,而且掌握和综合应用水平的占比也略有提高。

从"习题背景"来看,三版教材的习题还是以"无背景"水平为主,"整数认识"的习题是例题的配套练习,这部分内容多以简单的填空题型出现。12 版教材有所改进,题目设计与生活场景更加贴近,如电影院买票、家人的年龄、拔河人数等。学生"个人生活背景"更能激发学生学习数学的自信心和积极性。综合三版教材习题的"认知要求"和"习题背景",算出可比习题难度见表 3-10。

表 3-10　三版教材整数认识习题难度统计

版本	认知要求平均等级	习题背景平均等级	平均习题难度	可比习题难度(X_i)
78 版	1.284 0	1.420 1	1.338 4	0.334 6
92 版	1.239 1	1.306 4	1.266 0	0.316 5
12 版	1.459 7	1.552 4	1.496 8	0.374 2

三版教材可比习题难度从高到低排列分别是 12 版、78 版和 92 版,78 版和 92 版教材中的习题主要是对例题进行模仿,背景也以"无背景"为主,因此,综合而言这两套教材的习题难度较低,而 12 版教材在"认知要求"和"习题背景"上都有所改进,在例题的基础上进行适当的拓展,可以满足不同水平学生的需要。

4. 教材难度

教材的综合难度 N_i 需要结合可比内容广度 G_i、可比内容深度 S_i 和可比习题难度 X_i 三个方面,按照 0.2、0.5、0.3 的权重进行计算

$$N_i = 0.2G_i + 0.5S_i + 0.3X_i$$

得到最后的教材难度如下:

表 3-11　三版教材整数认识综合难度统计

版本	课时系数(β_i)	可比内容广度(G_i)	可比内容深度(S_i)	可比习题难度(X_i)	教材难度(N_i)
78 版	1	0.794 1	0.449 1	0.334 6	0.483 8
92 版	0.614 6	1.339 9	0.446 4	0.316 5	0.586 1
12 版	0.625 0	1.364 6	0.426 7	0.374 2	0.598 5

表 3-11 是根据公式最后算出的教材综合难度，难度由高到低分别是 12 版 (0.598 5)、92 版 (0.586 1) 和 78 版 (0.483 8)。单独看，可比内容广度最高的是 12 版，可比内容深度最高的是 78 版，可比习题难度最高的是 12 版。综合得到 12 版的教材难度相对最高，比 78 版教材提高了 23.71%。

（三）整数认识呈现方式

教材的呈现方式主要指教材中数学知识结构的外部表征。教材以什么样的方式表达内容，体现了教材的指导思想、设计理念，反映了教材的风格与特色，关系到教师如何教与学生如何学。下面从素材选取、情境设计、插图运用、习题安排、语言表达方式这五个方面进行讨论。

1. 素材选取

素材是数学学习内容的载体，是数学本质的外在表现，经过数学化处理可以揭示其所反映的数学概念、思想方法、基本原理和规律。素材选取包括：数学内部本身、数学与生活、数学与其他学科联系的不同类型，以及是否适合学生的心理特征。对教材正文部分的分析，我们可以得到三版教材"整数认识"中素材类型的占比。

表 3-12　三版教材整数认识素材类型占比

版本	数学内部本身	数学与生活	数学与其他学科
78 版	12(44.44%)	11(40.74%)	4(14.82%)
92 版	12(42.86%)	14(50%)	2(7.14%)
12 版	10(34.48%)	17(58.62%)	2(6.90%)

从表 3-12 中可以看到，三版教材的素材选取主要来自"数学内部本身"和"数学与生活"两种类型。"整数认识"的内容难度不高，在学习"20 以内数的认

识"和"100以内数的认识"时,素材大多来源于学生的实际生活,在"100以内数的认识"会用到数学学具,例如小棒、计数器等。此外,78版教材中呈现的实例还有:机床加工、稻田收割、解放军征战等现实素材,这些素材具有浓厚的时代背景;92版教材中呈现花园里的蝴蝶、幼儿园分糖果、劳动模范栽树等素材;12版教材的素材更加鲜活,如动物园、过生日、运动会等生活中的素材,注重把数运用到实际生活中。在学习"万以内数的认识"和"多位数的认识"时,78版教材通过数小木块,先摆成一排,然后铺成一层,最后再推成一个立方体的形状,一步一步得到10个一百是一千的概念;92版教材学习"亿以内数的读法和写法"时,是通过拨算盘进行的;12版教材学习"万以内数的认识"也是通过体育馆能够容纳的人数导入,接着数小立方体认识新的计数单位。"整数认识"学习过程注重方法的迁移和知识的类比,每进入一个新的循环圈学习时都会联系前面已经学习过的数,数学内部本身的素材仍占有很大比例。此外,数学还会结合建筑学、天文学、航空航天、人口普查等学科知识。以12版教材为例,学生学习了"10以内数的认识"之后,会出现火箭发射倒计时的素材,当学习"亿以内数的认识",会出现1亿个小朋友手拉手可以绕地球赤道三圈半这样的素材,加强数学知识与其他学科的结合,让学生感受到数学应用的广泛性,生活离不开数学。

2. 情境设计

《义务教育数学课程标准(2011年版)》提出:要让学生在生动具体的情境中学习数学,创设情境成为当下教学设计要素之一。有学者认为,情境在教学设计中也有必要进行整体设计,形成情境线,整体或局部将有关知识点和练习内容串联起来,形成一体。[①] 从涉及的内容和理解水平上,情境可以分为生活情境、实践操作、科学实验三种,下面对三版教材的情境类型进行简单的统计,结果如下:

表 3-13　三版教材整数认识情境类型占比

版本	生活情境	实践操作	科学实验
78版	23(85.20%)	2(7.40%)	2(7.40%)
92版	17(60.72%)	9(32.14%)	2(7.14%)
12版	19(65.52%)	6(20.69%)	4(13.79%)

从表 3-13 中可以看到,三版教材中情境设计的主要类型是生活情境,其中

---

① 陆椿.整合知识点创设情境线[J].小学数学研究,2019(21):18-22.

78版教材达到了85.20%,92版和12版教材分别是60.72%和65.52%,值得注意的是,92版教材实践操作类情境的占比是最高的,这与同期教学大纲强调"培养学生的动手操作能力"有关,92版教材的思考题也重视学生的实践操作,例如"亿以内数的认识"时,思考题要求"用0、1、7、4、8五张数字卡片组成最大的五位数和最小的五位数,摆摆看";12版教材安排了很多学生之间互相交流讨论的情境,或者师生对话的情境,活动性强。三版教材科学实验情境的占比不高。

3. 插图运用

小学数学教材中运用插图可以让学生更为直观地理解教材内容,提高学生的抽象概括能力,学生在看看、数数、想想的过程中,可以有目的地观察画面,感知事物的数量特征,在获得知识的同时,也增强学生观察事物的能力。[①] 随着时间的推移,教材的插图越来越精美,12版教材每一单元前都会有一幅主题图,有学者专门研究了主题图的类型,认为有:直接呈现数量关系的主题图;问题情境类主题图;动手操作类主题图;观察类主题图;综合性主题图。[②] 12版教材主题图的类型多样,有利于激发学生的学习兴趣,增强趣味性。

除了主题图以外,教材当中还有其他插图,为了适应小学生的认知发展要求,还会出现各种各样卡通动物和人物形象,他们在教材中有时会充当老师的角色,引导学生进一步思考,也会扮演学生的角色,出现在课堂讨论的环节中。

4. 习题安排

练习题既是小学数学教材的重要组成部分,又是学生进行有效学习(掌握知识、形成技能和发展能力)的主要载体。92版教材有关"整数认识"的习题数量有297道,78版教材有169道,12版教材有248道,从数量上来说92版教材的习题数最多。

表3-14 三版教材整数认识习题类型汇总

	总数	填空题	选择题	判断题	连线题	解答题
78版	297	203	54	6	11	23
92版	169	112	25	10	6	16
12版	248	188	27	13	10	20

① 糟俊祯.浅谈如何发挥插图在小学数学教学中的作用[J].数学学习与研究,2013(14):65.
② 胡明进,王雪.小学数学教材主题图的设计与功能探析[J].教育导刊,2009(10):49-51.

从表 3-14 中可以看到,"整数认识"这部分的题型主要分为填空题、选择题、判断题、连线题和解答题 5 种,其中填空题里面也会包括大小比较、计数器的认读等。数的认读属于整数认识的基础部分,填空题、选择题和判断题都会涉及,其中数的近似值经常会以选择题的形式出现。到了高年级随着对数的认识进一步加深,公约数和公倍数的题目会出现解答题的题型,这类题型略有难度。对比三版教材,整体上看 78 版的题型较为单一,以填空题和选择题为主,92 版的题型仍以填空题和选择题为多,解答题的比重有所增加,12 版的教材与另两套教材相比题型较为丰富也更趋平衡。以不同的形式考查学生对知识点的掌握情况,多样化的题型可以激发学生数学学习的兴趣,发展学生思维的灵活性。

92 版教材的习题字号与 78 版教材相比更大,插图更加丰富,在习题表述的过程中遇到灯笼、金鱼等需要识字时,用图片代替,出现了图文搭配的习题,便于学生理解。12 版教材的习题类型更加多样化,与学生的实际生活联系紧密,题目的类型也不拘泥于例题的形式,题目的灵活性和趣味性进一步增强。

5. 语言表达方式

数学教材的语言追求简练、易懂,有关概念、规则类的语言都要经过反复推敲。例如"10 个一百是一千""读数的时候,从高位到低位,一级一级地往下读。读亿级、万级时,按照个级的读法去读,只要在后面加上亿字或万字就可以了。一个数中间有一个 0 或者连续有几个 0,都只读一个零;末尾所有的 0 都不读出来"。还有,"近似数"当中的四舍五入原则,"2、3、5 倍数特征",求最大公约数、最小公倍数的方法等,虽然文字部分较长,但都言简意赅地表达清楚。除了概念、规则一类的表述以外,当提出一个问题,或者强调补充时,语言则循循善诱,例如"你有什么发现?""说一说你们已经认识了哪些数位?""我先圈出 1 000……"等等,这样的表述会帮助学生厘清思路,一步步找到解决问题的方法。

78 版教材和 92 版教材在语言表达方式上较为单一,例题的要求和解答时的提示都是直接呈现,低年级特别是认识 10 以内数时,题目以图片的形式呈现,文字不多;12 版教材中,语言表达方式主要是师生对话或者生生对话的形式,一步一步地引导学生解决问题。例如 12 版教材"100 以内数的认识"中,呈现了100 粒纽扣,其中黄色有四十粒、蓝色有二十七粒、红色有三十三粒。并提出问题:"每种颜色的纽扣各有多少粒?"一个女孩说:"黄色有四十粒,蓝色有二十七粒,红色有三十三粒。"另一个小男生说:"这些数怎样读写呢?"一个小精灵又发问:"两个 3 的意思一样吗?""三种颜色的纽扣一共多少粒?"一个男孩问:"一百怎样读写呢?"另一个女孩答道:"一共一百粒。"进而给出"读数和写数,都从高位起。"这样一连串的对话,引导学生探索问题,理解概念,总结规律。这种以对话的形式呈现学习内容更加突显了学生的主体性、活动性。

（四）整数认识研究结论

关于"整数认识"这一知识主题,从结构体系、内容设计和呈现方式三个方面入手,通过定量和定性分析研究,可以获得以下结论。

1. 随着时间推移,教材中的栏目设置不断丰富

三版教材有关"整数认识"内容在结构体系上都采取分阶段进行,基本按照四个循环圈编写,具体栏目设置上,每一版教材的重点在于例题、习题,并呈现有所增加的趋势。92版教材的具体栏目有"例题、做一做、练习、复习、你知道吗？思考题、总复习"。12版教材的具体栏目包括"例题、做一做、练习、成长小档案、生活中的数学、你知道吗？数学乐园、数学游戏、思考题、数学广角、整理和复习、总复习、自我评价"。从数量上看,12版教材的栏目最多,从栏目的表述来看,形式更加活泼,注重数学文化的熏陶和数学思想方法的渗透,有利于培养学生的思维能力和自主学习能力。

2. 三版教材知识点间联系不够紧密,单元划分较为零散

在知识点和小单元的编排上,三版教材之间都有一些变化,就"整数认识"而言,教材的编排顺序存在着整合度不够的现象,把原本联系得十分紧密的知识点分开教学,容易影响知识的系统性,造成一些不必要的重复交叉。12版教材第三单元"1—5的认识和加减法",第五单元"6—10的认识和加减法",第六单元"11—20各数的认识",第八单元"20以内的进位加减法",这样的编排降低了原本知识间的连贯性,不如集中进行"10以内数的认识和加减法"学习,再穿插"认识图形""认识钟表"内容,为学生后续"11—20各数的认识"做好铺垫。

3. 教材内容的素材以个人生活为主,缺乏公共科学类素材

研究发现,三版教材的习题背景主要以"无背景"和"个人生活背景"为主,"公共生活背景"和"科学实验背景"占比极少。例题主要将要学习的概念、方法等规律性知识呈现出来,习题除了模仿例题以外,还可以进行适当的变式和创新,不同背景的素材可以在例题和习题中实现互补。公共生活类背景和科学实验类背景可以适当多出现在习题当中,开阔学生的视野,感受数学与其他学科的联系,体现数学应用的广泛性。情境设计中素材同样如此,以"生活情境"和"实

践操作"为主。其实情境设计方面还可以进行拓展,有学者研究认为,"题材丰富多样,紧密联系学生的生活实际,呈现形式图文并茂,利于激发学生兴趣"[1]。丰富的素材提高教材的可读性,学生的学习兴趣也会相应地得到增强。在题目的背景因素方面,例题的背景可以主要取材于实际生活,习题背景应避免与例题重复,多涉及公共生活背景和科学实验背景,提高习题的背景层次。

4. 教材综合难度需要兼顾内容广度和深度,避免广而浅或窄而深的内容模式

教材的综合难度主要包括三方面的因素:可比内容广度、可比内容深度和可比习题难度。上述定量研究表明,40年来"整数认识"的教材综合难度有明显提高。内容广度和深度是影响教材整体难度的两大关键因素,教材的编写要防止出现知识内容"窄而深"或者"广而浅"现象。研究发现,三版教材的知识点数量相近,依次分别是27、28和29,内容广度相近,内容深度上12版教材的深度略低。"整数认识"是小学数学最基础的部分,也是重点部分,需要学生理解掌握,控制好内容的广度和深度。对于学有余力的学生,教材中也可以结合现代先进的网络技术更好地呈现教材内容,还可以适当融入信息技术,在教材编写过程中可以附上学习的网址链接,若有一些图片或者视频内容无法以纸质版呈现,也可以给出二维码,教师和学生只要简单扫一扫,就可以了解更多有价值的资源。

二、分数认识内容研究[2]

由于度量和均分的需要,人们引入并开始使用分数。关于分数的定义有多种表述方式,考虑到小学生的实际,小学数学教材中通常都是结合现实情境,利用"平均分"来帮助学生建立分数概念的。小学生在数的认识领域,首先认识且学习时间最长的是整数,分数可以看作是在整数基础上数概念的一次扩充。由于学生生活中对分数的直观感受相对较少,分数的概念又比较抽象,并且分数的认识是后续学习的关键知识基础,因此分数的认识作为小学数学的重点学习内容必须加以重视。

"分数认识"包括分数的初步认识、分数的意义和性质两部分内容。由于分数概念的抽象性,上述两部分内容在教材中通常分两个阶段进行安排。这里选取人民教育出版社出版的78版、92版和12版小学数学教材,通过研究三版教

---

[1] 宋乃庆,宋运明,李欣莲.我国小学数学新教材编写特色探析——以西师版为例[J].西南大学学报(社会科学版),2014(3):80-85.

[2] 问婷郡撰写初稿.

材的结构体系、内容设计与呈现方式的发展变化,概括小学数学教材发展的基本特点和规律。

(一) 分数认识结构体系

教材的结构体系是指将教学材料分化为可供连续学习的内容元素及其组织,包括各版教材的单元设置、内容分布、具体栏目安排及教材内容的逻辑联系等。

1. 具体栏目安排

将三版教材从单元设置、内容分布(所占教材页数)、具体栏目安排三方面整理如表 3-15 所示。

表 3-15 三版教材分数认识具体栏目安排表

版本	单元设置	内容分布	具体栏目安排
78 版	第六册第五单元(分数的初步认识) 第八册第四单元(分数的意义和性质)	13 页 28 页	知识导入 例题 练习题 复习
92 版	第五册第六单元(分数的初步认识) 第十册第四单元(分数的意义和性质)	12 页 37 页	知识导入 例题 做一做 练习题 复习 你知道吗? 整理和复习
12 版	三年级上册第八单元(分数的初步认识) 五年级下册第四单元(分数的意义和性质)	9 页 35 页	主题图 例题 做一做 练习题 你知道吗? 整理和复习

在单元设置上,三版教材"分数认识"皆涉及两个单元,分为分数的初步认识、分数的意义和性质两个部分。78 大纲中提出,要按照儿童的认识规律和数学知识的内在联系,把教学内容适当划分几个阶段,每个阶段各有重点。[1] 如分

---

[1] 中华人民共和国教育部.全日制十年制学校小学数学教学大纲(试行草案)[M].北京:人民教育出版社,1978:3.

数概念对于学生较难理解,改为划分为两个学段进行学习,帮助学生切实学好基础知识。略有不同的是,78版涉及的年级为三年级和四年级,92版和12版同为三年级和五年级,这与各版教材的不同学制有关。

在内容分布上,分数的意义和性质皆占有更多的篇幅,为"分数认识"课程内容的知识重点,78版"分数认识"共41页、92版49页、12版44页,92版总页数较多,78版"分数的意义和性质"和12版"分数的初步认识"内容相对较少,这与各版教材具体栏目的设置、教材中例题和插图的设计等存在关联。

在具体栏目安排上,92版和12版教材的栏目设置较78版更为丰富,除例题、练习题、复习题外,增设了例题后的"做一做""你知道吗?"等部分,其中需要说明的是:① 78版和92版在单元开始设置了知识导入环节或准备题。② 92版教材中的例题前"复习"不同于单元结束时的"整理和复习",而是在出示例题前为过渡到新知而设计的"复习"。美国教育心理学家奥苏伯尔曾提出"过渡式"编排方式,即为跨入新学段和升入高年级的学生学好新知识、掌握新方法而适当提前安排有关奠基内容的编排方式。这种在新知教学前,对已有经验进行复习巩固很有必要,有助于新旧知识衔接。③ 12版教材在单元的第一页设计了学生郊游主题图,为后面例题的情境创设做了铺垫,该版运用了较多的主题图,是该版教材的一大特色。

2. 内容分布

将"分数认识"划分为分数的初步认识、分数的意义、真分数和假分数、分数的基本性质、约分和通分五个知识单元,分别对其所占页数进行统计(不包括单元后的整理与复习),如表3-16所示。

表3-16　三版教材知识单元所占页数统计表

教材版本	分数的初步认识	分数的意义	真分数和假分数	分数的基本性质	约分和通分
78版	13	8.5	7.5	2.5	6
92版	11	13	9	4	8
12版	9	8	4	3	17

三版教材在具体知识单元的内容分布上表现出一定的差异。易见,"分数的意义和基本性质"是分数认识的重点,其中分数的意义在该部分又占有较大比重。92版在"分数的意义""真分数和假分数""分数的基本性质"部分设计的内容相对较多,所占页数均明显高于其他两版;由于12版教材将"公因数""公约数"两个知识

点分别置于约分和通分之前,故12版"约分和通分"的内容明显多于前两版,但在前四个知识单元,12版内容简洁,特别是"真分数和假分数"比较弱化。

3. 教材内容的逻辑联系

由于分数概念的抽象性和小学生认知发展的阶段性,小学数学教材中分数的概念通常都是分两个阶段安排的,即"分数的初步认识"和"分数的意义和性质",对此三版教材都做了精心设计。

78版教材在"分数的初步认识"部分,先直观认识几分之一、几分之几,再借助于图形比较简单分数大小并进行简单分数的加减运算,这里对学生的要求主要是具象思维;在"分数的意义"部分,78版首先说明分数产生于测量和计算,且通过举例引出单位"1"概念,较于"分数的初步认识",这里对分数有了更数学化的表述,给出了分数与除法的关系;通过分类引进了"真分数、假分数、带分数"概念及形式转化;78版在"分数的基本性质"部分以线段图对三个分数比较大小而引出分数的基本性质,为通分、约分以及分数的运算奠定了理论基础,内容比较系统。

92版教材以几分之一和几分之几两个小标题将"分数的初步认识"分为两个部分,首先是通过5道例题和"做一做"认识几分之一,例题由完整呈现答案到留白让学生填空,这一点是不同于78版教材;"分数的意义"部分共包括分数的产生、分数的意义、分数与除法关系、分数大小的比较四小部分,共有7道例题,教材皆以小标题注明,条理清晰。值得注意的是,92版教材独特地设计了例题前的"小复习"和例题后的"做一做",帮助学生回顾已有知识经验,以及针对例题的变式思考,增强了教材内容的连贯性;同样包含真分数、假分数和带分数内容,但标题中没有把"带分数"与"真分数、假分数"并列起来,严格来说分数只能分成"真分数、假分数",这样处理更具逻辑性。"分数的基本性质"注意加强与整数除法中商不变性质的联系,"通分、约分"的计算方法相反,但都以分数的基本性质为依据,在分数运算广泛运用。

12版教材"几分之一"内容编排与前两版有所不同,将认识几分之一、分数的表示和几分之一比较大小编排为连续的3道例题,再安排"做一做",同时例题部分引导性语言较多,在注重学生自主探索与发现方面12版教材最为突出;第二部分"几分之几"的编排则与92版类似,在认识几分之几后以"做一做"加以巩固,再进行同分母分数比较大小的学习,同样可以发现这部分教材留白较多,教材很少直接给出或只给出部分提示,更多地交给学生自主学习思考。12版"分数的意义"部分相较于92版删减了分数大小的比较,删去了开始部分的"小复习"。分数的产生部分不同于92版过多的文字简介,而是以图文结合的方式呈现。不同于前两版教材,12 版在例题中突出了对单位"1"这一知识点的巩固与应用,在"约分""通分"中,穿插安排最大公约数、最小公倍数,将其作为约分、通分的基础,这是一个重要改变,降低了整数性质的学习要求。

(二)分数认识内容设计

课程内容是依据课程目标、课程性质和课程基本理念,对学科知识进行选择与整合的结果,是社会需要、数学特点和小学生认识规律三方面的综合体现。借助量化模型,分别从内容广度、内容深度、习题难度三个方面对三版教材的内容设计进行比较。

1. 内容广度

对三版教材分数认识的内容进行知识点划分,可得具体知识点如表 3-17 所示。

表 3-17 三版教材分数认识知识点一览表

78 版	92 版	12 版
认识几分之一	认识几分之一	认识几分之一
认识几分之几	分数的读写	分数的读写
分数的读写	认识几分之几	认识几分之几
简单分数比较大小(同分母分数大小比较、几分之一比较大小、相等分数、分数与1比较大小)	简单分数大小比较(几分之一比较大小、同分母分数比较大小)	简单分数比较大小(几分之一比较大小、同分母分数比较大小)
分数的产生	分数的产生	分数的产生
分数的意义	分数的意义	分数的意义
单位"1"	单位"1"	单位"1"
分数单位	分数单位	分数单位
分数与除法的关系	分数与除法的关系	分数与除法的关系
同分母分数比较大小	同分母分数比较大小	分数与除法的关系应用
同分子分数大小比较	同分子分数比较大小	真分数、假分数、带分数
真分数、假分数、带分数	真分数、假分数、带分数	假分数化成整数
假分数化成整数	假分数化成整数	假分数化成带分数
假分数化成带分数	假分数化成带分数	分数的基本性质
整数化成假分数	整数化成假分数	公因数和最大公因数
带分数化成假分数	带分数化成假分数	约分
分数的基本性质	分数的基本性质	最简分数
约分	约分	公倍数和最小公倍数
最简分数	最简分数	通分
通分	通分	

从单元数、课时数、知识点数三方面刻画三版教材分数认识的内容广度,其中课时数的计算参考教学大纲以及教学参考书的建议,统计结果如表3-18所示。

表3-18 三版教材分数认识知识点数和课时数统计表

教材版本	单元数	课时数	知识点数
78版	2	25	23
92版	2	24	21
12版	2	22	20

从表3-18可以看出,三版教材分数认识的单元数相同;三版教材课时数、知识点数无明显差异,其中78版涉及的知识点较其他两版更为详细,如在"分数的初步认识"部分,三版教材皆包含简单分数大小比较,92版和12版涉及几分之一、同分母分数比较大小两个知识点,而78版还涉及相等分数比较大小、分数与1比较大小;12版教材假分数、带分数部分内容相对较少,仅涉及假分数化成带分数或整数,不涉及两者间的互化等知识点,但12版将公因数、公倍数设置在约分、通分部分,用作约分、通分的基础,而78版和92版皆在前一单元对这两个知识点做单独教学;此外,78版和12版教材在两个单元都涉及同分母分数的比较大小和分数的读写,前后有知识点的重复,这里统计知识点时仍算一次。

78版教材例题数最少,但安排的课时数最多,可见78版教材重视基础知识和技能的训练,拉长教学时间,夯实基础,使学生切实学好;92版教材例题数最多,对于重点内容采用多例题教学,例如,"认识几分之一"设计6道例题,"认识几分之几"设计了3道例题。对于分数概念这一最基础的知识,充分借助实物、学具、事例等,引导学生在理解的基础上掌握;12版教材例题数与课时数相等,教学时间安排相对合理,便于教师掌握。

根据量化模型,三版教材"分数认识"知识主题下所含知识点的并集中有知识点 $n=25$,其中 $n_1=23, n_2=21, n_3=20$,则内容广度分别是 $\frac{23}{25}=0.92$, $\frac{21}{25}=0.84$, $\frac{4}{5}=0.8$,分别除以课时系数,得到可比内容广度分别是 $G_1=0.92\div(25\div25)=0.9200, G_2=0.84\div(24\div25)=0.8750, G_3=0.8\div(22\div25)=0.9091$,如表3-19所示。

表 3-19 三版教材分数认识内容广度统计表

教材版本	并集知识点数	内容广度	课时系数	可比内容广度
78 版		0.920 0	1.000 0	0.920 0
92 版	25	0.840 0	0.960 0	0.875 0
12 版		0.800 0	0.880 0	0.909 1

教材难度和内容广度及所需课时数存在相关,与内容广度成正比,而与课时系数成反比。三版教材"分数认识"内容广度逐步降低,12 版相对于 78 版降低了 13.04%,考虑到学生认知发展水平及相对减轻学业负担,减少知识点数,在一定程度上降低了教材难度;但课时系数也呈现下降趋势,12 版相对于 78 版降低了 12%,变化幅度略低于内容广度,导致可比内容广度先降低,再有一定的回升,故 92 版可比内容广度最低。

2. 内容深度

对于"认知要求"的水平划分,以布卢姆教育目标分类中认知领域的划分为依据,同时参照数学课程标准中提出的目标行为动词及教学要求,具体划分为了解、理解、掌握和综合应用四级水平。依照划分标准,对三版教材"分数认识"所包含的各知识点逐一赋值,可以得到"认知要求""内容表述"四级水平分别占比(如表 3-20 和表 3-21 所示)。

表 3-20 内容深度中"认知要求"各水平占比统计表

教材版本	了解(模仿)	理解(认识)	掌握(应用)	综合应用
78 版	34.78%	21.74%	43.48%	0%
92 版	38.10%	14.29%	47.62%	0%
12 版	40%	10%	40%	10%

从表 3-20 可以看出,三版教材"认知要求"集中在"了解""理解""掌握"三个水平,仅 12 版教材正文中出现"综合应用",体现在"分数与除法的关系""最大公因数""最小公倍数"知识点,以"最大公因数"例题为例,在例题中由生活实际问题出发,分为"阅读与理解""分析与解答"和"回顾与反思",体现解决问题的整个思维过程,在掌握基础知识的同时,重视培养学生的问题解决能力;在各水平占比的比较中,三版教材"认知要求"皆以掌握应用为主,在理解的基础上,要求将概念、规则等应用于不同的情境之中,体现数学的实际应用价值。

表 3-21　内容深度中"内容表述"各水平占比统计表

教材版本	直观描述	归纳类比	演绎推理	探究开放
78 版	34.78%	65.22%	0%	0%
92 版	38.10%	61.90%	0%	0%
12 版	40%	45%	0%	15%

从表 3-21 可以看出,三版教材内容表述反映的思维特征集中在"直观描述"和"归纳类比"两个水平,且"归纳类比"的占比更高,教材的正文部分均没有出现"演绎推理"水平。仍是 12 版教材在"分数与除法的关系""公因数和公倍数"部分涉及一定的探究活动,引导学生与他人合作,理解或提出问题,共同寻找解决问题的思路和方法。

综合考虑"认知要求""内容表述"两大影响因素,运用相应的等级计算公式,可以分别求得其平均等级和三版教材"分数认识"的可比内容深度(见表 3-22)。

表 3-22　三版教材分数认识内容深度统计表

教材版本	认知要求平均等级	内容表述平均等级	平均内容深度	可比内容深度
78 版	2.087 0	1.652 2	1.869 6	0.467 4
92 版	2.095 2	1.619 0	1.857 1	0.464 3
12 版	2.200 0	1.900 0	2.050 0	0.512 5

三版教材"认知要求"平均等级均在 2 和 3 之间且更接近 2,可见"认知要求"更多集中在"理解"水平;"内容表述"平均等级均在 1 和 2 之间,集中在"直观描述"和"归纳类比",且"归纳类比"占比更多;12 版教材"认知要求"和"内容表述"平均等级值均为最高,主要体现在"综合应用"和"探究开放"水平,在传统意义的学习方式即接受式的基础上,注重提高学生的动手实践能力,倡导学习过程中的交流合作,教材设计为学生提供了相应的情境去经历观察、实验、猜测等活动过程,是提高学生数学思考、问题解决能力的体现。78 版和 92 版可比内容深度相近,且 92 版内容深度有所下降,原因在于 92 版教材"内容表述"平均等级降低,而 12 版内容深度明显高于前两版教材,综合可见,12 版教材"分数的认识"内容广度较 78 版有所降低,但内容深度增加了 9.65%,精简教材的同时增加了教材深度,在传统强调基础知识、基本能力的基础上,12 版教材更加注重学生数学素养的培养,重视对学生创新意识和实践能力的提高,是由知识型目标向综合型素养目标过渡的体现。

3. 习题难度

习题是将现实问题通过抽象手段和借助已有的知识和经验,加以文字描述而形成的具有完整意义的条目,是学生建构知识体系不可或缺的一部分。习题难度是指学生解答习题时思维的难易程度,对习题的研究主要包括练习题、单元的整理和复习两大部分,这里对教材做静态分析,不考虑学生的个体因素。

依照划分标准,对三版教材"分数认识"所包含的每一道习题逐一赋值,对"认知要求""习题背景"进行定量刻画,根据水平划分标准分别赋值。需要说明的是在练习题和复习题中与"分数认识"不相关的习题,并不在统计之中。三版教材"认知要求""习题背景"四级水平占比统计如表 3-23、表 3-24 所示。

表 3-23 三版教材习题难度中"认知要求"各水平占比统计表

教材版本	题数	了解(模仿)	理解(认识)	掌握(应用)	综合应用
78 版	101	46.53%	20.79%	31.68%	0.99%
92 版	133	30.83%	27.07%	23.31%	18.80%
12 版	123	14.63%	30.08%	45.53%	9.76%

总体来看,三版教材在习题设计上,逐步减少对例题的简单模仿,更加注重对于知识的理解与应用。92 大纲明确指出,"应有效地组织练习和复习","练习是学生掌握知识、形成技能、发展智力的重要手段"[①]。这大概是 92 版习题量最大的原因之一。78 版习题中"了解"和"掌握"水平占比较大;92 版习题中以"了解"和"理解"水平为主,多为与例题相似的变式练习,在设问、方法、要求等方面有些变化,更多的是学习材料的转化,对认知要求较低;12 版习题中"掌握"水平占比最大,要求能够在理解的基础上,将知识应用于新情境之中;78 版习题中并未出现"综合应用",92 版和 12 版教材中出现带"*"思考题,供学有余力的学生拓展思维,让不同的学生能在数学学习中有不同的发展。

表 3-24 三版教材习题难度中"习题背景"各水平占比统计表

教材版本	题数	无背景	个人生活背景	公共生活背景	科学实验背景
78 版	101	72.28%	15.84%	11.88%	0%

---

① 中华人民共和国国家教育委员会.九年义务教育全日制小学数学教学大纲(试用)[M].北京:人民教育出版社,1992:7.

(续表)

教材版本	题数	无背景	个人生活背景	公共生活背景	科学实验背景
92版	133	75.19%	11.28%	8.27%	5.26%
12版	123	54.47%	31.71%	10.57%	3.25%

从三版教材"习题背景"各水平占比数据可以看出,"无背景"习题在各版教材中占比皆为最高,即超过一半的习题为纯粹数学问题。"无背景"体现数学学习中的纯数学认知活动,更为强调的是数学学科基础知识;相较于前两版,12版习题"个人生活背景"占比较高,如同学间分饼干、班级黑板报的各个版面、男女生排队、和爸爸妈妈一起跑步等,包含学生个人或家庭生活中熟悉的情境,搭建起数学与生活之间的桥梁;在"公共生活背景"这一水平上,78版占比略高,如耕地、分化肥、做零件等,贴近当时的社会实际背景,符合78大纲中提出的要求,即能运用数学知识解决日常生活中和生产劳动中的实际问题;78版并未有"科学实验背景",92版和12版占比也较小,这是有必要加强的。

以3∶2的权重量化"认知要求"和"习题背景"两大因素,第i种教材"分数的认识"的平均习题难度为$\left(\frac{3}{5}X_{i1}+\frac{2}{5}X_{i1}\right)$,可比习题难度为$X_i=\left(\frac{3}{5}X_{i1}+\frac{2}{5}X_{i1}\right)\div 4,(0\leqslant X_i\leqslant 1, i=1,2,3)$。计算结果如表3-25所示。

表3-25 三版教材分数认识习题难度统计表

教材版本	认知要求平均等级	习题背景平均等级	平均习题难度	可比习题难度
78版	1.871 3	1.396 0	1.681 2	0.420 3
92版	2.300 8	1.436 1	1.954 9	0.488 7
12版	2.504 1	1.626 0	2.152 9	0.538 2

从表3-25可以看出,三版教材"分数认识"习题认知要求、习题背景、可比习题难度均呈现逐步上升趋势,12版皆为最高。78大纲中未对习题的安排提出相应要求,92大纲在习题的数量与类型上提出,既有适量的基本题、变式题,也有激发学生思考的综合题,故92版教材中出现带"*"思考题,可比习题难度相对于78版上升了16.27%。92版和12版习题"认知要求"平均等级均在2到3之间,集中在"理解"和"掌握"水平,而78版习题"认知要求"平均等级在1到2之间,说明教材中有较多与例题一致的习题,认知要求偏重于理解。三版教材习题的"习题背景"均集中在1和2之间,说明该知识主题下的习题皆设计了较多

的纯数学问题,"公共生活背景"和"科学实验背景"涉及很少,其中12版"习题背景"平均等级要高于前两版,这与新课程标准中所强调的"结合具体情境"相一致,同时课标(2011年版)突出与具体情境的结合,让学生体会在实际情境中,获取数学信息、提出数学问题,通过独立思考、探究合作等方式,选择恰当的数学模型解决问题,注重创设一定的与个人生活或社会生活相关的习题背景,注重理论联系实际,提高学生分析和解决问题的能力。三版教材逐步突出习题的重要性,在教学大纲或课程标准提出的相应要求下,考虑学生思维发展的不同水平,既有基于例题的基本练习,也有变化学习材料、需要一定转变的拓展题,也有富有思考性、注重提高学生研究能力的综合题,形成多样化、有层次、有针对性的习题安排。

4. 教材难度

教材难度是指教材文本内容的静态难易程度。综合考虑可比内容广度、可比内容深度、可比习题难度进行刻画。计算结果如表3-26所示。

表3-26 三版教材分数认识综合难度统计表

教材版本	课时系数	可比内容广度	可比内容深度	可比习题难度	教材难度
78版	1	0.9200	0.4674	0.4203	0.5438
92版	0.96	0.8750	0.4643	0.4887	0.5538
12版	0.88	0.9091	0.5125	0.5382	0.5995

78、92大纲强调基础知识、基本能力特别是计算能力和逻辑思维能力的培养,课标(2011年版)则提出义务阶段的数学学习突出"四基",强调"四能",对学生全面、持续发展提出了更高的要求。由表3-26可以看到,三版教材"分数认识"综合难度呈现一定上升趋势,92版相较于78版综合难度上升幅度较小,仅为1.84%,12版综合难度相对于78版上升10.24%,相对于92版上升了8.25%,上升原因集中体现在可比内容深度和可比习题难度上,12版相对于78版可比内容广度有所降低,缩减内容、精简教材,同时增加教材内容深度和习题难度,整体上提高了教材难度。

(三)分数认识呈现方式

教材的呈现方式主要指教材中数学知识结构的外部表征形式。从素材选取、情境设计、插图运用、习题安排、语言表达方式五个方面,对三版教材"分数认识"的呈现方式进行分析与比较,其中素材选取、情境设计、插图运用、语言表达方式只涉及教材的正文部分。

1. 素材选取

素材是数学学习内容的载体,是数学本质的外在表现,经过数学化处理可以揭示其所反映的数学概念、思想方法、基本原理和规律。从数学内部本身、数学与生活、数学与其他学科联系三方面,对三版教材"分数认识"例题中的素材选取进行整理与统计,如表3-27所示。

表3-27 三版教材"素材选取"各类型占比统计表

教材版本	例题数	数学内部本身	数学与生活	数学与其他学科
78版	18	94.44%	5.56%	0%
92版	30	83.33%	16.67%	0%
12版	22	54.55%	36.36%	9.09%

从表3-27可以看出,78版例题中的素材选取基本为"数学内部本身",仅有5.56%与生活实际联系,突出数学学科本身的价值,强调数学基本知识、基本技能的掌握;92版相对增加了"数学与生活"的占比,也仍未涉及"数学与其他学科"的联系;12版在比较分数大小时,有两道例题分别提出:"你知道地球上的陆地多还是海洋多吗?""黄豆和蚕豆哪个的蛋白质含量比较高?"涉及与其他学科之间的联系,体现知识的综合性。

通过对三版教材素材选取的整理,可以发现均有选取生活中与该部分知识相关的素材,由于1978年是教育恢复、整顿和调整时期,强调知识技能教学,强调教学内容的现代化,小学数学课程价值取向偏向于发展学生的智能,所以选取生活中的素材明显偏少。实施义务教育以后,强调提高全民族素质,不仅要关注学生的智力、能力的发展,也要发展学生的个性品质和综合素质,教材的呈现方式开始适应学生发展的不同需求,体现数学与生活的结合,在一定程度上为学生减轻负担,有效地帮助学生构建新的知识体系,在促进学生的知识技能、过程方法和情感态度价值观的综合发展方面做出了努力。

2. 情境设计

情境学习理论强调,任何的个体都生活在特定的社会情境中,是其所处情境的有机组成部分。情境时刻关联着个体的行为选择、行为实施,进而影响个体的思维和言行,两者在发展的过程中相互影响、相互作用,正如 Brown 等人认为知识是情境性的,要受到知识所处的活动、情境和文化的影响,相互之间密不可分[①]。在"分数的初步认识"和"分数的意义"部分,三版教材皆创设生活情境,有助于学生更好地接受新知识,78 版教材的情境设计相对单一。需要说明的是,78 版教材的一个突出特点是正文部分基本不留白,即呈现完整的解答过程,更多强调知识的传递和输出,缺少让学生实践操作的机会,而 92 版和 12 版教材在这一点则有所改进,且 12 版教材更为突出,分数的认识每一知识单元的呈现皆更为丰富,设计了较多的涂色折纸、自主探究解题的实践操作活动。如在"分数的初步认识"部分的 5 道例题包含了看图、画图填色、折纸等活动,注重对学生动手操作、自主探究能力的培养;在"约分和通分"部分学习公因数和公倍数,创设实际生活情境,设计铺地砖、墙砖的探究活动,引导学生通过"阅读与理解""分析与解答""回顾与反思"进行解题,在掌握基础知识的同时,训练学生的逻辑思维能力。需要补充的是,不同版本教材创设的问题情境也有所不同,如在通分部分,前两版教材皆是单纯地以分数比较大小作为导引,而 12 版则是创设了"你知道地球上的陆地多还是海洋多吗"这一问题情境,加强了数学与其他学科知识的联系,进而通过通分比较分数大小解决问题,更能够激发学生数学学习的兴趣,教材内容更具有丰富性,体现数学的实际价值。

3. 插图运用

已有研究对于教材中插图的分类有所不同,如可分为装饰性图、表征性图、知识性图,或有意义插图、装饰性图、无插图,也可分为数学工具图、生活素材图、生活情景图等等。根据"分数认识"的教材内容,将插图分为装饰性图、表征性图和无插图三大类型,其中装饰性图包括主题图、情境背景图以及人物对话图;表征性图包括有数或形意义的实物图、知识性图,如常出现的帮助学生理解分数相关知识的圆形、长方形、线段图等。总体上相较于 78 版和 92 版教材,12 版的插图类型更为丰富多样,除前两版教材设计的实物图、知识性图外,增设了较多的装饰性图,即主题图、情境背景图、人物对话图,如在"分数的初步认识"一开始设计了学生郊游的主题图,为后面例题的情境创设做好铺垫;在"分数的产生"部分删去了 92 版过多的文字简介,而是以情境背景图表明了分数的产生,同时在第二幅情境背景图中,涉及上一知识单元"分数的初步认识",图片中的黑板上列出

---

① Brown, J. S., Collins, A. & Duguid, P. Situated cognition and the culture of learning[J]. Educational Researcher, 1989(3): 71-75.

除法算式,也是为后续认识分数与除法的关系埋下伏笔;在约分和通分部分有较多的人物对话图,主要体现在公因数、公倍数的内容设计上,12版教材基本采用小学生对话的方式,对话的内容能够帮助学生更好地理解题意、厘清思路,在互相交流讨论中发现规律,接受新知,也是培养学生在合作交流中解决问题的能力。从插图的数量上看,78版最多,主要体现在"分数的初步认识"和"分数的意义"部分的知识性图和表征性图,正文部分每涉及一个知识点,78版教材基本都有如圆形、长方形、线段等知识性图加以解释说明,例题中涉及分数的大小比较,78版和92版教材皆采用一个分数对应一个图形的方式,引导学生看图比大小。

4. 习题安排

前面借助量化模型对习题难度进行了刻画与分析,这里则是从具体题量分布、表述形式两大方面对三版教材"分数认识"中的习题做整理与分析。

(1) 题量分布

表3-28 三版教材习题"题量分布"统计表

教材版本	练习题	所占百分比	复习题	所占百分比
78版	87	86.14%	14	13.86%
92版	124	93.23%	9	6.77%
12版	121	98.37%	2	1.63%

教材中习题以练习题为主,每一个知识单元后皆配有相应的练习题。92版包含124道练习题,在三版教材中数量最多,可以看出92版教材对于基本训练的重视;在复习题部分,78版称其为"复习",92版和12版则为"整理和复习",12版的"整理和复习"包含对本单元知识结构的梳理,有助于学生巩固完善分数认识的知识结构。

(2) 表述形式

三版教材中的习题表达方式划分为文字符号、图形和图文结合三类,首先最突出的差异是,78版和92版习题基本以纯文字符号为主,而12版教材中的习题纯文字符号和图文结合两种类型大致各占一半,可以看出12版习题中的图形更为丰富。

其次是"图文结合"习题所涉及的图形类型,78版和92版图文结合的习题集中在:以用分数表示阴影部分,或涂色表示指定分数,或用直线上的点表示分数等,较少出现实物图;12版习题包含的图形明显多样化,可大致分为:① 实物图,12版教材中的习题包含较多的实物图;② 表征性图,这与前两版教材一致,涉及较多的用分数表示图形中的涂色部分;③ 学生生活图,如用分数表示黑板报上的各个板块所占版面的大小等;④ 科学知识图,这是12版教材习题的一大亮点,是数学与其他学科知识联系的体现,如五年级(下册)练习十一的第6题,要求学生说一说题目中分数的具体含义,包括:长江干流的 $\frac{3}{5}$ 的水体受到不同程度的污染,死海表层的水中含盐量达到 $\frac{3}{10}$,按联合国传统标准,一个地区60岁以上老人达到总人口的 $\frac{1}{10}$,又如练习十二的第6题,介绍了生长在南美洲巴西高原的纺锤树,根系发达,可以贮存很多水分,又如练习十四的第12题,介绍我国由56个民族组成,其中汉族占全国人口的 $\frac{92}{100}$,等等。在巩固所学知识的同时,体现数学的应用价值,提高学生学习数学的兴趣与信心。

5. 语言表达方式

语言表达方式包括概念、规则、问题等的叙述方式以及版面的呈现方式,教材内容包括图形、文字符号、图文结合三种类型。

表3-29　三版教材语言表达方式各类型占比统计表

教材版本	例题数	纯图形	纯文字符号	图文结合
78版	18	0%	66.67%	33.33%
92版	30	0%	66.67%	33.33%
12版	22	0%	13.64%	86.36%

78版和92版教材"分数认识"的语言表达方式以纯文字符号形式为主,但也有一定的图文结合,即结合图形配有一段文字或符号加以说明,将抽象的知识形象化,一定程度上降低了学生阅读文本的困难和抽象认知的要求,有助于学生更好地理解新知,且有助于培养学生通过画图、看图解决问题的能力。12版教材更加体现了图文结合的表达方式,除约分和通分部分例题以纯文字符号的形式,其他例题都以图文结合的方式呈现。

(四)分数认识研究结论

根据上述对于三版教材"分数认识"的比较分析,可以得出以下结论。

1. 重视基础知识、基本技能是三版教材不变的追求

三个不同时期的教学大纲或课程标准，无不突出对基础知识、基本技能的重视。78 大纲明确提出，必须进一步改革小学数学教材，提高小学数学教学质量，在小学就给学生切实打好数学基础。[①] 92 大纲在原有基础之上提出，掌握一定的数学基础知识和基本技能，是我国公民应当具备的文化素养之一。小学数学要选择日常生活和进一步学习所必需的、学生能够接受的、最基础的数学知识作为教学内容。[②] 课标(2011 年版)指出，义务教育阶段的数学课程具有基础性、发展性和普及性，应让学生获得适应社会生活和进一步发展所必需的数学的基础知识、基本技能、基本思想、基本活动经验。[③] 根据大纲或课标的要求，教材重视基本概念的清晰呈现，基本方法和规则的准确表达，以及教学内容体系的逻辑展开，对于较为抽象的概念注意分层递进，从直观到抽象，体验知识的形成过程，感受数学知识的应用价值。92 版教材例题前一般都设计了复习板块，将前后知识联系起来，有助于学生夯实知识根基，建立知识系统；12 版教材中，增加了较多的引导语，促进学生的自主探索与发现；三版教材都重视习题在学生掌握知识、形成技能过程中的作用，涉及基本题、拓展题、思考题等多种类型，有利于打好双基。

2. 可比内容广度变化呈现"V"字形态，降低后又有一定回升

三版教材"分数认识"所含知识点数无明显差异，78 版在"简单分数的大小比较"部分，知识点划分更为详细，12 版在"真分数、假分数和带分数"部分的教材内容有所缩减。在例题设计与课时安排上，78 版例题数最少，但课时数最多，拉长教学时间，重视基础知识教学，使学生切实打好基础；92 版设计较多数量的例题，分散知识难点；12 版教材在单元首页设计主题图，重视创设情境，体现数学生活的联系。由于 12 版将公因数、公约数知识点置于约分、通分前，故其"约分和通分"知识单元内容明显多于前两版，但其余知识单元内容设计比较简洁。

根据量化模型，可比内容广度与课时系数有关，经计算，三版教材"分数认

[①] 中华人民共和国教育部.全日制十年制学校小学数学教学大纲(试行草案)[M].北京:人民教育出版社,1978:1.

[②] 中华人民共和国国家教育委员会.九年义务教育全日制小学数学教学大纲(试用)[M].北京:人民教育出版社,1992:3.

[③] 中华人民共和国教育部.义务教育数学课程标准(2011 年版)[M].北京:北京师范大学出版社,2012:8.

识"内容广度逐步降低,12版相对于78版降低了13.04%,考虑到学生认知发展水平及相对减轻学生学业负担的要求,减少知识点数,在一定程度上降低了教材难度,但由于课时系数也呈现下降趋势,12版相对于78版降低了12%,在变化幅度上略低于内容广度,导致可比内容广度先降低,再有一定的回升。

3. 可比内容深度略有增加,学生探究活动的空间有所加大

"分数认识"内容深度在义务教育教材探索阶段有所降低,但在本世纪以来的新课程改革中有明显回升。其中,三版教材"认知要求"集中在"了解""理解""掌握"三个水平,且以掌握应用为主;"内容表述"反映的思维特征集中在"直观描述"和"归纳类比"两个水平,仅12版在"分数与除法的关系""公因数和公倍数"部分出现"探究活动",体现学生的数学学习过程是主动参与、双向互动的过程,让学生体会动手实践、探究合作对于数学学习的重要性。12版教材"分数认识"内容广度较78版有所降低,但内容深度增加了9.65%。精简教材的同时增加了教材深度,在传统强调基础知识、基本能力、思想教育的基础上,注重数学素养的培养以及创新意识和实践能力的提高。

78版教材中基本完整呈现对例题的解答过程,更多强调的是知识的输出,给予学生思考的空间小;92版和12版教材则逐步考虑到变化情境或问题要求,更多给予学生独立思考、自主完成解题的机会。前两版教材中的综合性、探究性活动较少,缺少让学生自主选择或创造适当的方法解决问题的机会,小学中高年级学生的探究能力有所增强,其学习可以逐步以探究学习为主,辅之以有意义的接受学习[①]。分数认识是分数运算的重要知识基础,在理解掌握基础概念的基础上,12版教材增加探究性综合活动,设计开放问题,丰富教材内容层次,提高学生独立思考、综合应用知识解题的能力。

4. 可比习题难度明显上升,习题编制受到关注

三版教材习题难度呈现逐步上升趋势,12版习题认知要求、习题背景、可比习题难度均为最高,逐步减少对例题的简单模仿,更加注重对于知识的理解与应用。78年教学大纲中未对习题的安排提出相应要求,92年教学大纲对习题的数量与类型提出具体要求,应有一定数量的基础题和变式题,习题量较78版上升了31.68%,同时也有对学生思维提出更高要求的综合思考题,可比习题难度相对于78版上升了16.27%。12版习题类型更加多样,从不同角度、用不同的形

---

① 林碧珍.小学数学教法探微[M].福州:福建教育出版社,2017:47.

式呈现练习,既有与例题相近的基本训练,也有转换学习材料的变式训练,以及倡导与他人合作交流的探究活动,习题"认知要求"中"掌握"占比最大,要求能够结合具体情境应用知识。三版教材"习题背景"中均以"无背景"占比最大,重视纯数学认知活动,体现数学自身的学科价值。其中,12版教材"习题背景"平均等级要高于前两版,包含较多学生个人或家庭生活中熟悉的情境,有利于搭建数学与生活间的联系,这与新课程标准中所强调的"结合具体情境"相一致。教材逐步突出习题的重要性,既有基于例题的基本练习,也有变化学习材料,需要一定转变的拓展题,又有富有思考性、注重提高学生研究能力的综合题,形成多样化、有层次、有针对性的习题编排。

5. 教材综合难度折线式上升,以12版教材最高

三版教材"分数认识"综合难度呈现折线式上升趋势,92版较78版上升1.84%,变化幅度较小,集中体现在可比习题难度的提高上,92版可比内容广度、可比内容深度均低于78版,但可比习题难度较78版上升16.27%,设计了较多提出更高认知要求的习题;而12版教材综合难度较78版上升10.24%、较92版上升8.25%,上升趋势明显。主要体现在可比内容深度、可比习题难度两方面,可比内容广度有所降低,缩减内容的同时增加教材内容深度和习题难度,增加一定的探究开放活动,对学生综合应用知识的能力提出了更高的要求,引导学生积极学习、主动合作交流,在掌握基础知识的同时,重视学生问题解决能力的培养和实践能力的提高,整体上提高了教材综合难度。

6. 教材呈现方式多样,适应学生发展的不同需求

在素材选取上,78版选取较多数学内部本身素材,强调数学学科本身的价值,92版和12版逐步增加数学与生活的联系,更加贴合学生的生活经验,同时12版涉及数学与其他学科的联系,体现知识的综合性;78版情境设计相对单一,92版和12版持续改进,根据2011年课程标准中提出的"结合具体情境理解分数"的要求,重视学生通过操作和实践活动,将外部活动内化,完成知识的发现和获得;相较于78版、92版教材的实物图、知识性图,12版插图类型更为多样,包含主题图、情境背景图、人物对话图等,以培养学生的合作交流能力;三版教材的语言表达方式基本皆为图文结合,将抽象的知识形象化,一定程度上增强了教材的可读性;78版和92版习题均以纯文字符号为主,12版习题中包含实物图、表征性图、学生生活图、科学知识图等类型,表述形式变化多样。

三、小数认识内容研究[①]

数学是由日常生活需要衍生而来的。正如荷兰数学教育家弗赖登塔尔所说,数学的根源在于普通的常识。[②] 生活中除了最常见的整数外,亦随处可见小数的存在,例如体重60.6千克、身高178.6厘米、汽水1.25升……近年来随着计算机的普及和公制测量的需要,小数更成为现代科技社会必备的数学语言之一。小数内容的学习贯穿于小学的中高年级数学课程,对小学生数感的培养和形成具有重要意义。小数的概念相对抽象,是小学阶段比较难以建构的数概念之一,需要学生从感性经验中加以理性分析、抽象概括,掌握小数的意义有助于小学生数概念的发展,完善学生数学认知中的数系结构。

1978年小学数学教学大纲提出:"要按照儿童的认识规律和数学知识的内在联系,把教学内容适当划分为几个阶段,每个阶段各有重点。"因此,小数的认识被划分成两个阶段进行学习,一是初步理解小数的意义;二是理解小数的意义和性质,同时对两阶段教学课时也做了说明。92版教材中虽然将小数的认识分为两个阶段教学,但小学数学教学大纲在教学内容的陈述上,只出现了第二阶段的小数的意义、性质,教学目标也仅针对小数的意义和性质,不过在教学内容后做了标注:小数如果分段教学,可以把小数的初步认识安排在前面适当年级。说明教学大纲对小数是否分段教学可由教材编写者做出选择。2011年数学课程标准中,在第一、二学段对小数的认识做了说明,分别为:能结合具体情境初步认识小数和分数;能读、写小数和分数;结合具体情境,理解小数和分数的意义,能比较小数的大小和分数的大小。2011年课标特别强调结合具体情境认识小数,培养学生从生活中抽象出数学知识和解决问题的能力。下面我们将从结构体系、内容设计以及呈现方式等方面对三个版本中"小数认识"进行分析比较,概括特点并获得结论。

(一)小数认识结构体系

教材的结构体系是指将教学材料划分为可供连续学习的内容元素及其组织,包括教材的单元设置、组织结构和体例栏目的安排等。

[①] 杨文撰写初稿.
[②] [荷兰]弗雷登塔尔.数学教育再探——在中国的讲学[M].刘意竹,杨刚,等译.上海:上海教育出版社,1999:9.

1. 单元设置

小学数学教材是根据学生的认知规律和数学自身的特点,将课程标准中四个领域的内容分别划分为若干个单元,以单元为单位穿插编排到各册教材中。

表 3-30 三版教材小数认识的单元设置

教材	册数	单元标题	小节标题	主题页数	占整套比重
78版	第四册	四、小数的简单计算	小数的初步认识(71—74)	23/1120	2.05%
			小数的意义(1—5)		
			小数的性质(5—7)		
	第七册	一、小数的意义和性质	小数大小的比较(8—10)		
			小数点位置移动引起小数大小的变化(10—13)		
			小数和复名数(13—16)		
92版	第七册	四、小数的初步认识	认识一位、两位小数(117—126)	31/1682	1.84%
	第八册	四、小数的意义和性质	小数的意义和读写法(93—99)		
			小数的性质和小数的大小比较(100—104)		
			小数点位置移动引起小数大小的变化(105—108)		
			小数和复名数(109—113)		
12版	第六册	七、小数的初步认识	认识小数(91—95)	25/1 359	1.84%
	第八册	四、小数的意义和性质	小数的意义和读写法(32—37)		
			小数的性质和大小比较(38—42)		
			小数点移动引起小数大小的变化(43—47)		
			小数与单位换算(48—51)		

从表 3-30 发现,三个版本都设置了两个单元讲授小数的认识,先是初步认识再进一步理解小数的意义和性质,其中 92 版和 12 版内容安排的篇幅占比相同,78 版所占篇幅略大于其他两版。在 78 版教材中,小数的初步认识这一单元名为"小数的简单计算",其实,这里小数的简单计算是为认识小数服务的。因此,以"小数的初步认识"作为单元名称,更为合理。

2. 组织结构

78 版教材将小数、分数均划分为两个教学段落交叉编排,第一阶段先直观感受,使学生对小数和分数有一些初步的认识;第二阶段再系统完整地讲授小数和分数。78 版在第四册教材中就设置了"小数的初步认识",以"元、角、分"引入小数的概念,这一节内容主要集中于物品价格的读写和换算;第七册教材中对小数的意义和性质做进一步了解和学习。分数的认识也分为两个部分:一是分数的初步认识(第六册);二是分数的意义、性质和四则运算(第八、九册)。分数、小数概念虽然都与我们日常生活关系密切,但由于小数的计数系统是从整数的十进位制类比而来,小数的写法和运算法则与整数类似,学生可以通过类比迁移进行学习。同时,由于小数在儿童生活中出现相对要早,应用比分数相对更广泛。所以,从学生认知特点和生活经验来讲,宜先学习小数。小数、分数的交叉编排,一方面体现了由易到难的原则,使儿童有一个反复巩固的机会;另一方面小数与分数交叉安排对小数和分数概念的学习比较有利。

92 版教材以现代教学论和心理学为依据,将数学学科特点和儿童认知特点相结合,注意精选教学内容,建立合理的教材结构,在分量和要求上具有一定弹性。92 版将小数和分数仍分为两个阶段编排:先直观认识,再安排系统学习,螺旋上升,逐步提高。但学习顺序发生了改变,将"分数的初步认识"移到第五册使学生在平均分某个物体的基础上建立小数的概念;将"小数认识"移到第七册,使学生在分数和整数的基础上去建立小数的概念,同时采取小步子,先学习一位小数,再学习两位小数。这样编排,利于加强分数、小数知识间的内在联系,为深入理解小数的意义打下较好的基础。

12 版教材同样也是采用螺旋上升的形式编排,将"小数认识"学习分为两个阶段,第一阶段是三年级下(第六册)小数的初步认识,这部分内容是基于学生已经认识了整数十进制和分数初步认识,主要借助具体的量(米、分米、厘米和元、角、分)以及几何直观图,帮助学生直观理解小数与十进分数之间的关系,初步认识小数;第二阶段是四年级下(第八册)小数的意义和性质,这部分内容是在初步认识的基础上,脱离具体的量理解小数的意义,掌握小数的性质和认识小数的计数单位等。

92版和12版将分数初步认识编排在小数的认识之前,而78版则是先编排小数的认识。在日常生活中使用小数的机会很多,如商品标价,而且学习小数可以更多地利用小数和整数的联系,发挥学习的正迁移作用,学生可以很容易掌握小数的相关知识。但是从数学知识的逻辑顺序来看,小数是分数的特例,即十进分数的另一种表现形式,它的性质和四则计算法则,在理论上是由分数的相关知识导出的,因此先让学生初步认识分数,作为引进小数的基础,再系统学习小数的知识。这样可以保证这部分内容的可接受性,并兼顾数学知识的系统性。小学数学教材内容的编排,既要注意数学知识的逻辑系统性,可采取纵向螺旋、横向跨领域交叉、以数学思想方法为隐线贯穿其中,以满足教材的科学性要求,同时更要符合儿童的认识规律和智力发展水平,也就是根据儿童的学习心理特点,将数学知识重新组织成适合儿童学习的材料。

3. 体例栏目

教材是以不同的栏目组成的,各式各样的栏目发挥着特有的功能,从而体现了教材的理念和特色,丰富了教材的呈现方式。因此,不同的体例栏目在教材中发挥的功能不一样,对教材中体例栏目进行研究有利于教师对教材内容的编排特色有充分的认识和了解,从而理解教材的编写理念,为师生更有效地进行教学活动提供支持。这里对体例栏目进行了分类,梳理和统计了三个版本教材小数认识的体例栏目,见表3-31。

表3-31 三版教材小数认识体例栏目

教材	知识单元	单元内主要栏目	单元内增润栏目	单元末栏目
78版	小数的初步认识 小数的意义和性质	例题、练习	无	整理和复习
92版		复习、例题、做一做、练习	思考题 你知道吗?	
12版		例题、做一做、练习	你知道吗? 思考题 成长小档案	

通过表3-31可以知道,三版教材的体例栏目越来越丰富,单元内栏目基本都是以例题—练习相结合的形式,在92版和12版增加了"做一做",安排在例题之后,是例题的变式,更好地理解例题的内容,有助于对例题的理解。另外92版

在例题前设有"复习",在"小数的初步认识"这一单元开头,编排了几道看图表示出分数的复习题,以分数引出小数,加强分数和小数之间的联系,强化数学知识之间的逻辑关系。三版教材在每一单元后均安排了"整理和复习",让学生先整理本单元所学的知识,找出本单元知识与前面学过知识的联系,然后再做一些复习题,这种呈现方式,学生在对知识进行梳理概括、归纳整理的过程当中,使学科的知识结构更便于转化成自己的认知结构。学生通过对知识的再学习、再认识,获得新的信息,用新的题材、新的结构引发学生新的思维,使学生获得新的发展,达到新的水平。

92版和12版在单元内增润栏目上有了很大的变化,92版设置了"思考题""你知道吗?",12版在此基础上又增添了"成长小档案",提出了对学生自我评价和反思的要求,充分体现数学的教育功能。随着新课程的不断推进,对数学文化价值的重视度逐渐提升,将数学文化与数学课程相结合,已经成数学教育界的共识,"你知道吗?"栏目就是教材中数学文化的显性载体。在"小数认识"中,介绍了小数的记法(我国小数记法最早,法国人最早使用小数点),以及小数的发展史,加深学生对小数的理解,这样的安排不仅可以提升学生学习数学的兴趣,拓展数学视野,还能感受数学文化魅力,引发数学思考。"思考题"栏目的设置在于适合学有兴趣、学有余力学生"吃不饱"的需要,使不同的人在数学上得到不同的发展。思考题的编写巩固和扩展学生知识、培养其探索精神和创造才能、提高其学习兴趣,促进学生思维能力的发展。12版增设的"成长小档案",安排在每个单元学习结束后,让学生回顾通过本单元的学习有哪些收获,进行自我总结,形成较为系统的知识网络,同时感受自己知识和能力的增长,和同学交流在学习过程中有哪些有趣的或印象深刻的事,回味学习的乐趣。在小数的意义和性质这一单元结束时,"成长小档案"栏目中展示了三位小朋友学习这一单元的收获,有的掌握了比较小数大小的方法,有的知道了小数和整数一样是十进制,可以统一成一个数位顺序表。学生通过自我总结和相互交流,对小数会有更加深刻的认识。

(二)小数认识内容设计

1. 内容广度

内容广度与知识点数有关,对三版小学数学教材"小数认识"知识点进行划分并统计如下,见表3-32。

表 3-32　三版教材小数认识知识点一览

版本	册数	知识点
78版 (5年制)	第四册	① 小数的初步认识
	第七册	② 小数的意义；③ 小数的性质；④ 小数大小的比较；⑤ 小数点位置移动引起小数大小的变化；⑥ 小数和复名数的互化；⑦ 循环小数
92版 (6年制)	第七册	① 认识一位小数；② 认识两位小数；③ 小数的大小比较
	第八册	④ 小数的产生和意义；⑤ 小数的读法和写法；⑥ 小数的性质；⑦ 小数的大小比较；⑧ 小数点位置移动引起小数大小的变化；⑨ 小数和复名数
	第九册	⑩ 循环小数
12版 (6年制)	第六册	① 认识小数；② 比较大小
	第八册	③ 小数的意义；④ 小数的读法和写法；⑤ 小数的性质；⑥ 小数的大小比较；⑦ 小数点移动；⑧ 小数与单位换算
	第十册	⑨ 循环小数

从表 3-32 中发现，三版教材小数认识的知识点相近，但 92 版教材中，在小数的初步认识阶段，从位数上包含一位小数和两位小数的认识，有了位数的认识后在性质和意义中增加了比较小数大小，从而使得小数点移动引起小数大小的变化这一些相关内容的学习更具有意义。12 版中将之前"小数与复名数的互化"改成了"小数与单位换算"，使得知识点表述更加准确，与之前学习的知识联系性更强。

三个版本教材"小数认识"知识主题下所含知识点的并集中有 $n=12$ 个知识点，其中 $n_1=7, n_2=10, n_3=9$。这样，参考三个版本教材的课程标准或教学大纲的课时数，经过计算，三个版本教材的内容广度、可比内容广度见表 3-33。

表 3-33　三版教材小数认识内容广度及可比内容广度

教材	课时数	课时系数	各版本知识点数	并集中知识点数	内容广度	可比内容广度
78版	14	0.7368	7	12	0.5833	0.7917
92版	18	0.9474	10		0.8333	0.8796
12版	19	1.0000	9		0.7500	0.7500

从表 3-33 可看出，92 版教材内容广度和可比内容广度最大，12 版教材可

比内容广度最小。92版在知识点的安排上较多,但课时数并未与知识点相契合,导致内容广度增大。12版是在多次改版后,对知识点进行反复推敲和筛选,知识点的安排更加合理,同时适当增加课时数,从整体上降低了可比内容广度。

2. 内容深度

内容深度主要是从教材中知识点的认知要求和内容表述两方面分析。

(1) 知识点认知要求

根据本研究的设计,将"小数认识"内容深度中认知要求分为了解(模仿)、理解(认识)、掌握(应用)、综合应用四个层次水平,并分别赋值1,2,3,4。

表3-34 小数认识内容深度中认知要求四级水平划分统计表

教材	知识点数	了解(模仿)	理解(认识)	掌握(应用)	综合应用
78版	7	1	3	3	0
92版	10	3	4	3	0
12版	9	2	4	3	0

从表3-34中看出,大多数知识点的认知要求集中在"理解"和"掌握"水平,没有出现最高水平,由表中的数据可以计算出,78版教材内容深度中"认知要求"各个水平占比分别为14.2%,42.9%,42.9%,0;92版教材内容深度中"认知要求"各个水平占比分别为30%,40%,30%,0;12版教材中内容深度中"认知要求"各个水平占比分别为22.2%,44.5%,33.3%,0。

在"小数认识"内容中,认知要求在"了解"水平的是小数第一阶段的学习,即小数的初步认识,小数的读法和写法,这些知识点只需要学生知道小数的读写法则,便可学会。"小数的意义"是加深了小数与分数的联系,使学生明确小数表示的分母是10、100、1000……的分数,了解小数的计算单位以及单位间的进率,学生需要联系已学分数的知识。"小数的性质"是很重要的知识点,学生要知道小数末尾添0去0不改变小数的大小,加深学生对小数意义的理解,并为小数四则计算奠定基础。"小数和复名数的互化"在生活中应用很广泛,这部分知识需要综合运用前面学过的计量单位和进率、小数的性质、小数点位置的移动引起小数大小的变化等基础知识,因此这部分内容也有利于学生巩固已学的知识。

根据内容深度中"认知要求"的计算公式 $S_{i1} = \dfrac{A \times 1 + B \times 2 + C \times 3 + D \times 4}{A+B+C+D}$,得出三个版本教材小数的认识内容深度中"认知

要求"的平均等级,78版教材 $S_{i1}=2.285\ 7$,92版教材 $S_{i1}=2.000\ 0$,12版教材 $S_{i1}=2.111\ 1$。

(2) 内容表述

内容表述是指知识点的表征反映出来的思维特征。本研究将内容深度中"内容表述"分为直观描述、归纳类比、演绎推理、探究开放四个水平层次,分别赋值1,2,3,4。

表3-35　小数认识内容深度中内容表述四级水平划分统计表

教材	知识点数	直观描述	归纳类比	演绎推理	探究开放
78版	7	2	4	1	0
92版	10	3	5	2	0
12版	9	3	5	1	0

从表3-35可以发现:三版教材知识点的"呈现方式"均以"直观描述"和"归纳类比"为主,其中"归纳类比"占比更大。由表3-35的数据可计算出,78版教材内容深度"内容表述"各个水平占比分别为28.6%,57.1%,14.3%,0;92版教材内容深度中"内容表述"各个水平占比分别为30%,50%,20%,0;12版教材内容深度中"内容表述"各个水平占比分别为33.3%,55.6%,11.1%,0。

"小数认识"大部分内容是以"归纳类比"方式呈现的,三版教材中"小数点位置移动引起小数大小的变化"这一知识点均是以归纳形式,以92版教材为例,例题中展示四个式子,左边都是以米作单位的小数,从上到下数字排列都相同,而小数点依次向右移动一位、两位、三位,右边分别写出和它们相等的毫米数,把第二、三、四个式子同第一个式子比较,找出小数点位置移动引起小数大小变化的规律。教材中归纳的过程蕴含着数学问题的猜想与发现的过程。

根据内容深度中"内容表述"的计算公式 $S_{i2}=\dfrac{A\times1+B\times2+C\times3+D\times4}{A+B+C+D}$,得出三版教材小数的认识内容深度中"呈现方式"的平均等级,78版教材 $S_{i2}=1.857\ 1$,92版教材 $S_{i2}=1.900\ 0$,12版教材 $S_{i2}=1.777\ 8$。

(3) 内容深度统计

根据以上计算得出三版小学数学教材小数认识内容深度中"认知要求"和"内容表述"的平均等级,均衡考虑"认知要求""内容表述"影响因素,两者的权重系数均为0.5,可得到三版教材小数认识的可比内容深度(见表3-36)。

表 3-36 三版教材小数认识内容深度统计表

教材	认知要求平均水平（S_{i1}）	内容表述平均水平（S_{i2}）	平均内容深度	可比内容深度
78 版	2.285 7	1.857 1	2.071 4	0.517 9
92 版	2.000 0	1.900 0	1.950 0	0.487 5
12 版	2.111 1	1.777 8	1.944 5	0.486 1

从表 3-36 中可以看出,78 版的内容深度最大,12 版内容深度最小。1978 年,"小学算术"正式更名为"小学数学",教材编写按照"精选、增加、渗透"的原则改革传统教学内容,教材内容不仅注重学生基础知识的获得,也注重学生逻辑思维能力的培养。20 世纪末为适应九年义务教育的需要,在 1986 年修订的大纲中提出调整教学内容,适当降低要求,随着课程指导思想的转变,教材内容深度降低,注重数学基础知识,把发展数学思维能力,培养学习数学的兴趣放在重要位置。

3. 习题难度

习题主要是帮助学生巩固数学知识,同时在掌握知识的基础上发展数学能力。习题难度主要从习题认知要求和习题背景两方面进行刻画。

(1) 习题数量

对三个版本小学数学教材"小数认识"知识单元中习题的数量进行统计,见表 3-37。

表 3-37 三版教材中小数认识习题统计表

版本	78 版	92 版	12 版
习题数量	53	132	75

从表 3-37 看出,92 版教材习题量比其他两版明显增多。说明教材关注学生对基础知识掌握和基本技能训练,发展学生智力,培养能力。大纲中强调:"要通过课堂教学和学生的作业,了解学生的学习情况,作为改进教学和评定成绩的依据。"大量的练习题,不仅能够帮助学生巩固基础知识,还能帮教师了解和掌握学生对数学知识的掌握情况。

(2) 习题认知要求

本研究对三个版本教材小数的认识内容中习题认知要求进行统计,见表 3-38。

表 3-38　三版教材小数认识习题认知要求统计表

教材	题数	了解(模仿)	理解(认识)	掌握(应用)	综合应用
78 版	53	11	39	3	0
92 版	132	24	80	23	5
12 版	75	8	54	11	2

根据表 3-38 中的数据可以计算出,78 版教材习题"认知要求"各个水平占比为 20.75%,73.58%,5.67%,0;92 版教材习题"认知要求"各个水平占比为 18.18%,60.61%,17.42%,3.79%;12 版教材习题"认知要求"各个水平占比为 10.67%,72%,14.67%,2.66%。

根据习题"认知要求"的计算公式 $X_{i1}=\dfrac{A\times 1+B\times 2+C\times 3+D\times 4}{A+B+C+D}$,得出三个版本小学数学教材小数认识的习题"认知要求"的平均等级,78 版教材 $X_{i1}=1.849\ 1$,92 版教材 $X_{i1}=2.068\ 2$,12 版教材 $X_{i1}=2.093\ 3$。

(3) 习题背景

针对解决具有相应背景的习题,研究者需要将具体材料逻辑化与数学材料组织化相结合,也就是需要从习题的背景出发,提炼出数学问题,建构恰当的数学模型,运用数学概念、规则、方法加以解决,这对学生的认知水平具有一定要求,同时也影响着题目的难易程度。本研究对三版教材中小数认识的内容中习题背景情况做了统计,见表 3-39。

表 3-39　三版教材小数认识习题背景统计表

教材	题数	无背景	个人生活背景	公共生活背景	科学实验背景
78 版	53	46	5	3	0
92 版	132	111	13	8	0
12 版	75	44	23	8	0

根据表 3-39 的统计数据可计算出,78 版教材习题背景的各个水平占比为 86.79%,9.43%,5.66%,0;92 版教材习题背景的各个水平占比为 84.09%,9.85%,6.06%,0;12 版教材习题背景的各个水平占比为 58.67%,30.67%,10.66%,0。

三版教材小数认识的习题以"无背景"为主,在 92 版和 12 版中加强了"公共生活背景"习题的设置,可能是因为社会经济和科学技术的发展,教材内容要适应当下社会的需求,跟上时代发展的脚步,以素质教育为根本目的,促进学生全面发展。

根据习题背景的计算公式 $X_{i2}=\dfrac{A\times 1+B\times 2+C\times 3+D\times 4}{A+B+C+D}$,得出三个版本小学数学教材小数认识的习题背景的平均等级,78版教材 $X_{i2}=1.226\ 4$,92版教材 $X_{i2}=1.219\ 7$,12版教材 $X_{i2}=1.520\ 0$。

综上分析,习题难度涉及的因素较多,习题的潜在认知水平和回答要求则决定了学生参与任务的程度。[①] 根据以上统计和计算得出的习题的"认知要求"和"习题背景"的平均等级,按照0.6和0.4的权重对"认知要求"和"习题背景"进行加权平均,得出平均习题难度和可比习题难度(见表3-40)。

表3-40 三版教材小数认识习题难度统计表

教材	认知要求平均水平(X_{i1})	习题背景平均水平(X_{i2})	平均习题难度($0.6X_{i1}+0.4X_{i2}$)	可比习题难度 $\left(\dfrac{0.6X_{i1}+0.4X_{i2}}{4}\right)$
78版	1.849 1	1.226 4	1.600 0	0.400 0
92版	2.068 2	1.219 7	1.728 8	0.432 2
12版	2.093 3	1.520 0	1.864 0	0.466 0

三版教材中,12版习题难度偏大,78版习题难度偏小,92版介于两者之间。92版和12版中,习题设置层次分明,基础题、变式题、思考题均有涉及,使不同的学生在不同层次上得到发展,促进学生的个性发展,注重学生思维能力的培养。

4. 教材难度

教学最重要的是立足于教材,教材的难度直接影响教师基于课本的教学方式和策略,影响学生对课本知识的吸收和内化,从而影响教师教学和学生学习效果。因此对于教材整体难度的比较研究是有必要实施的。本研究对三个版本教材内容广度、内容深度和习题难度进行量化,从而得出各版本教材的综合难度。

---

① 鲍建生,徐斌艳.数学教育研究导引(二)[M].南京:江苏教育出版社,2013:276.

表 3-41　三版教材小数认识难度统计表

教材	可比内容广度(G_i)	可比内容深度(S_i)	可比习题难度(X_i)	教材难度(N_i)
78 版	0.791 7	0.517 9	0.400 0	0.537 3
92 版	0.879 6	0.487 5	0.432 2	0.549 3
12 版	0.750 0	0.486 1	0.466 0	0.532 9

根据以上统计的数据,依照教材难度模型,计算得出三版教材"小数认识"的整体教材难度,92版教材整体难度最大,主要是因为教材中知识点的数量最多,知识内容最广,从而导致可比内容广度明显增加。

(三) 小数认识呈现方式

1. 素材选取

数学本身是一门较为抽象的学科,数学脱离实际致使人们认为数学枯燥无味。因此,数学教材在选取素材时,要注意平衡学生的认知水平与数学知识系统性和逻辑性的关系,选取与学生现实相贴近的素材,便于学生从现实情境中能够抽象出数学知识,揭示数学规律。三版教材中现实生活类的素材均与当时的社会、经济和文化联系密切,社会生产的不同需要影响着对教材中素材的选取。素材选取主要来源于数学内部本身、数学与生活、数学与其他学科联系三个方面。

78版教材中大多数是现实生活类素材,素材范围比较单一,且都是与生产生活相关,比如在"小数的初步认识"部分,素材都是以"元、角、分"为主,展示物品价格,引导学生认识简单的小数;另外也选取具有时代特征的素材,例如题目"一个农场原来有机耕地580亩,到1979年机耕地的面积扩大了10倍,1979年机耕地的面积有多少亩?",题中选取的"机耕地"素材与20世纪70年代社会生产紧密联系,与大纲中规定的目的要求相一致,学生能够运用所学的知识解决日常生活和生产中的简单的实际问题。

92版教材中素材是根据九年义务教育的性质和任务,适应现代科学技术发展的趋势,适应社会和儿童发展的需要,素材范围更加丰富和广泛。例如题目"我国发射的第一颗人造地球卫星,最大的速度约每秒8.1千米。最小的速度是约每秒6.3千米。"由于科学技术的发展,数学已经渗透到很多日常工作和生活之中,成为人们从事现代生产和进一步学习科学技术不可或缺的工具。因此,在素材选取时,注重数学在科学技术方面的应用,增强了数学教材与其他学科以及科学技术的联系。

12版教材素材是丰富多彩的,遵循生活性原则和活动性原则,课本的趣味性也大大提升。小数本身在生活中的应用就很广泛,因此日常生活中素材也很多,学生生活的衣、食、住、行都可以作为素材背景编入教材。12版增强了数学与其他学科的联系,注重学生的全面发展,如在习题素材背景中,多次选取体育比赛,在教材中安排与体育相关的素材,激发学生学习兴趣,培养学生对体育运动的热爱,促进学生的全面发展。数学课程标准明确指出:"初步学会应用数学的思维方式去观察、分析现实社会,去解决日常生活中和其他学科学习中的问题,增强应用数学的意识。"数学与其他学科有着广泛的联系,根据学科的实际情况建立数学与其他学科的联系,对于学生的思维发展具有重要意义。

2. 情境设计

建构主义者认为,任何知识都有其赖以产生意义的背景,知识是一种工具,要理解并灵活运用某一知识,就应该知道知识的适用范围,也就是应当理解知识赖以产生意义的背景,知识产生的背景就是情境。[①]

78版教材中没有情境设计,知识点只是被一一陈列在每个单元内。

92版教材中涉及少许问题情境,如讲解小数的性质时,教材中编排了两道例题,通过例题的展示和解答,有个类似于女老师的人物形象提问到:从上面两个例题,你发现了什么规律?再总结小数的性质。还有循环小数的例题中,例题展示了10÷3的计算过程,同样的人物形象提问到:通过竖式计算,你发现10÷3的商有什么特点吗?想一想,这是为什么?只涉及了这样简单的问题情境,主要是概括小数的性质,或表示出循环小数的写法。

12版教材中的问题情境不再是简单的提出问题,增强了课本人物的互动性,有问有答,类似于一种活动情境,如在认识小数的例题中,题目中表格给出四名男生参加跳高成绩,且都是以米为单位,教师让学生给参加跳高比赛的四位男生排出名次,有男生提出把他们成绩化成分米来比较,然后就有人开始进行单位换算。这样的问题情境呈现了问题的思考过程,引导教师鼓励和帮助学生独立地观察并提出问题,组织和鼓励学生小组合作交流,帮助学生自主建构知识,符合新课程提倡教师要成为学生学习的组织者、引导者、合作者这一要求。12版中除了有人物间的对话情境,也设计人物的活动情境,如在小数的意义开头,课本中设计了一位男同学和一位女同学在教室里测量课桌和讲台的场景,让他们将测量的结果用米作单位,形象生动,让学生能够充分融入活动情境中,在进行

---

① 徐斌艳.数学教育展望[M].上海:华东师范大学出版社,2001:89.

教学时教师可以让学生自己动手操作，量一量自己的课桌。这样的情境能让学生真实感受数学知识就在我们身边。

3. 插图运用

曾天山认为："近年来，世界各国对插图的形式内容以及在教学中的作用进行了大量研究和实践，结果证明，教材插图在丰富教材的内涵、提高教材的质量、增强教育效果方面发挥了重要作用。"[①]通过梳理三版教材正文部分的插图，将插图分为装饰性图、表征性图和知识性图三类。

表 3-42　三版教材小数认识插图分类统计表

教材	插图数量	装饰性图	表征性图	知识性图
78 版	8	0	6	2
92 版	37	3	30	4
12 版	68	10	43	15

图片最大的作用是激发学生的学习兴趣，色彩鲜明，形象逼真的图片更能吸引学生，再搭配着恰当的文字，让学生喜爱读教材。从上表中可以看出，随着时间的推移，教材中插图的数量在不断增加，插图种类也愈加丰富；三版教材中表征性图的占比是最大的，装饰性图较少，78 版中无装饰性图。

表征性图包括一些示意图、实物图和表达数学信息的操作流程图，主要是呈现题目内容或引导学生理解数学概念、方法等，所以在正文部分，表征性图的占比会大一些。例如，78 版教材中配有一些简单的数量关系图来揭示题目中数量之间的联系，帮助学生理解题目，引导学生思考找到解答题目的方法，如在"小数的大小比较"的例题中，"比较 0.07 米和 0.059 米，哪个数大"，下面配了一幅米尺图，并标注了 0.07 米和 0.059 米的位置，0.07 米＝7 厘米，0.059 米＝5 厘米 9 毫米，这样学生就一目了然，数的大小可以转化成米尺上距离的长短，同时又涉及小数和复名数的互化，为以后的知识学习埋下伏笔，加强教材内容之间的联系性。12 版教材中引用大量的实物照片图，且能用实物图的都尽量用实物图进行展示，如各种动物的图片、"蛟龙号"潜水器、"天宫一号"等，这样的照片，真实、形象，更利于激发学生的学习兴趣。

装饰性图无实质性意义，主要是为了增添教材的精美性和欣赏性。也有些

---

① 曾天山.国外关于教科书插图研究的述评[J].外国教育研究,1999(3):20-23.

装饰性图是情境图,它是实际问题一种新的呈现方式,常常用人物+对话框的形式结合一定的情境出示,在培养学生信息整合能力和问题解决意识方面起到一定作用。在 12 版教材中经常出现人物形象来作为"模拟的小学生"与学生们一起参与数学课程的学习,尤其在例题的编排部分,利用人物之间的对话提出疑问,解决问题,并引出知识点;在关键知识点处,都配以小卡通人物加以提醒或标注,唤起学生注意和进一步思考。

4. 习题安排

习题是小学数学教材的重要组成部分,是学生巩固与消化所学知识并转化为技能的重要环节,其重要性不可忽视。习题是为学生把知识用于问题解决而设计的,是教师了解学生与检查学生学习效果的一个窗口,它对学生认知结构建立、数学观念形成、数学才能培养有着非常重要的作用。通过对三版小学数学教材中习题进行全面剖析,将其分为三个层次,分别是基础性习题、综合性习题和发展性习题。基础性习题以基础知识巩固与基本技能训练为主,主要是模仿性、单项题目,如教材中"试一试";综合性习题是以某一类知识为起点,把与其相关知识也纳入进来,可以拓展学生数学知识面,加深学生对某一类知识的深入了解,提高各种能力,具有一定开放性;发展性习题是为了培养学生研究能力而设计,是习题中最高层次,主要是一些在思考性、创造性方面要求较高的题目。具体统计如下表。

表 3-43 三版教材小数认识习题分类统计表

教材	习题总量	基础性习题	综合性习题	发展性习题
78 版	53	43	10	0
92 版	132	96	32	6
12 版	75	50	23	2

从表 3-43 中发现,三版教材中基础性习题占比较大,这类习题知识单一,针对性强,能唤起学生对知识内涵与组成因素等再认识,促使新知内化,有利于学生对数学基本概念、法则、公式、性质的进一步理解;发展性习题是占比较少的,甚至 78 版教材未涉及,这类习题主要是训练学生的深度思维,促进学生思维能力发展,92 版和 12 版教材中在练习题的末尾编排了这类题目,以适应不同学生在数学上得到不同发展的需要,体现学生学习的个性化和差异性。

5. 语言表达方式

教材中的语言表达承载着教学内容与方法,是指导学生学习的最主要依据,必须体现规范的要求,不仅知识内容具有规范性,而且语言表达具有规范性。从三版教材来看,语言表述注重规范的同时,语言的严谨性逐渐增强。

78版教材语言表述简单,以陈述性语句为主,多为知识内容的直观呈现,语言表述上缺乏启发性和诱导性,不适合学生的自主学习探究。比如,在"小数的性质"中,在出示例题后,直接呈现出小数的性质,没有展现引导学生探究的过程。

92版教材中,开始使用一些疑问句,用于知识的衔接或总结规律和性质等,使教材开始适合学生自主阅读。比如,在"小数的性质"中,通过比较"0.1米、0.10米和0.100米的大小","0.30和0.3的大小",并设置问题"从上面两个例题,你发现了什么规律?"先引导学生寻找规律,再总结出小数的性质。

12版教材语言富有启发性,能够充分引发学生在数学的海洋里不断探究,激发学生的学习兴趣。例如,在12版教材的"小数与单位换算"内容中,教材呈现出四位同学的身高数据,但各个数据的单位不同,这时小卡通在旁边提示:改成相同计量单位的数,这样的小提示可给学生提供解决问题的思路。

(四)小数认识研究结论

随着基础教育课程改革的推进和科学技术迅猛发展,教材的编制也在不断适应现代化人才培养的需求。基于教育理念的转变,教材不再是注重学科本身的完备性与知识的全面性,而是以学生为学习的主体,注重引导学生学会学习。研究历史的目的,不仅在于准确地认识过去,更重要的是真正从历史中吸取经验教训……,以便尽可能科学地、准确地洞察现在和未来。[①] 基于上述从不同方面在定性和定量上对三版教材的分析,我们可以得出以下结论:

1. 教学内容编排体系不断优化,注重知识间的逻辑性

纵观小学数学教材,在精选内容的基础上,淡化知识由来的细节,将精而广的数学知识穿插编排于教材中。78版是先编排小数的初步认识,后学习分数的初步认识,而在92版后,将分数的初步认识移至认识小数之前,主要源于小数概念的学习是建立在十进分数和整数基础上的,这样加强了知识之间的内在逻辑性,为进一步学习分数、小数打下良好的基础。在小数的初步认识中引入了"元、角、分"为单位的小数,为之后学习小数与复名数的互化做铺垫,同样有助于知识间的相互联系。所以,92版教材采取同时兼顾数学的逻辑顺序与儿童认知发展

[①] 廖其发.当代中国重大教育改革事件专题研究[M].重庆:重庆出版社,2007:3.

顺序的螺旋上升的编排方式,教材的结构体系更加合理。12版教材的编排既认识到要遵循数学知识的逻辑顺序,同时又不忽视学生学习的心理逻辑,突出基本概念和基本规律,注意各部分知识间的纵、横联系。

2. 素材选取贴合当下社会实际,具有时代性

教育作为一项重要的社会事业必须服务于社会、满足社会在某些方面的需要,从而促进社会的发展。78版和92版教材更多强调学科知识的系统性,对儿童的学习特点和身心发展规律,以及联系生活、生产实际注重不够;注重学生对学科知识的掌握,忽视学生问题解决能力的发展。在新一轮基础教育课程改革中,特别重视对教材内容的优化,以改变过去教材内容"繁、难、偏、旧"和"以知识为中心"的现状,加强教材内容与学生生活的联系。因此,12版教材在素材选取上注重内容与日常生活的联系,适应社会的发展,例如习题中经常引用各种运动项目的比赛,激发学生的学习兴趣,培养学生热爱体育锻炼;习题中引用"蛟龙号""天宫一号"等,将先进的科学技术与教学内容结合,不仅拓宽了学生的知识面,也培养了学生热爱祖国的情怀。教材必须结合所处的时代特征,突出鲜明的社会性,同时要有相对稳定的时间,以利于教师积累经验。

3. 呈现方式由单一转向灵活多样

呈现方式作为不同教材最直观的体现,促进学生将静态的知识转化为动态的思考,将抽象的内容变得更加直观、形象化和具有情境性,让学生更加真实地感受到数学自身的魅力。改革开放以来,教材内容力求以图文并茂的形式呈现,习题形式也丰富多样。如,出现了单元主题图、试一试、想一想等多种栏目,内容情境的设计变得多样化。"2011课标"中指出:"教材的呈现方式应多种多样,如图片、表格等,为学生创设生动形象的情境,促使学生积极主动地投入于学习中,加深对数学知识的理解。"由此可见,在内容呈现方式上,从最初简单枯燥的文字叙述到配有生动形象的插图,再到如今图文并茂的转变,而且这种变化处于不断探索发展中。

4. 习题难度层次分明,注重差异性

习题作为教材中重要的组成部分,是学生进行有效学习的主要载体。通过分析发现,92版习题数量过多,且缺乏针对性;78版习题数量过少,形式单一,缺乏情境材料。12版教材中习题安排与"2011课标"相适切,在习题的数量、难度层次以及背景材料的选取都做了一定改进,数学习题的形式与内容,更加注重根

据学生的心理特点,设计形式多样、内容现实有趣,富于思考和探究性的作业。

四、整数运算内容研究[①]

整数的运算是数的运算教学的开始。小学数学中涉及的整数运算有加、减、乘、除四则运算。包括加、减、乘、除法的意义、性质和法则,四则混合运算和简便运算,以及估算、验算等知识。学生在低年级开始接触整数运算,中年级学习运算定律并进行整数的简便计算,再把这些运算定律运用到小数和分数运算中,分层次逐步递进。正确理解运算的意义、法则,熟练掌握运算步骤和程序,合理选择简便运算方法,是运算能力培养的要求。整数运算是学生运算能力发展的基础,也是培养运算能力的重点,在小学数学"数与代数"中占据的比重最大。因此,纵向比较小学数学新、旧教材中整数运算的内容是非常有必要的。

(一)整数运算结构体系

教材的结构体系是指将教学材料划分为可供连续学习的内容元素及其组织,包括单元设置、内容分布、具体栏目的安排和教材内容的逻辑联系。

1. 单元设置

整数运算的相关内容主要安排在小学一至四年级,不同版本的教材在单元设置上略有差异,三版教材的单元设置情况如下:

表 3-44 三版教材整数运算单元设置情况统计表

版本/学制	册数	单元数	单元序号	起止页码	页码数
78版/5年制	第一册	2	一、三	1—41、46—84	80
	第二册	2	一、三	1—48、55—91	85
	第三册	3	一、四、五	1—9、45—65、72—126	85
	第四册	3	一、二、三	1—23、24—55、56—70	70
	第五册	3	二、五、六	16—40、71—99、100—118	73
	第六册	3	二、三	13—61、62—86	74

[①] 张茜撰写初稿.

(续表)

版本/学制	册数	单元数	单元序号	起止页码	页码数
92版/6年制	第一册	2	二、五	7—69、79—100	85
	第二册	2	一、五	1—18、45—111	85
	第三册	4	一、三、四、六	1—9、14—44、45—65、72—126	116
	第四册	3	一、四、六	1—20、40—69、78—126	99
	第五册	3	一、二、四	1—29、30—65、77—99	88
	第六册	3	一、二、四	1—35、36—80、91—117	107
	第七册	2	二、三	14—48、49—116	103
	第八册	2	一、二	1—34、35—83	83
12版/6年制	第一册	3	三、五、八	14—33、39—72、88—103	70
	第二册	2	二、六	8—26、61—84	43
	第三册	3	二、四、六	11—37、46—67、72—87	65
	第四册	4	二、四、五、六	7—27、37—46、47—58、59—71	56
	第五册	3	二、四、六	9—20、36—49、56—76	47
	第六册	2	二、四	11—35、41—59	43
	第七册	2	四、六	47—55、71—93	32
	第八册	2	一、三	2—12、17—31	26

从时间跨度上看,78版教材将整数运算安排在一至三年级,92版和12版教材安排在一至四年级。由于78版教材是5年制的,92版和12版教材都是6年制的,所以时间上的安排比较相似。从每学期学习该内容的单元序号上看,主要集中在第二、三、四单元,因为学习整数运算需要有整数的认识作为基础,整数的认识通常会安排在第一单元,在掌握了整数的认识之后,才能进行相应整数运算的学习。

2. 内容分布

三版教材整数运算是结合数的认识分阶段进行的,大致形成四个循环圈。其内容分布汇总如下:

表 3-45　三版教材整数运算内容各循环圈分布表

教材版本	循环圈	内容要点
78 版	20 以内	10 以内的加减法,20 以内的进位加法和退位减法
	百以内	100 以内的加法和减法,表内乘法和相应的除法(一)、(二)
	万以内	万以内的加法,万以内的减法,乘数是一位数的乘法,除数是一位数的除法,混合运算和应用题
	万以上	多位数的加法和减法,乘数是两三位数的乘法,混合运算和应用题,除数是两、三位数的除法,四则混合运算和应用题
92 版	20 以内	10 以内的加减法,20 以内的进位加法,20 以内的退位减法
	百以内	100 以内的加法和减法(一)、(二),表内乘法(一),表内除法(一),表内乘法和表内除法(二),混合运算和两步计算的应用题
	万以内	万以内的加法和减法(一)、(二),乘数是一位数的乘法,除数是一位数的除法,混合运算和两步应用题,乘数是两位数的乘法,除数是两位数的除法,混合运算和应用题
	万以上	亿以内的加法和减法,乘数、除数是三位数的乘法和除法,混合运算和应用题,整数和整数四则运算
12 版	20 以内	1—5 的加减法,6—10 的加减法,20 以内的进位加法,20 以内的退位减法
	百以内	100 以内的加法和减法(一)、(二),表内乘法(一)、(二),表内除法(一)、(二),混合运算,有余数的除法
	万以内	万以内的加法和减法(一)、(二),多位数乘一位数,除数是一位数的除法,两位数乘两位数
	万以上	三位数乘两位数,除数是两位数的除法,四则运算,运算定律

在 20 以内,78 版和 92 版教材都将"10 以内的加减法"作为一个独立的单元,而 12 版将其拆分为"1—5 的加减法"和"6—10 的加减法",两个单元之间设置了"认识图形"单元。这样编排将原先联系紧密的知识点拆分开来,可能导致整合度不够的问题。92 版和 12 版教材都将"20 以内的进位加法"和"20 以内的退位减法"作为两个独立的单元,而 78 版教材将其合并为一个单元;在百以内,92 版和 12 版教材将"100 以内的加法和减法"分为两个单元(一)和(二),78 版教材也只有一个单元。可见,78 版教材单元内容较多,容易造成不同算法的

训练不充分,而92版和12版教材单元更加细化,便于对学生进行不同算法的训练和巩固,使其有更多的机会积累数学活动经验。

3. 教材内容的逻辑联系

三版教材整数的运算内容有一些共性,如:结构体系严密,知识点由浅入深,由易到难,循序渐进,遵循了"20以内—百以内—万以内—万以上"螺旋上升的顺序,有较好的系统性。学生学习了20以内以及百以内整数运算后,能够将所学方法迁移到万以内和万以上。三版教材中整数运算的编排主要遵循以下四条共同的线索:一是整数运算基于整数的认识而拓展,认数与计算内容结合编排。二是注意口算、笔算的合理安排,互相促进,教材在编写笔算前都会安排相应的口算。如在编写"一位数乘两、三位数"前,三版教材均安排了"口算一位数乘两位数"的知识点。三是教材在各个循环圈中都是先安排加、减法的内容,再到乘、除法的内容,显示加减是一级运算、乘除是二级运算的特点,接着是运算定律和混合运算,最后是整数应用题。整数加、减法内容在加法上均是由不进位加到进位加,在减法上由不退位减到退位减。乘、除法内容则是先安排表内乘法和相应的除法,再到乘、除数分别是一位数、两位数、三位数的乘、除法。四是整数运算为小数和分数的运算做铺垫,整数的运算顺序和运算律对于小数和分数运算同样适用。因此,低、中年级学生打好整数运算的学习基础尤为重要。

4. 具体栏目的安排

教材通常设计有不同的栏目,形成一定的结构,各式各样的体例栏目反映了教材的理念和特色,丰富了教材的呈现方式。三版教材整数运算的体例栏目见表3-46:

表3-46 三版教材整数运算体例栏目安排情况统计表

教材版本	单元内主要栏目	单元内其他栏目	单元末栏目
78版	例题、练习题	准备题	复习
92版	课前复习、例题、做一做、练习题	你知道吗? 思考题、数学游戏	整理和复习
12版	例题、做一做、练习题	你知道吗? 思考题、数学游戏 成长小档案(说一说)	整理和复习

78版教材单元内主要栏目是例题和练习题,在个别新知识的学习中增设了准备题,例如"用2—6的乘法口诀求商"中,例题前面安排了6道准备题,以乘法口诀引入除法,加强了乘、除法之间的关联。在"7—9的乘法口诀"和"用7—9的乘法口诀求商"以及"两位数乘多位数"中,例题前面都设置了准备题,唤醒学生已有认知,帮助学生在学习新知前建立起与旧知沟通的桥梁,为学习新知识做好铺垫。78版教材单元末栏目为"复习",92版和12版教材将名称改为了"整理和复习"。栏目名称的变更体现了教材在发展过程中愈加注重学生对所学知识的梳理和归纳,通过整理能有效把学科知识内化为自身的认知结构,促进学生数学思维达到新的水平。

92版和12版教材都增加了"做一做"栏目,即课堂练习,安排在例题之后,题目难度与例题相当,帮助学生即时模仿例题中展现的解题方法与思路。练习题的设置包括基本题、变式题和综合题,层次清晰,体现了"面向全体和因材施教"的原则,使学生对所学知识得到巩固深化,逐步形成计算能力。每一单元后安排"整理和复习",形成"课前复习—例题—课堂练习—例题—练习—单元复习题"的主线。单元内其他栏目还包括"思考题""你知道吗?""数学游戏"等。"思考题"栏目有利于培养学生的深度思维和探索精神,可以适应不同学生在数学学习上的需要。"你知道吗?"较系统地介绍了我国古代、现代的数学成就,学生无形中受到爱国主义教育,一定的数学史介绍和科学史知识,使其视野得到开阔。"数学游戏"栏目寓学于乐,激起学生对数学的热爱。

12版教材的栏目设置遵循的主线是"例题—做一做—课后练习"。如:"整数四则混合运算"单元涵盖了"做一做"和"练习"以及12版教材独有的"成长小档案"等栏目。四年级下册教材中出现了"你知道吗?"以及"数学游戏"栏目。在学习括号时,"你知道吗?"言简意赅地阐述了小括号、中括号和大括号产生的背景。每单元末的"成长小档案"栏目帮助学生进行反思和自我评价,这是对学生自我学习管理能力的培养。

总之,三版教材的体例栏目愈加丰富,功能更加多样,能有效指导学生全过程学习。

(二)整数运算内容设计

三版教材中整数运算的总体情况见表3-47:

表 3-47 三版教材整数运算总体情况统计表

教材版本	整套总页数	主题页数	主题占整套页数百分比%	小学总课时	主题课时	主题占小学总课时百分比%
78 版	1 120	467	41.70%	1 168	488	41.78%
92 版	1 682	766	45.54%	986	318	32.25%
12 版	1 359	383	28.18%	952	217	22.79%

三版教材开本大小依次为 32 开、大 32 开和 16 开,人教版教材风格明朗、清新、稳重,从教材开本的变化以及装帧技术的不断提高可以看出,改革开放 40 多年来我国社会在不断进步,经济更加富裕。[①] 三版教材中整数运算内容的页数占比都比较大。78 版和 92 版教材内容占比接近,相差 3.84%,明显高于 12 版教材的内容占比。78 版到 92 版再到 12 版教材的所用课时占比呈现下降趋势,78 版教材所用课时占比与页数占比相当,可见该教材的教学内容设计与课时安排匹配度适当。92 版和 12 版教材所用课时占比都分别明显低于页数占比,说明学生在学习 92 版和 12 版教材时,时间相对紧张,两版教材的教学内容设计与课时安排匹配度不够。

1. 内容广度

内容广度是指教材内容涉及的知识范围和课程领域的广泛程度,一般用知识点数来刻画。按照由易到难、由简到繁的原则将整数运算分为 20 以内、百以内、万以内、万以上四个循环圈,根据例题和说明中所涉及的概念、规则和方法,将整数运算的全部内容详细分解为如下 106 个知识点:

(1) 20 以内

并集知识点有 9 个,即:加法,减法,1—5 的加减法,0 的加减法,10 以内的加减法,连加连减,加减混合,20 以内的进位加法,20 以内的退位减法。

78 版少 1 个知识点:加减混合。

(2) 百以内

并集知识点有 28 个,即:整十数加、减整十数,两位数加一位数、整十数(不进位加),两位数加一位数、整十数(进位加),两位数减一位数、整十数(不退位减),两位数减一位数、整十数(退位减),两位数加两位数(不进位加),两位数加

---

① 邢爱丽.新人教版小学数学教材主要特点浅析[J].中国教师,2017(S1):40-43.

两位数(进位加),两位数减两位数(不退位减),两位数减两位数(退位减),连加,连减,加减混合,乘法的初步认识,2、3、4 的乘法口诀,乘加、乘减,5 的乘法口诀,6 的乘法口诀,除法的初步认识,用 2—6 的乘法口诀求商,7 的乘法口诀,用 7 的乘法口诀求商,8 的乘法口诀,用 8 的乘法口诀求商,9 的乘法口诀,用 9 的乘法口诀求商,乘、除法竖式,有余数的除法,百以内的混合运算。

78 版少 1 个知识点:乘加、乘减。

12 版少 1 个知识点:乘、除法竖式。

(3) 万以内

并集知识点有 36 个,即:口算整百、整千数加减法,几百、几十的加减法,万以内加减法估算,不进位加,加法的验算(用加法验算加法),口算两位数加减法,不连续进位加,连续进位加,连加(用凑十法连加),不退位减,减法的验算(用加法验算减法),不连续退位减,连续退位减,中间、末尾有 0 的退位减,口算一位数乘两位数,一位数乘二、三、四位数,万以内的被乘数的中间、末尾有 0 的乘法,连乘,口算除数是一位数的除法,用一位数除商二位数,除法的验算(用乘法验算除法),用一位数除商三、四位数,商中间有 0 的除法,商末尾有 0 的除法,口算被除数末尾有 0 的除法,连除,口算一位数乘两位数、乘整百整十数,口算用整十数乘,乘数是两位数的乘法,万以内的求近似数、四舍五入法,一位数乘法估算(乘数是一位数),口算一位数除两位数、除整百整十数,商是一位数的笔算除法(除数是两位数),商是二、三位数的笔算除法(用乘法验算除法,除数是两位数),一位数除法估算(除数是一位数),万以内的混合运算。

78 版少 9 个知识点:几百、几十的加减法,万以内加减法估算,口算除数是一位数的除法,口算一位数乘两位数、乘整百整十数,口算用整十数乘,万以内的求近似数、四舍五入法,一位数乘法估算(乘数是一位数),口算一位数除两位数、除整百整十数,一位数除法估算(除数是一位数)。

92 版少 4 个知识点:万以内加减法估算,口算除数是一位数的除法,口算一位数乘两位数、乘整百整十数,口算用整十数乘。

12 版少 9 个知识点:连加(用凑十法连加),不连续退位减,中间、末尾有 0 的退位减,连乘,口算被除数末尾有 0 的除法,连除,万以内的求近似数、四舍五入法,口算一位数除两位数、除整百整十数,万以内的混合运算。

(4) 万以上

并集知识点有 33 个,即:多位数的加减法(包括笔算+口算),加法交换律,加法结合律,加法的意义,减法的意义,加法各部分之间的关系,减法各部分之间的关系,加、减法的简便运算(接近整百整十的速算法+用运算定律),口算整百数乘（乘数是三位数的乘法），乘数是三位数的乘法（三位数乘两、三位数），万以上的乘数中间、末尾有0的乘法（乘数是两位数的乘法＋乘数是三位数的乘法），交换两个因数位置验算乘法，看横式直接写得数（速算法），积的变化规律，两位数乘法估算（乘数是两位数），乘法交换律，乘法结合律，乘法分配律，乘法的意义，除法的意义，乘法各部分之间的关系，除法各部分之间的关系，有关0的运算，口算用整十数除（除数是两位数的除法），口算用整百数除（除数是三位数的除法），商一位数的三位数除多位数，商多位数的三位数除多位数，商的变化规律，两位数除法估算（除数是两位数），有余数的除法（各部分之间的关系、验算），乘、除法的一些简便算法（三数相乘、除），求一个整数的近似数（四舍五入法），万以上的四则混合运算（包括简便运算）。

78版少10个知识点：口算整百数乘（乘数是三位数的乘法），积的变化规律，两位数乘法估算（乘数是两位数），有关0的运算，口算用整十数除（除数是两位数的除法），口算用整百数除（除数是三位数的除法），两位数除法估算（除数是两位数），有余数的除法（各部分之间的关系、验算），乘、除法的一些简便算法（三数相乘、除），求一个整数的近似数（四舍五入法）。

92版少2个知识点：看横式直接写得数（速算法），有关0的运算。

12版少13个知识点：多位数的加减法（包括笔算＋口算），加、减法的简便运算（接近整百整十的速算法＋用运算定律），口算整百数乘（乘数是三位数的乘法），交换两个因数位置验算乘法，看横式直接写得数（速算法），两位数乘法估算（乘数是两位数），口算用整百数除（除数是三位数的除法），商一位数的三位数除多位数，商多位数的三位数除多位数，两位数除法估算（除数是两位数），有余数的除法（各部分之间的关系、验算），乘、除法的一些简便算法（三数相乘、除），求一个整数的近似数（四舍五入法）。

三版教材整数运算的知识点数统计如表3－48所示：

表3－48　三版教材整数运算知识点数统计表

教材版本	20以内	百以内	万以内	万以上	知识点总数
78版	8	27	27	23	85
92版	9	28	32	31	100
12版	9	27	27	20	83
三版教材并集知识点数	9	28	36	33	106

78 版教材在 10 以内缺少了知识点"加减混合",因为 78 版教材在 20 以内的进位加法和退位减法编排中,将进位加和退位减混合在一起同时出现,在 10 以内注重学生对加、减法基础知识点的强化。92 版和 12 版教材在 10 以内安排了"加减混合"知识点,在 20 以内的整数的运算中不再混合出现,将加、减法分开编排。百以内,92 版和 12 版教材都比 78 版增加了知识点"乘加、乘减",更加注重运算的综合。12 版比 78 版和 92 版教材少了知识点"乘、除法竖式",12 版教材在"有余数的除法"中第一次出现除法竖式,没有将其单独作为一个知识点。此外,92 版教材比另两版少了两位数加、减整十数,12 版教材比另两版少了两位数加、减一位数。

　　三版教材整数运算所含知识点的并集为 106,知识点总个数分别为 85,100,83。根据量化模型,计算得出三版教材的内容广度分别是 0.801 9,0.943 4,0.783 0,再分别除以课时系数,得到可比内容广度依次是 0.801 9,1.447 7,1.760 8。

2. 内容深度

　　内容深度主要从"认知要求"和"内容表述"所反映的思维特征两方面来刻画。

表 3-49　内容深度中"认知要求"各水平占比统计表

教材版本	了解(模仿)	理解(认识)	掌握(应用)	综合应用	知识点总数
78 版	2 (2.35%)	16 (18.82%)	67 (78.83%)	0 (0%)	85
92 版	9 (9.00%)	26 (26.00%)	61 (61.00%)	4 (4.00%)	100
12 版	11 (13.25%)	16 (19.28%)	53 (63.86%)	3 (3.61%)	83

　　从表 3-49 可以看出,"认知要求"的水平中,"了解"占比较少,集中在"理解"和"掌握"两个等级,并以"掌握"为主。78 版教材"掌握"水平占比 78.83%,表明对学生提出的要求更高,"综合应用"占比都很低。

表 3-50　内容深度中"内容表述"各水平数量统计表

教材版本	直观描述	归纳类比	演绎推理	探究开放	知识点总数
78 版	37 (43.53%)	48 (56.47%)	0 (0%)	0 (0%)	85

(续表)

教材版本	直观描述	归纳类比	演绎推理	探究开放	知识点总数
92版	51 (51.00%)	49 (49.00%)	0 (0%)	0 (0%)	100
12版	50 (60.24%)	32 (38.56%)	0 (0%)	1 (1.20%)	83

由上表可知,三版教材的"内容表述"以"直观描述"和"归纳类比"为主,没有涉及"演绎推理"。78版教材在整数运算正文部分以"归纳类比"居多,其次是"直观描述"。92版教材"直观描述"略高于"归纳类比"占比,78版和92版教材都没有用探究开放来引导学生通过观察、分析、比较、综合、抽象、概括去习得知识。12版教材以"直观描述"最多,其次是"归纳类比","探究开放"仅涉及"万以上的积的变化规律"一个知识点。这与整数运算知识点的特点有关,新知识如加、减、乘、除算式主要是借助小棒、图形等实物数量的变化来呈现的,学生掌握了最简单的运算知识后,便可借助两个或两个以上例子归纳出高于原有认知结构层次的规律,如"运算定律"和"简便运算"等。

根据以上计算,得出三版教材整数运算内容深度中"认知要求"和"内容表述"的平均等级,均衡考虑"认知要求""内容表述"影响因素,两者的权重系数均为0.5,可得到三版教材整数运算的可比内容深度(见表3-51)。

表3-51 三版教材整数运算内容深度统计表

教材版本	认知要求平均等级	内容表述平均等级	平均内容深度	可比内容深度
78版	2.764 7	1.564 7	2.164 7	0.541 2
92版	2.600 0	1.490 0	2.045 0	0.511 3
12版	2.578 3	1.421 7	2.000 0	0.500 0

三版教材中78版教材可比内容深度最大,12版最小,92版介于两者之间。78版教材遵循的编写原则是"精选、增加、渗透",注重学生逻辑思维能力的培养。随着课程指导思想的转变,92版和12版更加重视学生的数学基础知识,降低计算教学的要求,因此教材中整数运算的内容深度呈现逐步降低趋势。

3. 习题难度

对三版教材整数运算知识单元中习题的数量进行统计,见表3-52。

表 3‑52　三版教材中整数运算习题数量统计表

版本	78 版	92 版	12 版
习题数量	1 871	2 322	974

习题是检测学生知识掌握情况的重要依据,习题的数量是体现习题难度的因素之一,92 版教材的习题数量最多,78 版次之,12 版最少,三版教材习题量悬殊较大。92 版教材设计了大量习题,说明其十分重视知识的及时巩固和基本训练,强调对基础知识和基本技能的掌握。78 版和 92 版教材的习题数量多是这两版教材的教学课时数远多于 12 版的原因之一,但过多的习题也会加重学生学习的负担,12 版在习题设置方面明显精简了,训练的要求明显降低。

习题主要是帮助学生巩固数学知识,发展数学能力。研究表明,习题难度主要受"认知要求"和"习题背景"两个维度的影响,依照两个维度各自的水平标准对每一道习题分别赋值,经计算得到了如下结果(见表 3‑53)。

表 3‑53　三版教材整数运算习题认知要求各水平占比统计表

教材版本	了解(模仿)	理解(认识)	掌握(应用)	综合应用	总题数
78 版	983 (52.54%)	124 (6.63%)	726 (38.80%)	38 (2.03%)	1 871
92 版	1 079 (46.47%)	137 (5.90%)	739 (31.83%)	367 (15.80%)	2 322
12 版	355 (36.45%)	116 (11.91%)	439 (45.07%)	64 (6.57%)	974

三版教材整数运算的习题以"了解"和"掌握"为主,"了解"水平占比较大的原因是,三版教材中大量习题的解答方法与例题基本一致,说明三版教材在整数的运算中重视记忆、模仿水平的习题编制。这也是合理的,因为整数的运算涉及很多的口诀和运算定律、规则,这些都需要学生经过一定的反复练习形成技能。"掌握"水平占比较大的原因是,有大量的应用类题目需要学生在理解的基础上把整数运算的方法、规则等应用于新的情境。由于 92 版教材包含大量带"＊"号的思考题,因此在"综合应用"水平上的习题多于另两版教材。

"习题背景"是研究习题难度的另一个重要因素,三版教材整数运算习题背景情况见表 3‑54:

表 3-54 三版教材整数运算习题背景各水平占比统计表

教材版本	无背景	个人生活背景	公共生活背景	科学实验背景	总题数
78 版	1 190 (63.60%)	353 (18.87%)	317 (16.94%)	11 (0.59%)	1 871
92 版	1 451 (62.49%)	605 (26.05%)	260 (11.20%)	6 (0.26%)	2 322
12 版	563 (57.80%)	312 (32.03%)	93 (9.55%)	6 (0.62%)	974

统计发现,三版教材中习题背景涉及各个方面,"无背景"比重最大,即整数运算中涉及加、减、乘、除的纯粹计算式题较多。其次是"个人生活背景"以及"公共生活背景",说明整数运算有联系各式各样的生活场景。三版教材的习题大部分直接以抽象的数字呈现出来,"科学实验背景"习题占比很少,应适当扩展。

经计算,可得出三版教材整数运算习题难度中"认知要求"以及"习题背景"的平均等级,再按照两个维度相应的权重进行加权平均,即可得到平均习题难度和可比习题难度(见表 3-55)。

表 3-55 三版教材整数运算习题难度情况统计表

教材版本	认知要求平均水平	习题背景平均水平	平均习题难度	可比习题难度
78 版	1.903 3	1.545 2	1.760 1	0.440 0
92 版	2.169 7	1.492 2	1.898 7	0.474 7
12 版	2.217 7	1.529 8	1.942 5	0.485 6

三版教材可比习题难度 12 版最大,92 版次之,78 版最小。92 版和 12 版中,习题设置层次分明,基础题、变式题、思考题均涉及,有助于培养学生的灵活思维。78 版习题虽多,但思考题偏少,同层次习题多,类型比较单一。

4. 教材难度

根据以上对内容广度、内容深度、习题难度的统计,结合可比内容广度、可比内容深度、可比习题难度的数据,在计算时分别依据权重 0.2、0.5、0.3,可以得到三版教材各自的教材难度(见表 3-56)。

表 3-56　三版教材整数运算综合难度情况统计表

教材版本	课时系数	可比内容广度	可比内容深度	可比习题难度	教材难度
78 版	1.000 0	0.801 9	0.541 2	0.440 0	0.563 0
92 版	0.651 6	1.447 7	0.511 3	0.474 7	0.687 6
12 版	0.444 7	1.760 8	0.500 0	0.485 6	0.747 8

根据以上统计的数据,计算得出三版教材的整体教材难度,12 版整体难度最大。92 版相对于 78 版教材综合难度上升了 22.13%,比较明显,12 版相对于 92 版教材综合难度上升了 8.76%。12 版相对于 78 版教材综合难度上升了 32.82%。改革开放 40 多年来,教材难度不断加大,随着人类社会的不断进步和知识的持续更新,提升教材的难度是合理趋势,至于提升的幅度如何还有待进一步探讨。

（三）整数运算呈现方式

教材的呈现方式主要指教材中数学知识结构的外部表征,其中素材选取、情境设计、插图运用、语言表达方式只涉及教材的正文部分,包括例题以及与新知识的呈现相配合的"想一想""做一做""说一说"等,阅读材料除外。习题安排主要针对教材中的练习题,不包含正文部分和全册总复习中的练习题。三版教材整数运算的习题难度在前文已经进行了定量分析,这里不再赘述。

1. 素材选取

表 3-57　三版教材整数运算素材类型占比统计表

版本	数学内部本身	数学与生活	数学与其他学科	总计
78 版	162（43.55%）	208（55.91%）	2（0.54%）	372
92 版	553（57.25%）	412（42.65%）	1（0.10%）	966
12 版	149（39.63%）	223（59.31%）	4（1.06%）	376

三版教材的素材选取集中在"数学内部本身"和"数学与生活"上。78 版和 12 版教材各自在"数学与生活"类型上的素材占比多于"数学内部本身"的素材占比,92 版教材则相反。在"数学与其他学科"相关的素材上,三者都占比极小。

78版有2道例题,92版仅有1道例题,且与78版相同,12版有4道例题,可见,"数学与其他学科"所选择的素材比较局限,数量和新颖度都不够。78版和92版教材选取的素材与生活联系比较紧密,而92版更为注重学生计算能力的培养,计算题占了一半以上。12版加强了数学与科学、社会的联系,但比例很小。以数学内部本身作为素材的例题,简洁明了,却难以反映数学的实际价值和学生综合应用能力发展。

2. 情境设计

78版教材的情境设计重视渗透德育。如:"解放军叔叔苦练杀敌本领"渗透了爱国主义,"学雷锋小组修凳子"这里的雷锋人物形象富有教育意义,"木工小组做桌子""海风公社女民兵"等情境,富有时代特征。情境设计相对而言比较单一,有背景的例题多与生产生活相关,如:"生产队"和"李村供销社"都与上世纪70年代社会生产紧密相连。此外,也有相当一部分例题以直接呈现无背景的纯整数的运算知识为主,辅之以小棒、简单图形等加以说明,生活性不强。

92版教材的情境设计较之78版丰富一些,同样渗透德育。如:"十一届亚运会获得金牌、银牌和铜牌数量",该情境能够激发学生的民族自豪感。注意联系工农业生产、环境保护、科普知识和日常生活等内容,如:"加、减法的简便运算"例题选取的情境是学生熟悉的学校图书馆。92版教材还涉及"骆驼"和"乌龟"的寿命以及"犀牛"和"老虎"的重量,增强了教材的趣味性,丰富了学生的科学常识。

12版教材的德育情境是丰富多样的。如:在"100以内的不退位减"中,例题选取的情境是2008年北京奥运会,学生了解到我国金牌数位居榜首时,受到了爱国主义教育;在"笔算乘法"单元,教材创设了小组交流的情境,学生的合作能力和探究精神得到了发展,集体主义价值观得到了强化,还获得了成功的数学学习体验;"美术兴趣小组""二年级举行摄影展""亚洲象的每个前肢和后肢分别有脚趾5个和4个"等情境,涉及学生生活的方方面面,体现生态文明意识,加强了数学与其他学科的联系;"退位减法"单元,创设了我国"神舟"七号宇宙飞船发射成功的情境,学生能够直观地感知科技是发展的永恒动力,得到了科学精神教育;在"乘法运算定律"单元,出现了学生一起植树的场面,传递出同学之间团结有爱、互帮互助、劳动光荣以及爱护环境的美好品德,渗透了个人优品质教育。此外,12版教材中还有很多情境设计传递了如尊老爱幼、勤俭节约、礼貌待人等个人优秀品质,在此不一一列举。12版教材内容灵活、富有弹性,学习情境的设计常安排难易程度不同的几个问题,具有启发性和开放性。

3. 插图运用

三版教材正文部分的插图分为装饰性图、表征性图和知识性图三类,插图类型情况见表 3-58。

表 3-58 三版教材整数运算插图类型占比统计表

版本	装饰性图	表征性图	知识性图	合计
78 版	5 (2.73%)	178 (97.27%)	0 (0%)	183
92 版	70 (15.35%)	305 (66.89%)	81 (17.76%)	456
12 版	46 (6.47%)	226 (31.79%)	439 (61.74%)	711

由上表可知,三版教材中插图数量 78 版最少,12 版最多,反映编者越来越重视教材中插图的运用。78 版教材没有出现知识性图,装饰性图也极少,占比 2.73%,主要是表征性图,高达 97%。92 版教材的表征性图也较多,占比 66.89%,装饰性图和知识性图占比接近。12 版教材的知识性图最多,占比 61.74%,说明编者重视以实物图、示意图等来表达数学信息。

78 版教材只有少量色彩单调的卡通插图,没有生活中的实景照片。装饰性图少,以简单易画的表征性图为主。插图基本是美工的简笔画,除了黑白卡通插图之外,例题中有大量的线段图帮助学生理解题意,引导学生分析数量关系,寻求解题方法。

92 版教材改进了排版形式,增加了富有趣味性的插图,色彩鲜明,文字简明易懂,字体适当放大。一、二年级出彩色版,三至六年级出双色版。教材中插图以卡通人物图、卡通动物图、流程图、线段图、方格图为主,其中卡通人物图和动物图使得小学数学教材更受学生的喜爱,流程图、线段图、方格图起到帮助学生理解题意的作用。92 版教材中有一部分卡通人物形象是装饰性的,另一部分起到引导学生思考,提示或揭示数学概念和方法的作用,没有生活中的实景照片。

12 版教材是人民教育出版社首次出版大开本的、全彩色的小学数学教材,对图文结合、数形结合的重视程度远高于其他两版教材,充分体现了图文并茂、色彩鲜艳、精彩纷呈的特点。在整数运算部分,例题插图以卡通人物为主,也有来源于生活中的实景照片,如:在"万以内的加法"中,例题出示了丹顶鹤、麋鹿、狐狸、蜥蜴等四种湿地动物的照片。12 版比其他两版教材增加了知识性图,如:卡通人物的对话框,展示师生一起参与数学课程学习的情境。这些卡通人物除了装饰的作用外,最关键的作用是提出问题,引导学生思考,提示重点知识,唤起学生注意。色彩鲜艳的卡通图片能够调动学生的学习热情,发挥其主观能动性。

三版教材的插图在人物图画的选择上,无论是农民形象还是学生打扮都代表其不同时代的人民形象。在物品的选择上,无论是简单的生活物品还是各类家禽等动物,抑或是信息技术发展下的电器,其都代表当时日常生活、生产中的应用,代表社会的发展特征。[①]

4. 习题安排

78版教材的练习有层次,体现训练过程。每个练习的前一部分安排少量试做题,后一部分进行混合运算的训练。给学生留有的余地随着年级的升高而增大,逐步训练学生的计算速度,提升对知识的综合运用能力。在练习中增加了选做题,以适应学有余力的学生和后进生之间的差异。思考题不要求每个学生都会做,也不作为考试内容。[②] 练习题如"整数的四则运算"部分,在编排时目的明确,采用省时间、收效大的练习形式。

92版和12版教材遵循的理念相似,同样也设置了不同层次水平的练习题,通过逐步提高要求,体现对学生运算的训练过程和因材施教。[③] 一般用"﹡"号标出思考题,学生在选做的时候一目了然,这样的习题设置是为了适应不同水平学生的发展需要。

12版教材习题类型更为丰富,整数的运算在保留了原先几类基本题型如计算题、填空题、判断题、选择题、应用题以及画图题外,还增加了估算题、开放题、实践题和探索题等新题型。12版习题还配合了丰富的插图,色彩鲜明,设置解决问题的场景。练习的安排富有趣味,加强与实际生活的联系,方便学生进行探究性学习,凸显学生的主体地位,体现了由"教本教材"向"学本教材"的教材观转变。

5. 语言表达方式

教材的语言表达方式是指正文部分的概念、规则、问题等的叙述方式以及版面的呈现方式,三版教材的语言表达方式有纯文字、图文结合和文主图辅三种类型,具体情况见表3-59。

---

① 肖萍.20世纪中国小学数学教科书"数与计算"内容演变研究[D].赣南师范学院,2015.
② 李润泉,夏有霖,曹飞羽.新编全日制十年制学校小学数学教材介绍[J].小学教学研究,1980(2):42-50.
③ 曹飞羽,李润泉,张卫国.义务教育小学数学教材介绍[J].课程·教材·教法,1992(11):23-26,10.

表3-59　三版教材整数运算语言表达方式占比统计表

版本	纯文字	图文结合	文主图辅	总计
78版	187（50.54%）	179（48.38%）	4（1.08%）	370
92版	563（58.34%）	296（30.67%）	106（10.99%）	965
12版	125（33.51%）	225（60.32%）	23（6.17%）	373

三版教材中文主图辅的形式占比都是最少的。78版教材中整数运算正文部分纯文字符号和图文结合两种类型大致各占一半,语言表达简洁,缺乏多样性,没有对话的形式,吸引力不够,不太适合学生阅读;92版以纯文字为主,图文结合次之,在正文中开始适当运用对话的形式以增强数学学习的参与性,相比于78版教材,语言表达形式更加丰富;12版在正文的呈现上以图文结合为主,纯文字次之,例题基本上图文并茂,在创设情境的基础上配以主题图或插图来帮助学生理解题意,在例题后面的"做一做"中,以纯文字的表达居多,贴合小学生的生活实际,增强了学习的互动性。三版教材的语句多以陈述句和疑问句表达,句子的结构比较简单,还穿插了部分反问句和祈使句,12版教材的例题中出现了大量的对话,加强了文本的情境性和活动性,促进学生的参与和积极思维。

(四)整数运算研究结论

1. 栏目设置由单一简洁转向多样丰富

教材的体例栏目不断丰富。78版教材栏目依照"例题—练习—单元复习题"的顺序设置内容;92版教材栏目的主线比78版丰富一些,一般在例题前会呈现复习题,主要是复习旧知,为新知识的学习做准备;12版单元内主要栏目设置与92版总体相似,单元内其他栏目比92版多了"成长小档案",由浅入深地对所学习知识加以巩固。在单元内的其他栏目中,每一版较上一版都有所增加,例如92版比78版增加了"你知道吗?""思考题"和"数学游戏"栏目,12版比92版增加了"成长小档案(说一说)"。92版和12版增加的栏目从名称来看,注重数学思考,发展学生的推理能力和逻辑思维能力。三版教材单元末栏目都是对本单元进行巩固复习,栏目名称的变更体现了学生在学习时对知识进行先梳理总结再复习内化的一个过程。由此可见,三版教材的栏目从最初单一简洁到如今多样丰富,栏目的设置在未来还将会不断优化。

2. 内容设计各具风格，教材难度不断加大

改革开放 40 多年来，整数运算教材难度上升了 32.82%，因为整数的运算在小学教材中比重较大，一定程度上反映了人教版教材难度的发展趋势。三版教材在内容设计上各有风格：在内容广度上，92 版知识点数最多，而 12 版可比内容广度最大，78 版可比内容广度最小；在内容深度上，78 版可比内容深度高于另外两版，三版教材变化不大。认知要求集中在掌握水平，内容表述所反映的思维特征集中在直观描述和归纳类比水平，说明教材重视学生对知识的掌握，整数的运算与生活密切相连，学生应当能够熟练运用该知识解决实际生活中的问题。12 版的生活情境更多，这与课标中提出的"结合具体情境"相吻合；在习题难度上，12 版可比习题难度最大，三版教材习题难度呈增大趋势，以无背景为主，科学实验背景最少，应该适当减少无背景的题目，多将其他学科的知识以及生活中的数学问题融入教材；在内容比重上，78 版教材所用课时占比与内容页数占比相当，教学内容设计与课时安排匹配度适当，有助于学生在学习整数运算内容时能够及时消化。92 版和 12 版教材整数运算所用课时占比明显低于内容页数占比，这会增加该内容的学习难度。

3. 素材选取类型较少，其他学科来源不足

三版教材的素材选取集中在"数学内部本身"和"数学与生活"上。在"与其他学科相关"的素材上，三者都占比极小。12 版加强了数学与科学、社会的联系，但比例仍然较低。与生命科学有关的知识占了数学与其他学科类型的主要部分，通常以植物或动物的生命特征和生活习性呈现在教材中。教材中一些数学文化的展现与小学生天性爱玩，喜欢动物和大自然等心理特点相吻合，但对物理和化学等物质科学接触较少，这部分内容在小学数学教材中极少出现。教材应根据学生的认识规律打破传统的学科限制，克服数学课程封闭、孤立、僵化、凝固等缺陷，增强与其他学科联系，挖掘可以利用的自然资源、社会现象和人文遗产，彼此开放，相互作用，促使学生形成系统的思维能力。

4. 插图运用与时俱进，语言表达图文并茂

小学数学教材中插图数量不断增加。78 版和 92 版教材都以表征性图为主，12 版教材以知识性图为主。78 版教材只有少量卡通插图，用双色印刷，突出基本知识和重点内容，以增强学习效果。[①] 92 版教材不仅在装饰性图的占比上

---

① 曹飞羽，李润泉，张卫国.小学数学教材简介[J].课程·教材·教法，1989(12)：7-10.

远高于78版,还突破了78版教材没有知识性图的局限。92版教材以表征性的示意图居多,配有一些简单的数量关系图,如线段图来揭示题目中数量之间的联系,引导学生找到解题的方法。92版教材大量使用了装饰性插图,有增强教材的结构性之效。12版教材装饰性插图占比下降了10%左右,但也存在为提示语设置的彩色底纹占据了教材页面过多的问题。12版教材在例题的编排中穿插了大量生动形象、与学生日常生活密切联系的情境图片,比其他两版教材增加了知识性图。三版教材在句式的表述上主要采用疑问句和陈述句,句子结构简单。78版和92版教材对话式的语句较少,12版教材辅以反问句和祈使句,有助于启发学生对文本内容的理解。总之,三版教材的插图运用和语言表达方式从最初单一重纯文字叙述到配有生动形象的插图,再到如今图文并茂、注重情境的转变,更加适合学生阅读和理解教材,增加了教材文本的功能。

5.情境设计渗透德育,贴合学生日常生活

三版教材中的情境设计都考虑到学生的特点,选取学生熟悉的生活情境。78版教材在情境设计中重视渗透德育,具体表现在以下两个方面:一是加强数学与生活的联系,让学生感受到数学在日常生活和生产建设中不可替代的作用,受到学习目的性教育。二是通过编入一些具有教育价值的数据和统计材料,让学生受到爱祖国、爱社会主义思想的熏陶,养成勤俭节约的好习惯。92版教材的情境设计相较于78版教材更加丰富,涉及学生衣、食、住、行的方方面面,将思想品德教育渗透在各年级的情境设计之中。为了让学生了解我国国情,激发他们对祖国以及社会主义的热爱,教材选用了大量有关社会主义建设成绩的数据和统计材料。12版教材情境是丰富多彩的,遵循生活性原则和活动性原则,教材富有趣味性、可读性。德育内容渗透在教材的各个方面,主要涵盖五大德育因素,分别是爱国主义、集体主义、生态文明意识、科学精神以及其他个人优良品质。三版教材都重视将德育渗透在情境设计中,是值得借鉴的。

五、分数运算内容研究[①]

分数作为数系的扩充是基于整数知识的。从学科知识体系来说,分数运算是整数运算和小数运算之间的纽带,也是初中阶段扩展到有理数的基础。分数运算的重点在于:理解算理,掌握算法,正确计算,进一步培养分析、比较、抽象、概括、归纳、类推的能力;难点在于:能用分数加、减、乘、除法解决简单的实际问

---

① 黄苏丹撰写初稿.

题,发展初步的合情推理和演绎推理能力。

分数运算教材内容渗透着数形结合、转化和类比等数学思想。分数运算包括分数的加、减、乘、除四则运算,其中分数加法和减法是数学运算的重要基础,能否掌握分数加、减法的计算方法是评价学生是否拥有良好的运算能力、拥有良好数感的一项重要指标;分数乘法是在学生掌握整数乘法、分数的意义和性质及分数加减法计算法则的基础上编排的,也是后期学习分数除法和百分数的重要基础;分数除法是在学生已经掌握了分数乘法、整数除法及解方程等知识的基础上编排的,通过学习该知识,学生较系统地掌握了分数四则运算和解决相关实际问题的方法,加深了对分数乘除法关系的理解,体会数学知识方法的内在联系,同时也为学习比和比例、百分数打下坚实的基础。

(一) 分数运算结构体系

1. 单元设置

掌握三版教材关于分数运算内容的单元设置情况,可以方便比较出不同版本教材内容的侧重点,也有助于后期梳理不同版本教材所含知识点及其分布,三版教材分数运算内容的单元设置情况汇总如下表 3-60。

表 3-60 三版教材分数运算内容单元设置情况汇总表

教材版本	内容分布	单元名称	单元总数
78版	三年级(第一学期)	五、分数的初步认识	5
	四年级(第一学期)	五、分数的加法和减法	
	五年级(第一学期)	一、分数乘法	
		二、分数除法	
		三、分数、小数四则混合运算和应用题	
92版	三年级(第一学期)	六、分数的初步认识	5
	五年级(第二学期)	五、分数的加法和减法	
	六年级(第一学期)	一、分数乘法	
		二、分数除法	
		三、分数、小数四则混合运算和应用题	

(续表)

教材版本	内容分布	单元名称	单元总数
12版	三年级(第一学期)	八、分数的初步认识	4
	五年级(第二学期)	六、分数的加法和减法	
	六年级(第一学期)	一、分数乘法	
	六年级(第一学期)	三、分数除法	

比较发现三版教材分数运算内容相应单元设置情况异同之处如下：

(1) 相同点

一方面,三版教材均在三年级第一学期"分数的初步认识"这一单元中首次出现分数运算相关内容,主要是"简单的同分母分数加减法",这是学生在对分数的意义具备一定的理性认识后,对分数加减法产生感性认识的起点,其主要目的是为了帮助学生加深对分数意义的理解。

另一方面,三版教材都将分数的加法和减法合并在一个单元进行教学,而将分数乘法和分数除法分别编排在两个单元。这是由分数四则运算中的算理特点决定的,分数加法和减法的算法一致,在同一单元教学不至于导致重点过多或难点集中,并且有助于学生把握二者间的紧密联系;学习分数乘法是学生掌握分数除法运算法则的前提,在学习分数除法运算时,学生必须先利用转化的思想将分数除法转化成分数乘法,因此分成两个单元编排有利于帮助学生明确乘除法之间的联系,掌握各自算法的特点,同时也分散了教学难点。

(2) 不同点

一方面,分数运算内容的单元设置所处年级有差异。78版教材在四、五年级安排分数加减法、分数乘除法及分数、小数四则混合运算与应用题教学;而92版与12版教材在五、六年级安排分数加减法、分数乘除法与分数、小数混合运算教学。这是由于前者是小学五年制教材,而后两者是小学六年制教材,对应的课程时间、课程广度等也都存在变化。

另一方面,分数运算相关内容的单元数量不同。从表中可以明显看到,12版教材比前两版教材少了一个"分数、小数混合运算与应用题"单元,而是将这一单元相关内容改编穿插在分数加减法、分数乘法和分数除法三个单元中,从而减少了分数运算内容所占的单元数。

2. 具体栏目安排

三版教材具体栏目安排见下表3-61。

表 3-61　三版教材分数运算内容具体栏目安排表

教材版本	单元主要栏目	单元拓展栏目	单元末栏目
78 版	例题	思考题	复习
	练习		
92 版	课前复习	思考题	整理与复习
	例题		
	做一做		
	练习		
12 版	例题	阅读与理解、分析与解答、回顾与反思 你知道吗? 思考题	整理和复习 成长小档案
	做一做		
	练习		

比较发现三版教材分数运算内容具体栏目安排异同之处如下：

(1) 相同点

在具体栏目安排上，三版教材都注重例题、练习题、思考题和复习题在教材中起的重要作用；另外，在 78 版教材的栏目基础上，92 版和 12 版教材又有所丰富，都增设"做一做"栏目，用于帮助学生即时模仿或变换方式展现例题中的解题方法与思路。

(2) 不同点

一方面，92 版教材创新性地把每一单元后面的"复习"改为"整理和复习"。该版教材的编者张卫国指出，这是为了使学生学习了一部分知识后能够更好地得到巩固，使所学知识系统化，先整理本单元所学的知识，使学生对所学的知识有整体的和概括性的认识。① 另外，该版教材中独有的"课前复习"栏目，呈现在例题之前，帮助学生在学习新知前建立起与旧知沟通的桥梁。

另一方面，12 版教材分数运算涉及的栏目最为丰富。增设了"你知道吗?"栏目，属于在习题后呈现的阅读性材料，引经据典，用于拓宽学生的数学视野，帮助建立数学学科与其他学科知识的联系；还增设"成长小档案"栏目，用以引导学生回顾本单元知识，帮助学生养成良好的复习与总结习惯，便于巩固新知。

3. 内容分布

三版教材分数运算相关内容分布见下图 3-1、图 3-2、图 3-3。

---

① 张卫国.加强基础知识 注重能力培养——义务教育小学数学教材介绍[J].人民教育,1993(Z1)：28-31.

图 3-1　78 版教材分数运算内容分布

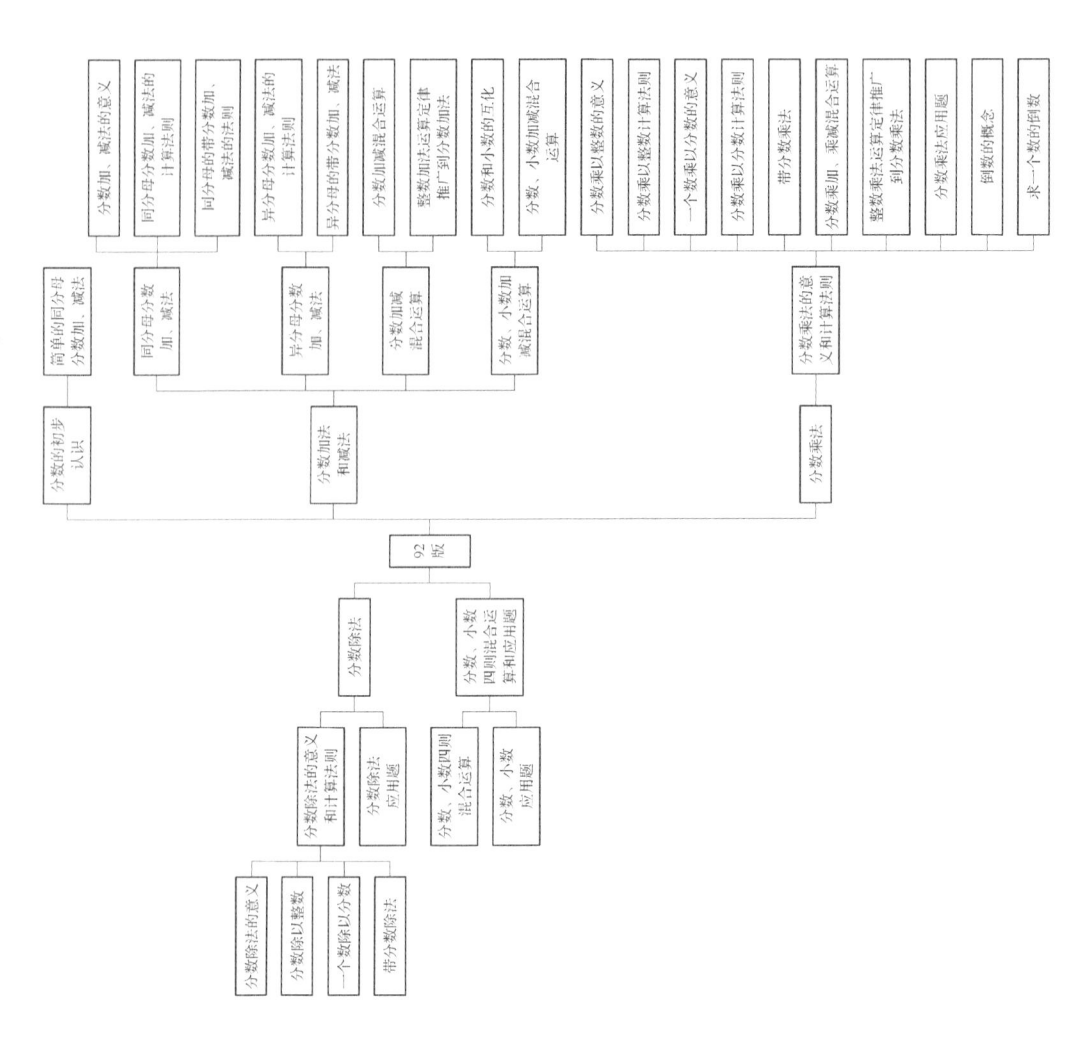

图 3-2　92 版教材分数运算内容分布

108

分数的初步认识
- 分数的简单计算

分数加减法
- 同分母分数加、减法
  - 同分母分数加法
  - 同分母分数减法
- 异分母分数加、减法
  - 异分母分数加法
  - 异分母分数减法
- 分数加减混合运算
  - 分数加减混合运算
  - 运算规律的推广
  - 解决问题

分数乘法
- 分数乘法
  - 分数乘整数、分数乘分数
  - 分数四则混合运算
  - 整数乘法运算定律推广到分数
- 问题解决
  - 连续求一个数的几分之几是多少的问题
  - 稍复杂的求一个数的几分之几是多少的问题

12版

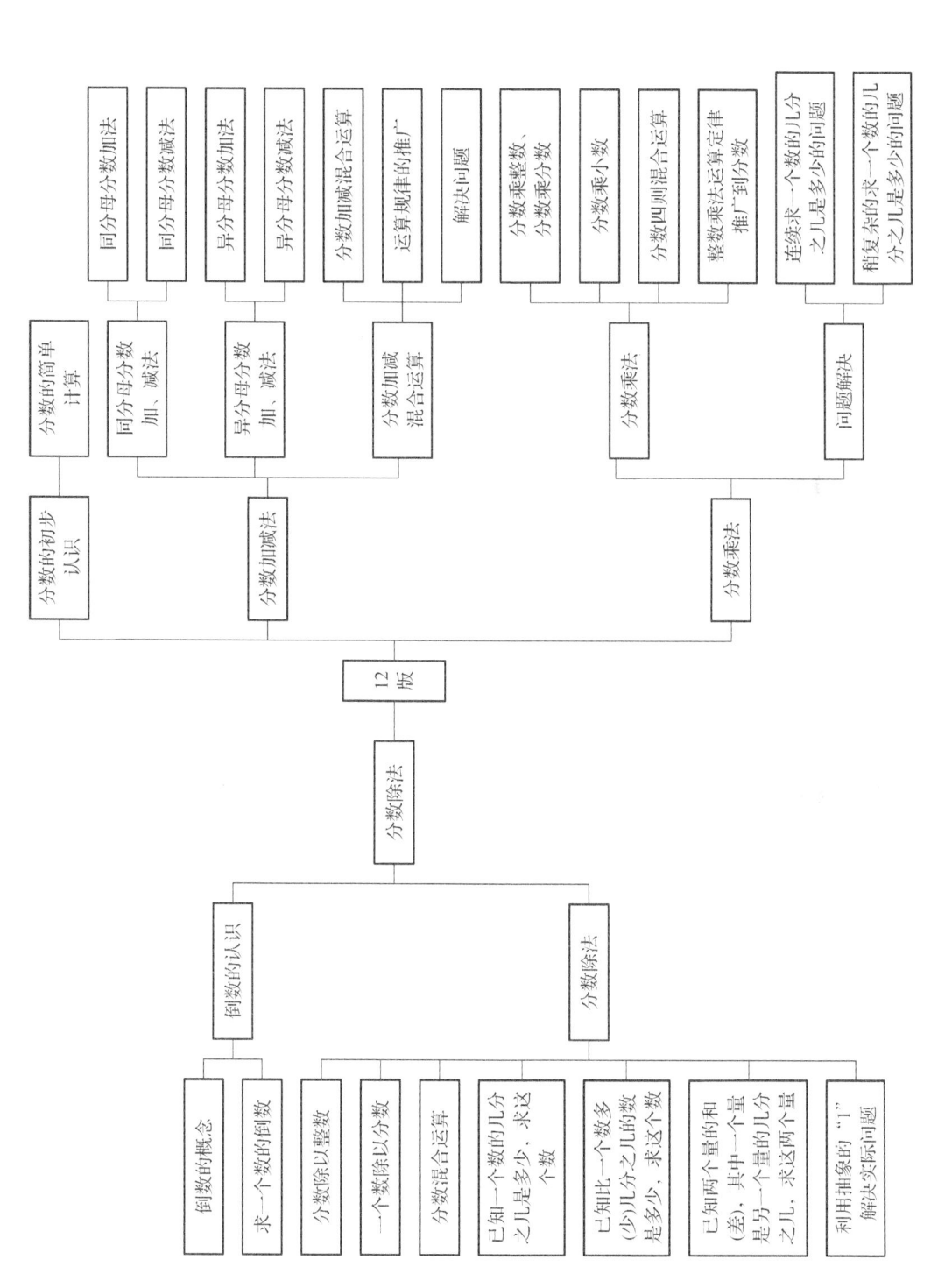

分数除法
- 倒数的认识
  - 倒数的概念
  - 求一个数的倒数
- 分数除法
  - 分数除以整数
  - 一个数除以分数
  - 分数混合运算
  - 已知一个数的几分之几是多少，求这个数
  - 已知比一个数多（少）几分之几的数是多少，求这个数
  - 已知两个量的和（差），其中一个量是另一个量的几分之几，求这两个量
  - 利用抽象的"1"解决实际问题

图3-3　12版教材分数运算内容分布

对比三版教材的内容分布结构图可以发现以下特点：

(1) 教材内容均呈现"螺旋式上升"的分布结构

这一特点得益于78版教材在编写之时奠定下的基调，该版教材的编写人员李润泉、夏有霖和曹飞羽在教材编写介绍中提道："教材内容的每个阶段各有重点，循序渐进，螺旋上升，又如小数、分数的概念比较难理解，过于集中讲授，不易为学生掌握，为了使学生切实学好这部分内容，教材把这两部分内容各划分成两个阶段进行教学。"[①]因此在分数运算的内容分布上，第一阶段以直观、浅显为主，让学生对分数运算有一些初步的感性认识，第二阶段再比较系统地教学运算法则，便于学生接受。随着教材版本的更新，"螺旋上升"式的内容分布得以延续，同时教材内容的增删也带来了结构的部分变化。

(2) 12版调整了分数、小数混合运算的内容分布

在单元设置的分析中，12版教材删去了"分数、小数四则混合运算和应用题"这一独立单元，将其相关知识点进行拆分后融入其他单元进行教学。如将"分数乘小数"编排进"分数乘法"单元，与12版教材配套使用的《义务教育教科书教师教学用书》中提道：实验教材在"分数乘法"单元的例题和练习题中均未编排小数与分数相乘的计算，修订后加强了小数与分数相乘的内容，倡导算法多样化，根据分数和小数的特点，灵活选择合适的算法。[②]又如将"分数混合运算"编排进"分数乘法"和"分数除法"两个单元，为学生探究"把整数乘法运算定律推广到分数乘法"和"把整数除法运算性质推广到分数除法"奠定基础。

4. 教材内容逻辑联系

分析分数运算教材内容的逻辑联系有助于厘清教材编排的结构，为优化结构体系提供思路。研究发现，三版教材分数运算内容编排均遵循一定逻辑结构：

第一，从分数的加减法的教学开始，再到分数的乘除法教学，最后步入分数混合运算的教学，其与整数运算、小数运算的教学顺序大致相同。

第二，在三年级结合"分数的初步认识"安排简单同分母分数加减法的教学，帮助学生在认识分数的基础上进行简单的分数运算，加深对分数概念的理解。

第三，在分数加减法内容中先学习同分母分数加减法，理解相同单位的分数才能直接相加、减，为异分母分数加、减法的学习搭建好阶梯；然后学习异分母分

[①] 李润泉,夏有霖,曹飞羽.新编全日制十年制学校小学数学教材介绍[J].小学教学研究,1980(2): 42-50.

[②] 人民教育出版社课程教材研究所.义务教育教科书教师教学用书·数学(六年级上册)[M].北京:人民教育出版社,2019:11.

数加、减法,使学生形成基本的加减运算能力;最后将整数加法运算定律推广到分数,进一步理解运算定律,培养计算的灵活性。

第四,在分数乘、除法内容中先教学分数乘法,再利用倒数的相关知识教学分数除法。由于分数除法的基本方法为"除以一个不等于0的数,等于乘这个数的倒数",因此认识倒数的概念以及熟练地求出一个非0数的倒数,是学习分数除法的重要基础,先教学倒数的认识,为后面学习分数除法扫清障碍。

第五,将分数与小数混合运算编排进教材中,倡导算法的多样化,要求学生根据分数和小数的数据特点,灵活选择合适的算法,通过比较,感悟简便计算的方法,提高运算能力。

（二）分数运算内容设计

1. 内容广度

（1）三版教材分数的运算知识点梳理

知识点数与其并集中知识点数之比构成了教材的内容广度,由于例题是学生获得知识和技能的载体,因此从例题入手,可以发现知识主题下的有关知识点。

本文将三版教材分数运算知识点交集与并集以维恩图形式梳理如下图3-4。

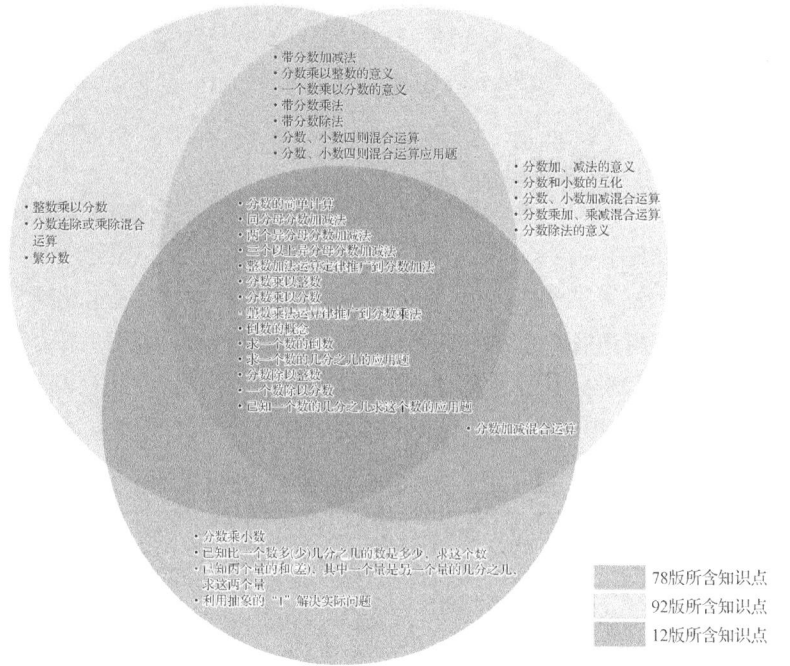

图3-4 人教社三版小学数学教材分数运算知识点梳理

经统计,三版教材分数的运算知识主题所含知识点及并集中知识点个数情况汇总如下表3-62。

表3-62 三版教材分数运算内容所含知识点情况汇总表

教材版本	例题数	知识点数	并集中知识点数
78版	54	24	34
92版	67	27	
12版	27	19	

三版教材知识点个数的差异,以及内容广度间存在的差异,与教材对应的教学大纲或课程标准的要求有关。三版教材相应的教学大纲或课程标准分别于1978年、1992年、2011年颁布。梳理其中对分数运算教材内容的相应要求发现存在如下异同:

相同之处在于,总体来看三版教材对分数运算内容的要求大致都指向简单同分母分数加减法,分数的加、减、乘、除运算及混合运算和分数应用题三大方面。

但也存在一些差异,如92版教材相应教学大纲要求最为细化,不仅要求学生熟练计算,还要求对相应算理予以掌握,其对"口算"的要求拓宽了发展学生运算能力的维度,这些使得其知识点数量最高;12版教材相应课程标准中将分数运算中涉及"带分数"和"分数、小数四则混合运算"的知识点删去,因此其囊括的知识点数最少。

(2) 三版教材分数运算内容广度比较

由上表3-62可知,三版教材分数运算知识主题下所含知识点的并集中有$n=34$个知识点,其中$n_1=24, n_2=27, n_3=19$。这样,内容广度分别是$n_1 \div n = 24 \div 34 = 0.705\,9, n_2 \div n = 27 \div 34 = 0.794\,1, n_3 \div n = 19 \div 34 = 0.558\,8$。

另外,三版教材内容广度的比较还涉及一个重要因素,即课时系数。

经统计,三版教材中分数运算主题内容的教材页数及其占整套教材的百分比与该知识主题所用课时数及其占小学总课时数的百分比见下表3-63。

表3-63 三版教材分数运算总体情况统计表

教材版本	开本	整套总页数	主题页数	主题占整套页数百分比%	小学总课时	主题课时	主题课时占小学总课时百分比%
78版	32开	1 120	76	6.79%	1 168	81	6.93%

(续表)

教材版本	开本	整套总页数	主题页数	主题占整套页数百分比%	小学总课时	主题课时	主题课时占小学总课时百分比%
92版	大32开	1 682	147	8.74%	986	72	7.30%
12版	16开	1 359	55	4.05%	952	32	3.36%

由表 3-63 得出三版教材分数运算内容的课时系数分别为 $\beta_1=T_1\div T=81\div 81=1.000\ 0$，$\beta_2=T_2\div T=72\div 81=0.888\ 9$，$\beta_3=T_3\div T=32\div 81=0.395\ 1$，利用已知的内容广度分别除以课时系数，得到可比内容广度分别是 $G_1=0.705\ 9\div 1.000\ 0=0.705\ 9$，$G_2=0.794\ 1\div 0.888\ 9=0.893\ 4$，$G_3=0.558\ 8\div 0.395\ 1=1.414\ 3$。因此，比较之下，可比内容广度最大的为 12 版教材，92 版教材次之，78 版教材最小。虽然 12 版的内容广度在三版教材中是最小的，但其主题课时数的骤减导致其可比内容广度转而跃居第一；78 版教材内容广度与 92 版相差较小，但其主题课时数安排高出另两版教材较多，导致其可比内容广度最小。

2. 内容深度

内容深度是指教材内容所要求的思维深度。主要针对教材中正文部分的概念、方法、规则，包括例题以及配合新知识教学的"想一想""做一做""说一说"等（不含阅读材料）。研究表明，教材的内容深度主要受内容的"认知要求"和"内容表述"的影响。

（1）"认知要求"水平的比较

给每个知识点对照"认知要求"水平划分标准分别赋值，可以得到三版教材分数运算内容正文部分的"认知要求"四级水平占比见表 3-64。

表 3-64 内容深度中"认知要求"各水平占比统计表

教材版本	了解（模仿）	理解（认识）	掌握（应用）	综合应用
78版	4.17%	16.67%	45.83%	20.83%
92版	3.70%	37.04%	37.04%	22.22%
12版	4.17%	4.17%	70.83%	20.83%

从上表可知，三版教材"认知要求"的水平都以"掌握"为主，对"综合应用"的要求水平也较高，这主要是因为涉及"分数、小数四则混合运算应用题"的知识点

较多，对学生的要求也较高。

不同的是，92版教材相关内容对"理解"水平的要求较高，与"掌握"水平的占比持平，"人民教育出版社数学室小学组"即该版教材的主编人员在对教材的介绍中提到，根据义务教育性质，考虑到全国各地的经济、教育发展不平衡，适合大面积使用及一般小学生的接受能力，对部分内容和要求适当加以调整：一是减少部分内容和降低共同要求，整数、小数、分数混合运算以二、三步的为主，一般不超过四步，分数和简便运算的数目适当小一些，便于口算；分数、百分数应用题以一、二步计算的为主，有少量三步计算的，也注意联系实际而且是比较容易分析推理的。[①] 因此，在认知要求上，92版教材以"理解"和"掌握"为主。

（2）"内容表述"水平的比较

这里将"内容表述"划分为直观描述、归纳类比、演绎推理、探究开放四级水平；给每个知识点对照水平划分标准分别赋值，可以得到三版教材分数运算内容正文部分的"内容表述"四级水平占比见表3-65。

表3-65 内容深度中"内容表述"各水平占比统计表

教材版本	直观描述	归纳类比	演绎推理	探究开放
78版	45.83%	45.83%	8.33%	0%
92版	25.93%	59.26%	14.81%	0%
12版	45.83%	54.17%	0%	0%

首先，从表3-65可以看出，三版教材分数运算内容的"内容表述"均以"直观描述"和"归纳类比"为主，且"归纳类比"的占比最大。这主要体现在分数加法和减法教材内容的最后，将整数加法运算定律推广到分数加法，通过类比指明：整数加法的交换律、结合律，在分数运算中同样适用；又如在分数乘法教材内容的最后，将整数乘法运算律推广到分数乘法，通过类比指明：整数乘法的交换律、结合律、分配律，对于分数乘法也是适用的。将整数与分数运算定律进行类比，有效帮助学生理解应用这些运算定律可以使一些分数运算更简便，缩短问题解决时间的同时也有利于提高答题正确率。

其次，78版和12版教材分数运算内容在"直观描述"水平上的占比较高，都为45.83%，92版教材分数运算内容在该水平上的占比仅为25.93%。直观描述对于小学阶段中高年级的学生来说，是较为低层次要求的呈现方式，是不涉及归

---

① 曹飞羽，李润泉，张卫国. 义务教育小学数学教材介绍[J]. 课程·教材·教法，1992(11)：23-26,10.

纳、推理及探究的简单呈现,过多的直观描述呈现不利于学生数学思维能力的锻炼,在这一点上,现行的 12 版教材需引起重视,且相比其他两版教材,12 版教材还缺少"演绎推理"水平的知识呈现。

最后,三版教材分数运算内容在"探究开放"水平上的呈现均为 0%。"探究开放"水平作为呈现方式的最高层次要求,综合考量了学生的探究发现、合情推理、交流讨论、小组合作等多方面的能力,有时还需借助实物或实际操作来打开探究思路;通过解决该水平的问题,有利于培养学生的创新能力和发散性思维。在这一水平上,三版教材分数的运算内容都未予以加强。

(3) 内容深度的比较

根据以上所得数据,运用"认知要求""内容表述"的等级计算公式,可以获得它们的平均等级,均衡考虑"认知要求""内容表述"这两个影响因素,可以得到三版教材该知识主题的可比内容深度见表 3-66。

表 3-66 三版教材分数运算内容深度统计表

教材版本	认知要求平均等级 (S_{i1})	内容表述平均等级 (S_{i2})	平均内容深度	可比内容深度(S_i)
78 版	2.958 3	1.625 0	2.291 7	0.572 9
92 版	2.777 8	1.888 9	2.333 4	0.583 4
12 版	3.083 3	1.541 7	2.312 5	0.578 1

78 版和 92 版教材在认知要求平均等级上均处于 2 到 3 之间,这说明二者的认识要求深度集中在"理解"和"掌握"水平;12 版教材在认知要求平均等级上略高于 3,说明其对"掌握"水平的要求较重视;三版教材在"内容表述"平均等级均集中在 1 到 2 之间,说明总体内容表述趋于"直观描述"和"归纳类比"。

因教材可比内容深度取决于上述两个因素,并按同等权重进行计算,92 版教材的可比内容深度最高,而 78 版教材为最低。表明分数运算内容深度在改革开放之初定位较低,这是缘于在教材编写特点的定位上,编者们将其描述为"加强基础知识的教学"[①];实施义务教育后,可比内容深度有所提升,因为 92 版教材编写特意注重了少数内容的适当加强,如为了扩大用方程解整、小数应用题的

---

① 李润泉,夏有霖,曹飞羽.新编全日制十年制学校小学数学教材介绍[J].小学教学研究,1980(2):42-50.

范围,加强用方程解分数应用题等。[①]

3. 习题难度

习题难度表现在对学生解答习题时所要求的思维难易程度。根据主因素分析和相关因素的融合,并参照相关专家意见,本文从"认知要求""习题背景"两方面进行刻画,并以"认知要求"略高于"习题背景"的权重进行量化。

(1)"认知要求"水平的比较

通过三版教材分数运算习题数量统计,依据量化研究设计从"认知要求"这一方面进行刻画,并给每个习题对照水平划分标准分别赋值,可以得到三版教材分数运算习题中"认知要求"四级水平的占比见表3-67。

表3-67 习题难度中"认知要求"各水平占比统计表

教材版本	题数	了解(模仿)	理解(认识)	掌握(应用)	综合应用
78版	277	27.08%	12.27%	58.48%	2.17%
92版	557	8.80%	18.31%	58.17%	14.72%
12版	169	21.30%	21.30%	49.70%	7.69%

由表3-67可见,92版教材的习题量明显多于另外两版教材,其题量是78版教材的约两倍,是12版教材的约三倍。

三版教材习题中"掌握"水平的占比均最大;78版和12版教材"综合应用"的水平占比较少,说明不太重视针对学生复杂推理与思维活动的训练;92版教材中"了解"水平的占比最少,说明教材忽视记忆、模仿水平习题的编制。

(2)"习题背景"水平的比较

依据量化研究设计从"习题背景"这一方面进行刻画,并给每个习题对照水平划分标准分别赋值,可以得到三版教材分数运算习题中"习题背景"四级水平的占比见表3-68。

表3-68 习题难度中"习题背景"各水平占比统计表

教材版本	题数	无背景	个人生活背景	公共生活背景	科学实验背景
78版	277	42.96%	52.71%	4.33%	0%

[①] 曹飞羽,李润泉,张卫国.义务教育小学数学教材介绍[J].课程·教材·教法,1992(11):23-26,10.

(续表)

教材版本	题数	无背景	个人生活背景	公共生活背景	科学实验背景
92版	557	53.86%	43.09%	3.05%	0%
12版	169	48.52%	33.14%	18.34%	0%

由表3-68可见，三版教材对无背景、个人生活背景和公共生活背景的题材均有涉及，其中以无背景和个人生活背景题材为主；涉及公共生活背景的习题在78版和92版教材中的占比都极少，但在12版教材中该水平已经有明显的提高；三版教材科学实验背景的习题占比均为0%，在大力提倡数学与其他学科相结合的时代背景下，这方面内容应予以加强。

(3) 习题难度的比较

经计算，可以得到三版教材分数运算习题难度中"认知要求""习题背景"的平均等级，再按照"认知要求""习题背景"相应的权重进行加权平均，即可得到平均习题难度和可比习题难度，见表3-69。

表3-69 三版教材分数运算习题难度统计表

教材版本	认知要求平均等级 (X_{i1})	习题背景平均等级 (X_{i2})	平均习题难度 $\left(\frac{3}{5}X_{i1}+\frac{2}{5}X_{i2}\right)$	可比习题难度 $\left(\frac{3}{5}X_{i1}+\frac{2}{5}X_{i2}\right)\div 4$
78版	2.357 4	1.613 7	2.059 9	0.515 0
92版	2.788 2	1.491 9	2.269 7	0.567 4
12版	2.437 9	1.698 2	2.142 0	0.535 5

经统计，可比习题难度以92版教材为最高，12版教材次之，78版教材最低。

92版教材可比习题难度最高的原因，在于其"认知要求"等级处于较高水平，该版教材的思考题和"＊"号题较多。张卫国在对92版教材的介绍中提道："练习题分成不同的层次，逐步提高要求，体现训练过程和因材施教。整个练习的前半部分加强了单项和变式练习；后半部分为混合题、对比题和综合运用知识的题目；新增加了星号题，供学有余力的学生选做；思考题的数量也比现行教材有所增加。"[1]在这样的变动下，92版教材的习题难度随之增加。

78版教材可比习题难度最低的主要原因在于其"认知要求"上的"了解"水

---

[1] 张卫国.加强基础知识 注重能力培养——义务教育小学数学教材介绍[J].人民教育，1993(Z1)：28-31.

平占比相对较大,该版教材编者李润泉、夏有霹和曹飞羽在《新编全日制十年制学校小学数学教材介绍》中指出:"分数四则计算中所出现的分数,分母一般都不太大,有些繁难的应用题在讲过方程之后用方程来解可以化难为易,因此,作一删减。"①因此,78版教材的习题难度较低。

4. 教材难度

教材难度是指教材文本内容的总体难度,它有赖于内容广度、内容深度和习题难度,考虑小学数学学科的特点,依据教材分数运算主题的可比内容广度、可比内容深度、可比习题难度刻画教材的静态难度,采用权重分别为 0.2、0.5、0.3 进行计算。

经计算,三版教材的教材难度见下表 3-70。

表 3-70 三版教材分数运算综合难度统计表

教材版本	课时系数 (β_i)	可比内容广度 (G_i)	可比内容深度 (S_i)	可比习题难度 (X_i)	教材难度 (N_i)
78 版	$\frac{81}{81}=1.0000$	0.705 9	0.572 9	0.515 0	0.582 1
92 版	$\frac{72}{81}=0.8889$	0.893 4	0.583 4	0.567 4	0.640 6
12 版	$\frac{32}{81}=0.3951$	1.414 3	0.578 1	0.535 5	0.732 6

由上表可见,三版教材分数运算综合难度 40 年来呈现逐步上升趋势。

曹飞羽、李润泉在《四十年来小学数学通用教材的改革》中指出:1966 年至 1976 年十年动乱期间,小学算术通用教材停用,改由各地编写课本。由于"四人帮"的干扰破坏和"左"的影响,小学算术基础知识和基本技能被削弱,教学质量严重下降。② 因此之后首版全国统一编写的教材以加强学生基础知识和基本技能为主,综合难度偏低。随着基础教育的发展,基础知识与技能要求的提高,教材综合难度逐步提升。92 版教材相对于 78 版教材综合难度上升幅度较小,为 10.05%;12 版教材相对于 92 版教材综合难度上升了 14.36%,增幅有所提升;这

---

① 李润泉,夏有霹,曹飞羽.新编全日制十年制学校小学数学教材介绍[J].小学教学研究,1980(2):42-50.
② 曹飞羽,李润泉.四十年来小学数学通用教材的改革[J].课程·教材·教法,1989(10):1-8.

样,12 版教材相对于 78 版教材综合难度提高了 25.85%,增幅较为明显。

12 版教材在可比内容深度和可比习题难度两个维度数值大小都处于中间位置,造成其教材综合难度增幅如此显著的关键在于其可比内容广度远高于另两版教材,而其中主导的因素则是课时系数的变化。在统计出的主题课时数上,92 版教材是 12 版的 2.25 倍,78 版教材是 12 版的约 2.53 倍,12 版主题课时数的骤减最终导致教材综合难度的大幅提高,教材难度的逐步提升是社会不断发展的体现,然而难度攀升幅度的科学性问题却亟待考量。

(三) 分数运算呈现方式

教材的呈现方式主要指教材中数学知识结构的外部表征,包括素材选取、情境设计、插图运用、习题安排、语言表达方式、内容呈现反映的思维特征等。

1. 素材选取

素材是数学学习内容的载体,是数学本质的外在表现,经过数学化处理可以揭示其所反映的数学概念、思想方法、基本原理和规律。素材选取包括:数学内部本身、数学与生活、数学与其他学科联系的不同类型,以及是否适合学生的心理特征,三版教材分数运算正文部分即例题的素材选取在不同类型上的占比见下表 3-71。

表 3-71 呈现方式中的素材选取各类型占比统计表

教材版本	例题数	数学内部本身	数学与生活	数学与其他学科
78 版	54	64.81%	35.19%	0%
92 版	67	52.24%	47.76%	0%
12 版	27	18.52%	81.48%	0%

由上表可见:

一方面,三版教材的素材选取集中在"数学内部本身"和"数学与生活"两个类型上。以数学内部本身作为素材的例题,具有简洁而直接的特点,但相对于生活素材类型的例题而言,较难激发学生的数学学习兴趣。

三个版本教材对于生活素材例题的重视程度是逐步攀升的。在 12 版教材中,"数学与生活"类型素材选取占比已经达到了 81.48%,相较于 92 版教材相应类型占比增幅达 70.6%,相较于 78 版教材相应类型占比增幅达 131.54%。12 版教材相应课程标准中对教材编写的建议中明确指出:素材的选用应当充分考虑学生的认知水平和活动经验,这些素材应当在反映数学本质的前提下尽可能地贴近学生的现实,以利于他们经历从现实情境中抽象出数学知识与方法的过程。① 注重选取生活素材,强调与学生的现实生活经验联系,有利于学生形成数学与生活实际相联系的意识与习惯,体现了强调培养学生数学应用意识与能力的要求。当然,解决选自生活素材类型的例题时,需要将其转化为数学内部素材的例题,而这种能力又可以通过赋予后者各种实际意义进行培养,因而这两种素材类型的例题各有其教学功能,不可偏废,需要根据小学生生活经验和认知特点恰当安排。②

另一方面,三版教材例题均未选取与其他学科联系的素材。数学与其他学科的密切联系,有利于挖掘可以利用的自然资源、社会现象和人文遗产,使学生在学习知识后形成系统的、完整的思维能力,在这一点上,教材相关内容需要予以加强。

2. 情境设计

丰富多彩的情境设计能够激发学生解决数学问题的积极性,在主动思考的过程中学生的数学推理能力也得到了锻炼,三版教材的情境设计从形式上可以分为实物或图形、活动或动作、文字语言、创设问题等情境,具体占比情况统计如下表3-72。

表3-72 呈现方式中的情境设计各类型占比统计表

教材版本	例题数	实物或图形	活动或动作	文字语言	创设问题
78版	54	12.96%	0%	51.85%	35.19%
92版	67	4.48%	0%	47.76%	47.76%
12版	27	7.41%	0%	11.11%	81.48%

由上表可见:

首先,78版和92版教材的情境设计以"文字语言"和"创设问题"为主,"实物或图形"占比较少,"活动或动作"占比均为0%;12版教材的情境设计以"创设问题"为主,"实物或图形"占比较少,"活动或动作"占比也为0%。

---

① 中华人民共和国教育部.义务教育数学课程标准(2011年版)[S].北京:北京师范大学出版社,2012:31.
② 宋运明,李明振,李鹏,宋乃庆.小学数学教材例题编写特点研究[J].课程·教材·教法,2014(2):47-51.

相较于纯文字语言情境,实物或图形情境、活动或动作情境和创设问题情境是更加丰富化的情境设计,小学中高年级学生的思维发展水平尚处于具体运算阶段,一般只能对具体事物或形象进行运算,因而往往需借助多样化的情境理解和思考问题,注重丰富的情境设计有助于促进学生对数学例题所蕴含的分数运算知识及算法、算理的理解。不难发现,三个版本的教材在"文字语言"情境的占比逐步降低,在"创设问题"情境的占比逐步攀升,最后已高达81.48%,说明改革开放以来的小学数学教材分数运算内容已注意到教材的编排设计需符合学生身心发展规律与特点。

其次,三版教材对于"实物或图形"和"活动或动作"情境的重视程度都很低。分数运算主题内容具有其特殊性,是在学生理解分数的意义与性质的基础上展开教学的,"实物或图形"是学生掌握找到单位"1"的方法的有效情境设计;另外,《义务教育数学课程标准(2011年版)》中指出,"教学内容的呈现应体现过程性,设计必要的数学活动"[①]。"活动与动作"情境的设计不仅能增加情境设计的多样性,引发学生学习兴趣,还能锻炼学生"手脑双挥",提高学习效率,另外活动开展过程能增强课堂的"师生互动"与"生生互动",在"实物或图形"和"活动或动作"这两个方面的情境设计上,需要给予更多关注。

3. 插图运用

教材中的插图通常包括装饰性图,如表示情境、背景或栏目标识的图;表征性图,如含有数或形意义的实物图、示意图以及表达数学信息或操作流程的图;知识性图,如解释、说明、提示或揭示数学概念、规则、方法的图。

三版教材正文部分的插图运用情况统计如下表3-73。

表3-73 呈现方式中的插图运用各类型占比统计表

教材版本	例题数	无插图	装饰性图	表征性图	知识性图
78版	54	61.11%	1.85%	35.19%	0%
92版	67	58.21%	1.49%	40.30%	0%
12版	27	7.41%	33.33%	18.52%	40.74%

由上表可见,78版和92版教材分数运算内容正文部分均以"无插图"类型为主,"表征性图"次之,"装饰性图"的运用极少,且均未运用"知识性图";12版

---

① 中华人民共和国教育部.义务教育数学课程标准(2011年版)[S].北京:北京师范大学出版社,2011:30.

教材分数运算内容正文部分有 92.59% 的例题都配合了插图进行编排,与前两版教材形成了鲜明的对比,且其突破了以往未运用"知识性图"的局限,三种类型的插图在教材内容中均有相差不大的涉猎,这表明,该版教材对图文结合、数形结合的重视程度大幅提升。

小学中高年级学生的思维发展水平尚处于具体运算阶段,一般只能对具体事物或形象进行运算,因而往往需借助外部行为或表象思维理解和思考问题,附以插图有助于促进学生对数学例题所蕴含的情境、知识、运算及推理过程的理解。这一点自 78 版教材编写开始已经得到重视,正如编者曹飞羽、李润泉指出:"教材排版上有所改进,增加插图,便于理解新知识,并激发学生学习兴趣。"[①]然而,对例题所含插图的适切性、具体类型及应占多大比例较合适尚需研究。

4. 习题安排

习题是小学数学教材的重要组成部分,习题安排在例题之后,用于巩固新知和检测学生对新知的掌握情况。这里探讨三版教材的分数运算内容习题主要涉及练习题与单元整理复习题等。在习题难度部分已经统计得出三版教材分数运算内容涉及的习题数量悬殊较大,78 版、92 版和 12 版教材的习题分别是 277、557 和 169 道,进一步分析,三版教材习题安排还具有以下特点:

78 版教材题型偏单调,均为封闭题。分数运算内容涉及的习题以练习题为主,单元复习题极少,注重在教学新知后给予及时的巩固练习,有针对性地锻炼学生应对各种变式的能力;习题题型涉及计算题、填空题、解答题这几种常见类型,并且以计算题和解答题为主,填空题极少,题型多样化缺失;该版教材分数运算内容所有习题均为"封闭题",因此其在习题开放性上也极为欠缺。

92 版教材题型多样化,关注开放题。分数运算内容中包括了大量的练习题,这也是其习题数量庞大的原因,单元整理与复习题也极少,每单元均在 6 道左右;习题题型除了涉及计算题、填空题、解答题这几种常见类型,还有连线题、判断辨析题、操作题、问答题等,丰富了题型种类,有利于减少数学解题过程中学生产生的枯燥乏味及倦怠感;值得一提的是,与 78 版教材相比,该版教材习题虽然仍以"封闭题"为主,但在思考题部分开始设置少量"开放题"。

12 版教材题型最丰富,增设新栏目。分数运算内容中编排最多的是练习题,单元整理和复习题最少,与前两者的不同在于,该版教材还在练习题后增设"成长小档案"栏目的习题,"成长小档案"用以引导学生回顾本单元所学知识,帮

---

① 曹飞羽,李润泉.四十年来小学数学通用教材的改革[J].课程·教材·教法,1989(10):1-8.

助学生养成良好的复习与总结习惯;习题题型涉及计算题、解答题、填空题、判断辨析题、操作题,丰富程度上优于 78 版,但不及 92 版;另外也设置了少量的开放题,有利于激发学生的发散性思维,促进数学学习的个性化。

5. 语言表达方式

语言表达方式包括概念、规则、问题等的叙述方式以及版面的呈现方式,主要有纯语言文字、图文结合、对话等形式。

78 版教材的内容表达以语言文字为主,吸引力不足。分数运算内容的语言表达方式涉及"纯语言文字"和"图文结合"两种,并且大部分以"纯语言文字"的表述形式呈现,如"例 5 西河农场在一块地里培育果树苗。这块地的 $\frac{1}{4}$ 栽桃树, $\frac{2}{5}$ 栽梨树,剩下的栽苹果树。苹果树占这块地的几分之几?"未编排"对话"形式的内容表述,缺乏活动性;78 版教材的语言表达以简洁为特点,其在素材选取、情境设计和插图运用上的多样性缺失,也侧面反映了其在语言表达上的感染力不足,教材的可读性不高,一定程度上影响了学生阅读教材的积极性。

92 版教材图文结合增多,可读性提升。分数运算内容的语言表达方式以"纯语言文字"和"图文结合"为主,少有运用"对话"形式的内容表述;其相较于 78 版教材,已经开始注意在教材中以对话框图丰富教材语言表达形式,并且"图文结合"的比重有所增加,达到与"纯语言文字"的表述相持平的状态。如"例 2 一瓶桔汁重 $\frac{3}{5}$ 千克。3 瓶重? 千克",其中 3 瓶桔汁以简笔画的形式与文字配合呈现。教材由黑白印刷升级为彩色印刷,丰富的图片配合文字讲解,使得教材的可读性得到提升。

12 版教材引入对话形式,互动性显著增强。分数运算内容的语言表达方式以"图文结合"和"对话"形式为主,"纯语言文字"的形式运用极少,并且常常在教材正文部分同时运用"图文结合"和"对话"两种形式的语言表达方式,如"例 6 一个画框的尺寸如右图,做这个画框需要多长的木条?",该例题不仅展示了画框的图片,还配合呈现对话,女同学:"我的列式是 $\left(\frac{4}{5}+\frac{1}{2}\right)\times 2$",男同学:"我的列式是 $\frac{4}{5}\times 2+\frac{1}{2}\times 2$"。男女同学的对话丰富了教材的情境,增强了教材的可读性,激发了学生的学习兴趣,也增强了学习的"互动性",使学生更能身临其境地融入知识学习过程中。

（四）分数运算研究结论

通过对三版教材分数运算内容从结构体系、内容设计和呈现方式三个维度进行研究发现：在结构上三者均遵循螺旋上升的编排方式，其中 12 版教材内容的衔接更为紧密；在内容广度上呈现持续扩大的趋势，但 12 版教材相较前两版教材在分数运算主题内容上的课时安排减少许多；在内容深度上三者却呈曲线式变化，其中 92 版的习题难度最高；在综合难度上三版教材表现出大幅攀升的变化，78 版教材相对而言要求是最低的；在呈现方式上三版教材虽然已经做到逐步丰富，但数学活动或动手操作的设计依然比较缺失。

1. 编排体系螺旋上升，12 版内容衔接紧密

三版教材在编排结构上都呈现"螺旋式上升"的特点。78 版教材对分数运算内容的编排坚持每个阶段各有重点、循序渐进、螺旋上升；《义务教育数学课程标准（2011 年版）》在对教材的编写建议中也提到分数的教学应体现螺旋上升的原则；这一特点在三版教材中都得以保持。但在结构体系的衔接上，12 版教材更为紧密。该版教材在"分数乘法"和"分数除法"教学单元后分别编排了分数乘、除法应用题，循序渐进地安排分数运算实际问题，既突出了重点，又分散了难点，可以使学生很好地经历问题解决的过程，掌握分析和解答的策略；另外还将"倒数的认识"由"分数乘法"单元移到"分数除法"单元，并独立成一小节，作为分数除法教学的准备内容，这是考虑到倒数的相关知识与分数除法的关联性较大，这样编排使单元数学知识的呈现更具有逻辑性、整体性，更利于对学生进行逻辑思维的训练。

2. 内容广度持续扩大，主题课时相差悬殊

经统计，三版教材的可比内容广度分别是 0.705、0.893 4 和 1.786 6，比较之下，可比内容广度最大的是 12 版教材，92 版教材次之，78 版教材最小。78 版教材由于以"增强基础知识"为主，其知识点较少，分数运算主题内容所占用的课时数又最多，因此其形成的可比内容广度最低；虽然 92 版教材相较于 78 版教材分数运算主题内容课时数仅减少 9 课时，但其涉及的知识点有所增加，因此 92 版教材可比内容广度随之扩大；12 版教材虽然在知识点数上与 78 版教材持平，但其分数运算主题内容课时数与其他两版相差悬殊，仅为 32 课时，是 78 版课时数的约 40%、92 版课时数的约 44%；由此形成了 12 版教材可比内容广度相较于 92 版教材又扩大较多。可见，改革开放 40 多年来人教版教材分数运算相关内容广度呈现持续扩大的趋势。

3. 内容深度波动式变化,92版习题难度最高

分数运算教材内容深度以78版教材最低,92版最高,12版相较于92版又有所降低,表明分数运算教材内容深度呈现"波动式变化"。这是由于78版和12版教材分数运算内容在直观描述水平上的占比较高,直观描述对于小学阶段中高年级的学生来说,是较为低层次要求的呈现方式,较少涉及演绎推理及探究;92版教材分数运算内容在直观描述水平上的占比很少,且以"理解"和"掌握"要求为主,还设置了更多需要"演绎推理"的相关知识点,因此其内容深度高于另两版教材。

另外,92版教材的习题难度也是三版教材中最高的,统计发现78版和12版教材不太重视复杂的推理与思维活动,认知要求中"综合应用"的水平占比较少;92版教材不太重视记忆、模仿水平习题的编制,认知要求中"了解"水平的占比最少,且该版教材习题背景中涉及个人生活和公共生活的较少,无背景习题较多;综合之,92版教材的习题难度自然要高于另两版教材。

4. 综合难度大幅攀升,78版教材要求最低

教材综合难度有赖于内容广度、内容深度和习题难度,虽然92版教材内容深度和习题难度都高于另两版教材,但由于12版教材的内容广度远高于另两版教材,因此最后统计发现其教材难度最高。92版教材相对于78版教材综合难度上升幅度为10.05%;12版教材相对于92版教材综合难度上升了14.36%,增幅提升;12版教材相对于78版教材综合难度提高了25.85%,增幅比较明显,即40多年来人教版小学数学分数运算的教材难度上升了25.85%。分数运算教材综合难度呈现"大幅度攀升"的特点,是否代表整套教材的综合难度大幅攀升,这需要综合考量。教材难度的逐步提升是社会发展和对人才培养要求提高的体现,但难度攀升幅度是否科学合理有待研究。

78版教材在三版教材中内容广度、内容深度和习题难度都是最低的,综合起来其教材难度也是最低的。1966年至1976年的"文化大革命"十年期间,全国各地使用自编教材,78版教材作为"文化大革命"后首套全国统一使用的教材,其目标是以加强学生基础知识为主,该版教材编写组专家们认为:在当时讲授过繁的四则计算意义不大,学生只要把基本计算学好了,练熟了,数目再大,步数再多都可以据以类推;同时,过繁的计算将来用到时还可以使用计算工具。[1]

---

[1] 李润泉,夏有霖,曹飞羽.新编全日制十年制学校小学数学教材介绍[J].小学教学研究,1980(2):42-50.

因此,这些基本观点会影响到 78 版教材的编写。

5. 呈现方式逐步丰富,数学活动设计缺失

在素材选取上,三个版本教材对于生活素材例题的重视程度是逐步提高的,在 12 版教材中,"数学与生活"类型素材选取占比已经达到了 81.48%,相较于 92 版教材相应类型占比增幅达 70.6%,相较于 78 版教材相应类型占比增幅达 131.54%;"创设问题"情境的例题也越来越多,在 12 版教材中已高达 81.48%;在插图运用上,12 版教材突破了以往未运用"知识性图"的局限;在习题安排上,由 78 版教材的仅设"封闭题"到 92 版和 12 版教材的增加部分"开放题",题型种类也得到丰富;语言表达方式也不再拘泥于纯语言文字和图文结合,加入了大量的对话形式。总体来看,40 多年来人教版教材分数运算相关内容呈现方式逐步丰富、优化。

另外,三版教材均缺乏对数学活动或动手操作创设的关注。在情境设计上,三版教材"活动或动作"的情境设计占比均为 0%。分数运算主题内容具有其特殊性,是在学生理解分数的意义与性质的基础上展开教学的,活动或动作情境的设计不仅能增加情境设计的多样性,引发学生学习兴趣,还能锻炼学生手脑并用,提高学习效率,另外活动开展过程能增强课堂的师生互动与生生互动。

六、小数运算内容研究[①]

小数运算属于"数的运算"领域的内容,小数运算包括"小数的加、减法""小数的乘、除法"和"小数四则混合运算"。教材中小数运算被编排在"整数运算"之后,并以整数运算为基础,整数的一些运算定律可以推广到小数的运算。

小数运算的要求主要包括掌握小数加、减、乘、除法的基本口算和运算法则,能进行小数的四则混合运算,提升学生的计算能力;能借助"四舍五入"法去判断计算结果中积与商的近似值,并能运用该知识解决相关实际问题;此外,还能运用所学的运算定律做一些简单的小数简便计算,提升计算技能。小数运算的难点在于学会把整数中相关的运算律推广到小数中,运用这些运算律进行简便计算,培养迁移能力。小数运算中渗透的数学思想主要有转化思想、推理思想和"变中有不变"的思想等。

---

① 蔡静怡撰写初稿.

（一）小数运算结构体系

1. 单元设置

对于小数运算这一知识主题，78版设置了两个单元，92版和12版均设置了三个单元，具体如下表所示。

表3-74 三版教材小数运算的单元设置

教材版本	册次	单元	单元名称	单元内容的具体设置
78版	第四册	4	小数的简单计算	小数加、减法 乘数是一位整数的小数乘法 除数是一位整数的小数除法
	第七册	2	小数的四则计算	小数加减法 小数乘法 小数除法
92版	第七册	4	小数的初步认识	简单的小数加、减法
	第八册	5	小数的加法和减法	小数加减法的意义和计算法则 整数加法运算定律推广到小数
	第九册	1	小数的乘法和除法	小数乘法： 小数乘以整数 一个数乘以小数 积的近似值 连乘乘加乘减 整数乘法运算定律推广到小数乘法 / 小数除法： 小数除法的意义 除数是整数的小数除法 一个数除以小数 商的近似值 循环小数 循环节 连除除加除减
12版	三下	7	小数的初步认识	简单的小数加减法
	四下	6	小数的加法和减法	小数加减法 小数加减混合运算 整数加法运算定律推广到小数
	五上	1	小数乘法	小数乘整数 小数乘小数 积的近似数 整数乘法运算定律推广到小数

续 表

教材版本	册次	单元	单元名称	单元内容的具体设置
	五上	3	小数除法	除数是整数的小数除法 小数除以小数 商的近似数 用计算器探索规律

从表中可以发现,78版小数运算相关单元是安排在二下、四上两个学期,92版则是安排在四上、四下、五上这三个学期,12版是安排在三下、四下、五上这三个学期。92版教材和12版教材相较于78版在单元设置上较为相似,它们都是采用分散难点、螺旋上升的方式将小数运算的相关知识点细化,从小数加减法的简单计算开始。之后都设置一个单元继续学习小数加减法,最后才是小数乘除法的相关单元,显示由简单到复杂、循序渐进的过程。而78版共设置了两个单元,和其他两版不同的是在最初学习小数的运算时它就将乘数是一位整数的小数乘法、除数是一位整数的小数除法这些内容安排在小数的简单计算当中了,后面的一单元先从小数加、减法开始学习,再进行小数乘、除法的学习,这种加减与乘除运算交叉安排的方式,会影响到小数的加减法与小数的乘除法两级运算的连贯性。

此外,在单元内容的设置方面,三版教材也有一定差异,78版每一单元下的内容呈现没有用小标题标出,而92版和12版的单元中都将一些相对独立的知识块概括出来,列出小标题,显得比较清晰,结构性、层次感更强。其中92版所概括的小标题较12版多,如"小数除法的意义""连乘连加连减""连除连加连减""循环小数""循环节"等标题是12版没有的。12版比92版多了"小数加减混合运算",明显省略了"循环小数"这部分内容。

2. 内容分布

内容分布主要通过统计主题内容的教材页数及其占整套教材的百分比与该知识主题所用课时数及其占小学总课时数的百分比来研究,三版教材中小数的运算内容分布如下表。

表3-75 三版教材小数运算的内容分布

教材版本	整套 总页数	主题 页数	主题占整套 页数百分比%	小学 总课时	主题 课时	主题课时占小学 总课时百分比%
78版	1 120	49	4.38	1 168	46	3.94

(续表)

教材版本	整套总页数	主题页数	主题占整套页数百分比%	小学总课时	主题课时	主题课时占小学总课时百分比%
92版	1 682	64	3.80	986	32	3.25
12版	1 359	53	3.90	952	29	3.05

78版教材小数运算内容第一部分在二年级下册第四单元"小数的简单计算",共18课时,其中包含小数加、减法;乘数是一位整数的小数乘法;除数是一位整数的小数除法。第二部分是在四年级上册第二单元"小数的四则计算",共28课时,其中包括小数加法、减法;小数乘法、除法;循环小数;积和商的近似值。合计主题课时数为 $T_1=46$。

92版教材小数运算内容第一部分安排在四年级上册第四单元"小数的初步认识",共4课时,其中简单的小数加、减法3课时;整理和复习1课时。第二部分是在四年级下册第五单元"小数的加法和减法",共6课时,其中小数加、减法的意义和计算法则3课时;整数加法运算定律推广到小数3课时。第三部分在五年级上册第一单元"小数的乘法和除法"共22课时,其中小数乘法9课时;小数除法11课时;整理与复习2课时。合计主题课时数为 $T_2=32$。

12版教材小数运算内容第一部分安排在三年级下册第七单元"小数的初步认识",共3课时。第二部分安排在四年级上册第六单元"小数的加法和减法",共6课时。第三部分在五年级上册第一单元"小数乘法",共9课时。第四部分在五年级上册第三单元"小数除法",共11课时。合计主题课时数为 $T_3=29$。

总的来看,随着时间推移,小数运算的课时数呈现递减趋势。其中78版教材所需课时数最高,为46课时,与其他两版多了十多个课时。而92版教材和12版教材课时数较为接近,都约为30课时。

根据教学课时系数公式,可得78版教材小数的运算教学课时系数为 $\beta_1=1$;92版教材在该知识主题的教学课时系数为 $\beta_2\approx0.70$;12版教材在该知识主题的教学课时系数为 $\beta_3\approx0.63$。

根据上表统计可以发现78版内容占比最大为4.38%,92版占3.8%和12版占3.9%较为接近。78版教材内容占比与课时占比较为接近,类似这样的教学内容和课时安排是比较合理的。92版教材与12版教材的内容占比明显高于课时占比,这就要求学生在相对较短的时间内学习这部分知识,可能带来教学上的困难,不利于学生消化巩固所学知识。

3. 具体栏目的安排

下表将三版教材小数运算内容中单元主要栏目、单元其他栏目和单元末栏目进行了梳理。

表 3-76 三版教材小数运算具体栏目的安排

教材	单元主要栏目	单元其他栏目	单元末栏目
78版	例题、练习	准备题	复习
92版	例题、做一做、练习、复习	数学游戏	整理和复习
12版	例题、做一做、练习	你知道吗?	整理与复习、成长小档案

78版教材单元内主要栏目包括例题、练习,而92版教材和12版教材单元内主要栏目要丰富一些,92版增添了做一做、数学游戏、复习三类栏目,12版还将例题进行了更精细的划分,将其分成阅读与理解、分析与解答、回顾与反思这几块,同时在之前两版的基础上增加了"你知道吗?""成长小档案"。12版的这一做法更有利于学生对于知识点的掌握,阅读与理解这部分是课外知识的延伸,在一定程度上能调动学生学习数学的兴趣,回顾反思能够培养学生学会反思和自我评价的习惯,也就是说12版教材更加注重学生对于本单元知识的总结,形成认知系统,更能体现"以学生为中心"这一教育理念。12版教材设置的"成长小档案",让学生有机会对自己学习进程有一个系统的记录,帮助学生回顾之前学习的内容,巩固所学知识,以更好的状态学习新知识。

(二) 小数运算内容设计

1. 内容广度

例题是学生获得知识和技能的主要载体,从例题入手可以发现知识主题下的有关知识点。三版教材在小数运算知识主题下的知识点大致相同,可以分为小数加减法、小数乘除法和四则混合运算这三部分。经知识点具体划分并统计,可以得出三版教材小数运算知识主题下所包含的知识点分别是 $n_1=22, n_2=26, n_3=24$,其并集为 $n=30$。这样,可以算出内容广度和可比内容广度。具体数据如下表所示:

表 3-77　三版教材小数运算可比内容广度统计表

版本	知识点数	知识点并集	内容广度	课时系数	可比内容广度
78 版	22		0.733 0	1.000 0	0.733 0
92 版	26	30	0.866 7	0.700 0	1.238 0
12 版	24		0.800 0	0.630 0	1.270 0

可以看出,12 版教材的可比内容广度是三版教材里最高的,92 版教材次之,78 版教材可比内容广度最小为 0.733 0。从简单小数加减法来看,92 版比其他两版少了"小数加减法混合运算"这一知识点;小数乘除法部分 78 版相较于 92 版和 12 版多了"小数乘除混合运算"内容,少了"估算类应用题"。92 版比其他两版增加了"连乘乘加乘减""连除除加除减""小数除法的意义"和"小数除法简便计算"四个知识点,12 版在小数乘法这一部分增加了"估算"这一知识点,同时也没有"查表法""乘除混合计算"这两个知识点;在应用题部分,92 版比其他两版多了"双归一应用题"知识点,12 版增加了"较复杂的平均数应用题""用计算器探索规律"这两个知识点。可以看出应用题的类型更为丰富,对学生解决问题的能力要求也越来越高。

12 版教材内容的编写注重展现知识形成的过程,渗透数学的思想方法,这些内容既有启发性,也具有一定探索性,可以提供给学生相应的思考空间。[①] 12 版教材中知识点数量虽不是最多,但是对于这些知识点所安排的课时是最少的,相比较而言是希望学生在更短的时间内去学习有关小数的运算知识,一定程度上加大了学生学习的难度。此外,新课程改革的推进也使得小学数学教材重视估算方法多样化和估算策略的教学,所以 12 版教材中小数的运算部分出现了其他版本中没有出现过的"估算"这一知识点,估算通常会用到"四舍五入"法,有时也会用到"进一法""去尾法",具体使用何种方法需要结合相应的问题情境和数据的特点做出灵活的选择,"估算"的学习能够提高学生的数感。

2. 内容深度

按要求将每个知识点参照水平划分标准予以赋值,"认知要求"与"内容表述"四个级别水平占比如下表所示:

---

① 卢江.人教版《义务教育课程标准实验教科书 数学》(1—6 年级)简介[J].小学教学研究,2001(9):11.

表 3-78　内容深度中"认知要求"各水平占比统计表

教材版本	了解（模仿）	理解（认识）	掌握（应用）	综合应用
78 版	9.10%	18.17%	59.10%	13.63%
92 版	11.54%	15.38%	61.54%	11.54%
12 版	8.33%	20.84%	62.50%	8.33%

从表中可以看出"认知要求"集中在"理解""掌握"两个水平，其中"掌握"水平是最主要的，因为小数运算这部分内容是需要学生掌握小数计算的法则，为后面的学习打下基础。三版教材"综合应用"水平的占比大致相同，其中 78 版占比略高。

表 3-79　内容深度中"内容表述"各水平占比统计表

教材版本	直观描述	归纳类比	演绎推理	探究开放
78 版	31.82%	22.72%	31.82%	13.64%
92 版	34.62%	23.08%	15.38%	26.92%
12 版	25.00%	33.33%	16.67%	25.00%

关于内容表述所反映的思维形式，学习心理研究表明，小学生的数学学习一般要经过直观—抽象概括—记忆、具体化这几个过程。[①] 从表 3-79 中可以看出，三版教材"内容表述"在"直观描述""归纳类比"两个水平上占比相当。78 版偏重"演绎推理"水平，而"探究开放"水平占比却不高。92 版与 12 版与之相反，它们的"探究开放"水平占比都高于"演绎推理"水平。

三个版本教材在简单小数加、减法中，78 版是用直观描述的方式通过一个例子直接将计算小数加法的方法呈现出来。92 版和 12 版则是采用归纳类比的方法，呈现了两道例题，让学生自己归纳小数加、减法的计算方法。

在小数加减法这一部分，78 版和 12 版都是通过例子归纳出计算小数加减法的方法，92 版不仅用了归纳的方法，还采用类比的方法，让学生发现小数加减法和整数加减法在计算上的相似之处。此外，12 版还通过归纳推理的方式，将整数加法运算定律推广到小数。

对于小数乘除法这部分内容，三版教材是通过转化和演绎推理的方法，得出小数乘除法的运算规律：先按照整数乘除法计算，再确定小数点的位置，小数乘

---

① 陈倩.小学数学新教材与传统教材的比较[D].西南大学，2005.

法中是看因数中一共几位小数,小数除法中商的小数点要和被除数的小数点对齐。此外,在小数除法中如果除到被除数的末尾仍有余数,就在余数后面添0再继续除。12版在小数除法部分还安排了用计算器探索规律的内容,这相对于过去是增加的部分,这有利于发展学生的合情推理能力、探究能力和动手操作能力,同时,还能提高学生的数据分析能力。

三版教材小数运算内容深度统计结果,如下表所示:

表3-80 三版教材小数运算内容深度统计表

教材版本	认知要求平均等级 (S_{i1})	内容表述平均等级 (S_{i2})	平均内容深度	可比内容深度 (S_i)
78版	2.772 6	2.272 8	2.750 3	0.687 6
92版	2.730 8	2.346 0	2.538 4	0.634 6
12版	2.708 3	2.416 7	2.562 5	0.640 6

从表3-80中可见三版教材"认知要求"与"内容表述"显示的平均等级,都是分布在2到3之间,这种现象表明总体深度主要集中在"理解"和"掌握"水平,这比较符合大纲(课标)要求。从可比内容深度来看78版最高,92版最低,12版处于两者之间。从这个变化可以看出,小数运算的内容深度在改革开放之初定位比较高,实施义务教育后要求有所降低,新课改以来又有回升的趋势。这大概就是我们常说的"钟摆"现象。

3. 习题难度

习题难度是指学生解答习题时思维的难易程度。可从"认知要求""习题背景"进行定量刻画,表达难度水平。

表3-81 习题难度中"认知要求"各水平占比统计表

教材版本	题数	了解	理解	掌握	综合应用
78版	187	10.11%	43.82%	43.26%	2.81%
92版	191	12.37%	43.01%	24.73%	19.35%
12版	136	4.48%	32.84%	57.46%	5.22%

从表3-81可以看出,12版习题数最少,这也是教学课时数最少的原因之一。78版和12版都较为重视理解和掌握水平,其中12版教材对于"认知要求"中习题的掌握水平要求最高。三版教材了解水平的占比都不高,其中12版最

低,说明教材不太重视记忆、模仿水平习题的编制。在综合应用水平,92版最多,因为标"*"和"思考题"安排较多,说明编者注重学生综合运用能力的培养,并且十分关注教材的弹性空间。

表3-82 习题难度中"习题背景"各水平占比统计表

教材版本	题数	无背景	个人生活背景	公共生活背景	科学实验背景
78版	187	54.55%	36.36%	7.49%	2.67%
92版	191	65.97%	26.70%	2.62%	4.71%
12版	136	42.65%	44.85%	3.69%	8.82%

对于习题难度中"习题背景"水平,从表3-82可以看出,三版教材无背景的习题很多,占比都在一半左右,这可能是因为小数运算这一知识主题属于数的运算,重点放在了培养学生的计算技能,所以无背景的计算题比较多。12版教材中个人生活背景水平的习题最多,说明12版教材内容和生活联系更加密切。公共生活背景涉及一些常识类的题目,78版出现的最多。对于习题的科学实验背景占比,三版教材逐步有所增加,将数学知识进行拓展并与物理、生物等一些科目的知识相结合,让学生学习数学的同时也能将视野拓展到其他领域,体会到数学知识和其他学科密不可分,从而感受数学的价值,增强学生数学学习兴趣。

通过计算,可以得出各套教材小数运算的习题难度中"认知要求""习题背景"的平均等级,再通过相应的权重进行加权平均,就可得出平均习题难度和可比习题难度,具体见表3-83。

表3-83 三版教材小数运算习题难度统计表

教材版本	认知要求 平均等级(X_{i1})	习题背景 平均等级(X_{i2})	平均习题难度 $\left(\frac{3}{5}X_{i1}+\frac{2}{5}X_{i2}\right)$	可比习题难度 $\left(\frac{3}{5}X_{i1}+\frac{2}{5}X_{i2}\right)\div 4$
78版	2.387 7	1.604 2	2.074 3	0.518 6
92版	2.499 8	1.460 7	2.084 1	0.521 0
12版	2.634 2	1.883 3	2.333 8	0.583 5

可比习题难度以12版最高,其他两版比较均衡。原因主要是12版比其他两版更加注重习题的背景因素,尤其是个人生活、公共生活和科学实验的背景。78版综合运用水平习题偏低,所以认知要求平均等级比其他两版低。92版习题平均等级之所以最低,是因为其与公共生活背景以及个人生活背景相关的习题

偏少。正是因为12版教材不仅认知要求平均等级是最高的,它的习题背景平均等级也是最高的,所以平均习题难度和可比习题难度也都是最高的。三版教材的平均习题难度与可比习题难度依时间先后呈上升趋势,这个趋势可以反映出人教版教材重视运算教学的地位,重视在运算教学中加强与解决实际问题的结合,发展学生的运算能力和解决问题的能力。

4. 教材难度

根据以上统计,综合考虑可比内容广度、可比内容深度、可比习题难度,按0.2、0.5、0.3的权重,计算出小数运算教材难度。

表 3-84　三版教材小数运算综合难度统计表

教材版本	课时系数 (β_i)	可比内容广度(G_i)	可比内容深度(S_i)	可比习题难度(X_i)	教材难度 (N_i)
78版	1.000 0	0.733 0	0.687 6	0.518 6	0.646 0
92版	0.700 0	1.238 0	0.634 6	0.521 0	0.721 2
12版	0.630 0	1.270 0	0.640 6	0.583 5	0.749 9

从表 3-84 中可以看出,三版教材小数运算综合难度,40多年来呈现上升趋势。92版相对于78版综合难度上升了11.64%较为明显;12版相对于92版综合难度上升了3.98%,上升幅度较小;12版相对于78版提高了16.08%,也就是说,40多年来人教版小数运算教材难度上升了16.08%。教材难度上升是社会进步、时代发展的必然趋势。教材难度的设计,应符合数学课程标准的要求,考虑到学生的年龄特点和接受能力。如何合理确定教材难度上升的幅度?如何设计不同难度水平的例题和习题,使教材更加符合不同学生的学习需求?这是有待解决的科学问题。

(三)小数运算呈现方式

1. 素材选取

素材是数学学习内容的载体,是数学本质的外在表现,经过数学化处理可以揭示其所反映的数学概念、思想方法、基本原理和规律。将素材分为"数学内部本身""数学与生活""和其他学科相关"三部分进行研究,素材选取如下表所示:

表 3-85 三版教材小数运算素材选取统计表

版本	数学内部本身	数学与生活	和其他学科相关	总计
78 版	17 (47.22%)	19 (52.79%)	0 (0%)	36
92 版	53 (66.25%)	26 (32.50%)	1 (1.25%)	80
12 版	33 (58.93%)	21 (37.50%)	2 (3.57%)	56

在素材选取上,92 版与 12 版各种类型的素材占比大致相同,数学内部本身相关素材约占总素材的 60%,与生活相联系的素材占比为 30% 以上,78 版和生活相关的素材比其他两版多,占比为 52.79%,和数学内部本身有关的素材比其他两版少,占 47.22%。与其他学科相关的素材,78 版没有,92 版有一个例题和蝴蝶飞行的生物学方面的知识有关,12 版有两道例题分别是和动物的速度和人的嗅觉细胞方面知识有关。12 版加强了数学与科学、社会的联系,而且教材所有内容也全部改用最新的数据和资料,富有时代气息,令人耳目一新。

2. 情境设计

情境的分类较多,这里从形式上分为实物或图形、活动或动作、文字语言、创设问题情境。具体如下表所示:

表 3-86 三版教材小数运算情境设计统计表

版本	实物或图形	活动或动作	文字语言	创设问题情境	总计
78 版	1 (2.78%)	9 (25.00%)	10 (27.78%)	16 (44.44%)	36
92 版	3 (3.95%)	38 (50.00%)	15 (19.74%)	20 (26.32%)	76
12 版	7 (12.96%)	23 (42.60%)	8 (14.81%)	16 (29.63%)	54

从表 3-86 中可以看出,三版教材大都采用活动或动作及创设问题情境的方式进行情境设计。其中 92 版情境设计数量最多,12 版次之,78 版最少。

三版教材都出现了实物或图形这类情境,其中 12 版小数运算实物或图形情境占总情境数的 12.96%,是三版教材中占比最高的。这三类教材中所展现的实物都是学生所熟悉的文具、生活用品等,展现的形式都是给出一些生活中实物,标上标价,提出有关小数运算的问题。此类问题与学生生活联系紧密,能让学生感受到数学的应用价值,但是形式有些单一,基本上都是购物中的问题。

92版和12版教材中活动或动作情境占比较多,均在40%以上,78版相对较少。78版和92版主要活动涉及珠算这一知识点,需要通过拨算盘的方式来进行小数的运算,12版小数运算部分安排了用计算器探索规律这一内容。动作情境主要是一些计算题,需要学生动手计算。

从文字语言情境来看,12版占比最少,78版采用文字语言情境较多。主要形式有通过卡通人物的对话来创设情境,也有运用文字将小数运算相关法则和概念呈现出来。78版和92版都对教材中的法则概念呈现较多,尤其是78版把概念呈现得很细致,而92版对概念法则的陈述比较少,且都是填空的形式,这种方式促进学生自主思考,能有效帮助学生记忆、理解法则和概念。规则学习也称命题学习,小学数学命题的学习是小学数学学习中较高层次的学习,是学好小学数学的关键。现代认知心理学理论认为,智慧技能和认知策略的形成都要以熟练掌握规则为前提,解决问题的能力、创新能力就是对规则的灵活运用的能力,因此规则学习是重要的学习内容。教材中的公式、概念、法则、定律及原理等重要内容的呈现必须清晰明确。但很明显12版教材并没有将要点醒目地呈现,一些重要结论、概念、规则没有以显性的方式表述出来,难以引起学生的注意,这会对教师与学生清晰表述概念,掌握重点内容带来困难。

78版创设问题情境占比最多为44.44%,12版次之为29.63%,92版占比最少为26.32%。创设问题情境的占比从92版的下降,再到12版的上升,说明人们逐渐认识到问题情境在小学数学教材中处于重要地位,这类问题情境可以让学生亲身经历解决问题的过程,不仅培养了学生的计算能力,掌握所学知识,还能提高学生分析问题和解决问题的能力。

3. 插图运用

插图在小学教材中呈现,可以让学生更为直观地理解和接受教材所表达的内容,培养学生的抽象概括能力。插图可以让学生有目的地观察画面,感知事物的数量特征。[①] 教材中的插图主要有三类:装饰性图,如表示情境、背景或栏目标识的图;表征性图,如含有数或形意义的实物图、示意图以及表达数学信息或操作流程的图;知识性图,如解释、说明、提示或揭示数学概念、规则、方法的图。

[①] 糟俊祯.浅谈如何发挥插图在小学数学教学中的作用[J].数学学习与研究,2013(14):65.

表 3-87　三版教材小数运算插图运用统计表

版本	装饰性图	表征性图	知识性图	总计
78 版	0 (0%)	3 (12.50%)	21 (87.50%)	24
92 版	0 (0%)	7 (31.82%)	15 (68.18%)	22
12 版	7 (13.46%)	15 (28.85%)	30 (57.69%)	52

从表 3-87 中可以看出,78 版和 92 版教材中的插图较少,12 版共有 52 幅,明显增多。78 版和 92 版都没有出现装饰性图;92 版表征性图占比最高为 31.82%,78 版占比最少为 12.50%,12 版和 92 版占比较为接近;78 版知识性图占比最高为 87.50%,92 版次之为 68.18%,12 版占比最少为 57.69%。

从这些数据可以看出,12 版教材比其他两版教材增加了装饰性图,装饰性图尽管不能像其他两种插图一样更为直观地传递知识,但可以利用插图中的美育因素,引起儿童的注意,增添学生学习数学知识的兴趣,使数学教材形式更为活泼。小学生好奇心和求知欲都比较强,教材中有趣好玩、色彩斑斓的插图,符合儿童的阅读心理特点。78 版表征性图很少,例题基本不会放一些实物图等,大多是文字叙述,表征性图通过出示实物图的方式,能够给学生带来直观的感受,体会到数学与生活的联系。对于知识性图,78 版和 92 版有很多概念、法则以及提示类的框图出现,相较于这两版 12 版比较少地呈现,所以 78 版和 92 版知识性图比 12 版占比要高。这些知识性插图向学生科普了新的知识,开拓了学生的眼界,对学生的成长有较为重要的影响。

4. 习题安排

(1) 习题层次

从小数运算这部分习题来看,三版教材习题层次是比较分明的,包含巩固强化新知类的习题、拓展延伸新知类的习题、综合应用类习题和思维能力训练类习题,而且是按由浅到深的梯度排列。

因为小数运算属于"数与运算"这部分内容,三版教材都很重视对学生运算能力的培养,所以有较多巩固强化新知类的口算题、计算题和填空题。通过研究发现,78 版和 92 版在"小数除法"中,有求未知数的题目,这是对先前学过知识的综合运用,12 版是没有这类习题的,且综合类习题并没有涉及以往学习过的内容。

拓展延伸类和提升类的习题多为应用题,78 版和 92 版两版教材相较于 12 版基本没有需要从图中找出已知条件的这类应用题。这类题目有一定难度,能够培养学生观察能力和分析能力。92 版思维训练习题较其他两版多,这类习题一般设置在习题的最后,对学生独立见解的形成和判断力、综合运用能力和创造精神的培养是十分有帮助的。

此外,12 版教材除了有基础、提升、拓展、综合运用和思考题,还注重习题中数学文化的渗透,包括习题隐含的"背景"与"数学史"等,这不仅拓展了学生的知识面,也能对学生进行相应的数学史教育。习题编排由浅入深,由易到难,循序渐进地引导学生最终掌握完整的知识体系,设计的习题层次相对来说较为合理,不仅注重让学生掌握书本上的基本知识技能,还会引导学生学会用数学的思维方法去分析、解决问题,用数学的眼光去看待现实世界。

(2) 习题类型

三个版本教材小数运算习题类型大致分为四类:填空题、计算题、解答题、应用题。统计结果如下:

表 3-88　三版教材小数运算习题类型统计表

	填空题	计算题	解答题	应用题	总计
78 版	16 (8.56%)	73 (39.04%)	21 (11.22%)	77 (41.18%)	187
92 版	25 (13.09%)	68 (35.60%)	37 (19.37%)	61 (31.94%)	191
12 版	23 (16.91%)	32 (23.53%)	15 (11.03%)	66 (48.53%)	136

从上表统计结果可以看出,总题量上,92 版的总题量是最多的,总计有 191 题,12 版习题总量最少,共有 136 题,78 版习题总量为 187 题。从 92 版习题总量的增加再到 12 版的明显减少,说明习题是在往少而精的方向发展。

对于填空题,12 版设置的填空题占比最多,92 版次之。92 版的解答题数量是最多的,差不多是其他两版教材的两倍,12 版最少,只有 15 道,占比为 11.03%。12 版教材中计算题题量比其他两版少 30 多题,相对占比也最低为 23.53%,说明 78 版和 92 版教材更加注重计算技能的训练。三版教材中都是计算题和应用题占比较大,其中应用题数量差不多,都在 60 题以上,说明无论哪版教材都很重视应用题的编排,应用题是培养学生计算能力和学会分析问题解决问题有效的方式,一些和生活相关联的应用题也在一定程度上加强了数学和生活的联系,让学生学会用数学的眼光认识现实世界,且能用数学解决在现实生活中存在的与数学有关的问题,这也符合新课标的理念,发展应用数学的意识是学生学习数学的一个基本目的。

5. 语言表达方式

从语言表达方式上看,78版教材对概念规则的叙述更加具体、完整,不仅将小数运算所有概念法则呈现出来,而且在小数加、减法部分还把每一条概念法则分成若干小点,92版对这些概念也有陈述,并对其进行了一些补充,如在小数加减运算这一法则后面加以补充"小数加、减法与整数加、减法的验算方法相同。" 12版教材对概念的陈述不多,只对小数乘法和小数除法的计算法则进行了归纳,而且是以填空的形式。这样增加了学生的探索空间和教师运用教材的弹性空间。教材中弹性空间太大、太小都会带来一些弊端,教材呈现以适度的弹性应该是我们追求的目标。

关于问题叙述方式,78版几乎没有以问题的形式呈现内容,而92版和12版,例题里面会穿插一些问题,多以卡通人物的对话形式提出问题,12版这种形式的问题比92版多很多,这种卡通人物对话形式的问题增添,可以提升教材的活动性、趣味性,也比较符合小学生的年龄特点,提高了学生的学习兴趣。这些问题和例题联系紧密,而且比较简洁,能起到很好的引导作用,这些提问能让学生觉得有参与感,激起他们的思考,潜移默化地让学生养成爱动脑的好习惯。

(四)小数运算研究结论

1. 三版教材小数运算均采取螺旋式编排,在知识点布局上存在差异

通过比较研究可以发现三版教材都是先有小数加、减法的初步学习,之后再独立设置一个单元进行系统学习,层层递进,符合螺旋上升的编排方式。这种方式能综合体现出学生思维发展与理解水平的阶段性,合适的螺旋式结构能非常好地适应处于不同发展阶段的学生的课程需求。[①]

和其他两版教材明显不同的是,78版教材在最先的小数的简单计算单元还设置了小数乘法和小数除法的简单计算,虽然这对于之后学习的小数乘除法也

[①] 李卓.小学数学教材螺旋上升编排方式探析——以统计概率为例[J].内蒙古师范大学学报,2012(25):90-93.

算是一个铺垫,但由于此时学生对小数加减法的认识是简单的、肤浅的,立马要求学生认识处于二级运算的小数乘除法难度较大,并且与后面进一步学习小数加减法以及"小数四则运算"的内容割裂开来了,忽略了知识的连贯性,这种教材编排方式不够恰当。后两版教材的编排改变了这一做法,将"小数乘、除法"有关内容整合起来,连贯编排,有利于知识的完整性和系统性。

78 版教材是在研究过去教材编写经验,特别是 60 年代的教材改革经验和对十年"文化大革命"期间各地编写教材的反思,参考了国外小学数学教学改革经验的基础上编写的。在编排上也注意将数学的逻辑顺序和儿童的认知发展顺序合理地结合起来,与十二年制学校小学算术试教本一样,都把分数、小数各自分成两段,说明教材在编写的过程中是不断汲取着过往的经验,但难免存在经验不足。三版教材小数运算编排体系的调整,使得知识之间的联系更加密切,可以看出我国小学数学教材编写是在不断总结经验的过程中前进的。

2. 三版教材主题页数占比均高于课时数占比

根据内容分布可以看出,三版教材中小数运算内容占比都高于主题课时占比,这在一定程度上会增加学生学习该内容的难度。知识的掌握需要有消化和逐步加深的过程,短时间内进行大量的学习,学习效率不一定高。12 版教材的主要问题是教材中重点内容不突出,有些内容篇幅呈现过多,例题说明留有的思考空间较大,学生自学书本后依然一知半解,难以留下实质性、概括性的知识。78 版大纲中也为减轻学生负担提出了一些举措,如在确定教学内容时,继续采取"精选、增加和渗透"的办法来更新教学内容等,92 版大纲也指出教学内容和要求要有一定弹性,课时数的安排留有余地,但是对于相应教学内容的课时安排并没有充分考虑到学生的实际情况,只是对教学内容进行调整,所以容易导致课时安排不够合理、匹配。

3. 三版教材知识点广度及聚合度有所不同

知识点的聚合度是指知识点的聚集程度,反映出知识点之间是否有密切的联系。从罗列的知识点来看 92 版教材知识点是最多的,其次是 12 版,78 版教材小数运算内容广度最小。从时间上看,92 版教材是介于 78 版和 12 版之间的教材,起到一个过渡作用,但是知识点多并不能说明知识点的结构是完善的,如它没有 78 版和 12 版教材共有的小数加减混合运算知识点,且增设了"连乘乘加乘减"和"连除除加除减",虽然这两个部分也与"小数乘、除法"有关,但这样的编排只是强调了运算技能训练,使得"小数乘、除法"中重要知识点没能很好地展现。教材将它们以新知识点的形式呈现,有机械重复之感,会加重学生学习"小数乘、除法"时的负担。在教材编写时,要力求知识点之间联系是紧密的,突出重要的知识点,关注知识点的聚合度,才能更有利于学生系统知识的学习。

4. 三版教材都关注学生对知识的"再创造"

三版教材认知要求平均等级都集中在理解水平和掌握水平之间,呈现方式平均水平也介于归纳类比和演绎推理之间。由此可以看出,三版教材对学生知识的理解和运用很重视,这也符合相应大纲的要求。李润泉等人指出,78版教材注重提升学生计算能力和逻辑思维能力,如计算法则的呈现,注意由特殊到一般,再由一般到特殊,不仅注重法则的统一性,还提供给学生发现规律、概括法则,学会灵活运用法则自主解决问题的机会。92版教材注重启发学生思考,给学生留下了很多探究的余地,教材简介中也提到92版教材重视新旧知识之间的联系,在新旧知识的连接点上提出启发性的问题,引发学生思考、探究的欲望,让学生在自主探索中收获知识。12版教材在素材选取上加强了数学、科学和社会的联系,这些素材组成了多样化的问题情境,学生天性好奇,乐于探索,这些丰富的问题情境能够唤起学生主动探究,有利于学生发现问题和提出问题,为学生探索问题提供了有利条件,这样的学习过程是学生对数学知识的探索过程、"再创造"过程。教材中丰富多样的题材,紧密联系生活实际的素材以及图文并茂的呈现形式都能激发学生兴趣,引导学生进行知识的"再创造"[1]。联系学生生活实际的素材,能提升学生学习的参与感,从学习心理学来看,当个体处于主体地位时,其学习的动机就会被激发,思维的发展就会具有创造性。[2]

5. 习题难度加深,更加注重习题的应用性

78版和92版两版习题难度比较接近,12版习题可比难度最高,因为12版教材在习题难度认知水平中理解和掌握水平习题占比较大,这类习题可以帮助学生融会贯通,发现知识之间的联系,更有利于知识的巩固和运用。其次,12版教材科学实验背景的习题安排较多,数学与科学相结合可以拓展学生的知识面,培养学生的科学态度和品质。从习题层次来看,三版教材设计的习题层次合理,都是从简单到复杂,符合学生的思维特征。三版教材的习题类型都包括填空题、

---

[1] 李欣莲,宋运明,张渝.小学数学新教材编写特色再探——以西师版为例[J].数学教育学报,2014(2):89-92.

[2] 陈一叶.基于"再创造"的小学数学教学新探[J].上海教育科研,2019(10):56-59.

计算题、解答题和应用题这几类题型,其中 12 版更注重应用题安排,注重习题和学生生活的联系,加强小数的运算这一知识主题中相关知识的应用性。义务教育阶段提出了加强数学与生活实际、社会经济和工农业生产实际的联系,新课改以来更加强调数学与生活的联系,因而练习素材也更为丰富,让学生感受到数学学习和生活实际、其他学科都有密切的联系。由此可见,多样化的习题设置给学生提供了更多思考和学习其他知识的机会,提高了学生灵活应用数学知识解决生活中问题的能力。

6. 三版教材难度上表现不一,12 版教材难度最高

改革开放 40 多年以来,小数运算教材综合难度上升了 16.01%,这个数据在一定程度上反映了改革开放以来人教版教材难度的发展趋势,但由此要说明三版教材难度的整体情况,还需要综合研究。三版教材小数运算的难度各有特点:78 版在内容深度上更大些,因为这个时期的教材存在比较繁琐的四则计算,繁难的应用题还有珠算等复杂的方法,这些知识对于学生来说较难。92 版知识点多,习题难度也略高,所以教材难度也偏高。12 版教材呈现广而深的趋势,体现在可比内容广度增加的同时可比内容深度也在增加,所以 12 版教材难度是最高的。

七、简易方程内容研究[①]

在 3 600 年前,古埃及人就涉及了含有未知数的等式的数学问题。"方程"一词出自我国数学著作《九章算术》,"方"意为并列,"程"意为用算筹表示竖式。魏晋数学家刘徽为《九章算术》做了大量注释并介绍了方程组。小学数学中的方程是简单的一元一次方程,通常称为"简易方程"。方程的本质是以求未知数为目的在未知数与已知数之间建立等量关系。

"简易方程"内容属于代数初步知识,三版教材都从学习"用字母表示数"开始,在此基础上学会用 x 表示未知数并列方程、解方程,进一步将列方程解方程的知识运用在解决实际问题上。我们看到,用字母表示数和数量关系,将已知数和未知数结合在一起,渗透了函数思想。将实际问题"数学化",列出方程,即是构建一个数学模型,然后解方程得到这个数学问题的解,再将这个数学问题的解转化为实际问题的解。[②] 列方程解实际问题是数学建模思想的体现,在解方程的过程中还可使学生进一步体会转化思想,通过解方程使所要求的数从未知转

---

① 蒋璐撰写初稿.
② 金成梁,刘久成.小学数学课程与教学[M].南京:南京大学出版社,2013:277.

化为已知。

"简易方程"对于发展学生的抽象思维,通过引导学生接触代数知识,帮助学生摆脱算术思维的局限性,培养学生的抽象概括能力,发展学生的符号意识,巩固和加深对所学算术知识的理解,以及由小学数学向初中数学的过渡都具有积极意义。

(一)简易方程结构体系

教材的结构体系是指将教学材料分化为可供连续学习的内容元素及其组织,包括教材的单元设置、内容分布以及具体栏目等。

1. 单元设置

对比三个版本小学数学教材"简易方程"内容目录及包含的章节情况表明,人教社出版的 78 版、92 版和 12 版教材都只安排了一个单元来学习"简易方程",78 版教材将"简易方程"安排在了四年级下册(五年制),92 版和 12 版教材将其安排在五年级上册(六年制)。三版教材都分为了三个小单元:用字母表示数、解简易方程、实际问题与方程,从"用字母表示数"入手,培养学生的代数思维,引导学生掌握解简易方程的方法并将其运用在实际问题中。

2. 内容分布

三个版本小学数学教材"简易方程"内容的章数、页码数、整套总页数、主题页数占整套总页数的百分比、课时数、整套总课时数、主题课时数占整套总课时数的百分比设置比较如下表 3-89:

表 3-89　三版教材简易方程内容分布比重

教材	章数	页码数	整套总页数	主题页数占整套总页数的百分比%	课时数	整套总课时数	主题课时数占整套总课时数的百分比%
78 版	1	26	1 120	2.321 4	18	1 168	1.541 1
92 版	1	41	1 682	2.437 6	22	986	2.231 2
12 版	1	34	1 359	2.501 8	18	952	1.890 6

从表格中可以看出,三版教材都将"简易方程"安排在一章内进行教学,92 版的页码数和课时数最多。78 版教材的页码数少于 12 版教材,两版教材的课时数相同。

统计发现,三版教材中"简易方程"内容的页数占比较为接近,但课时占比相差较大。78 版教材和 12 版教材的页数占比高于课时占比,学生学习的时间相对来说较为紧凑,在一定程度上增加了学生学习的难度,92 版教材页数占比和课时占比相近,是较为合理的安排。

3. 具体栏目比较

表 3-90 三版教材简易方程内容具体栏目情况

教材	单元前栏目	单元内主要栏目	单元内其他栏目	单元末栏目
78 版	无	例题 练习	无	复习
92 版	复习	例题 做一做 练习	思考题 你知道吗?	整理和复习 练习
12 版	无	例题 做一做 练习	你知道吗? 数学游戏	整理和复习 练习 成长小档案

根据表 3-90 可以发现,三个版本教材的"简易方程"部分在栏目设置上有一些相同之处,它们的单元内主要栏目都有"例题"和练习部分,通过"例题"进行知识教学,以具体练习的形式引导学生理解和巩固知识,引导学生将方程运用在解决实际问题上。在单元末栏目中,三个版本都设置了"复习"环节,通过"复习"帮助学生及时巩固所学的知识,养成学生良好的复习习惯,促进学生构建系统的知识体系。

三个版本教材在栏目设置上也各有特色,92 版教材设置了单元前栏目——"复习",复习先前所学的相关知识,引导学生产生学习迁移,导入本堂课的知识教学。92 版教材和 12 版教材在单元主要栏目中都增添了"做一做"栏目,引导学生动手进行尝试,发展学生的动作思维和手脑并用能力。78 版教材并未设置单元内其他栏目,形式简单,缺乏趣味性、可读性。92 版和 12 版教材都有设置其他栏目来改善教材结构,增添教材的趣味性。在教材中设置数学文化内容是对小学生进行数学文化启蒙教育的重要方法[①],92 版和 12 版教材都设置了"你知道吗?"栏目,介绍相关的数学历史和数学小故事,开拓学生的视野,帮助学生了解数学知识的由来,拓宽学生的知识面。其中 92 版教材另设了思考题栏目,

---

① 宋乃庆,宋运明,李欣莲.我国小学数学新教材编写特色探析——以西师版为例[J].西南大学学报(社会科学版),2014(3):80-85,183.

供学有余力的学生练习,发展学生的思维,加深学生对方程知识的掌握,培养学生迎难而上的精神。12版教材另设了"数学游戏"栏目,通过游戏激发学生学习的兴趣,增添教材的趣味性,引导学生感受数学与实际生活之间的紧密联系。12版教材还设置了"成长小档案"环节,帮助学生回顾所学的内容,通过学生自己梳理所学知识,引导学生构建系统的知识结构,建立符合自己的思维导图。

(二)简易方程内容设计

内容设计是指依据教学大纲(课程标准)的要求,为学生学习提供的有组织的学习资源,包括内容广度、内容深度、习题难度、教材难度等。

1. 内容广度

内容广度是指课程内容包含的知识点数。对三版教材的"简易方程"内容进行知识点划分,可以划分为三个知识单元(见表3-91)。

表3-91 三版教材简易方程内容知识点

教材	用字母表示数	解简易方程	实际问题与方程
78版	用字母表示数量 用字母表示数量关系 求含有字母式子的值 用字母表示运算定律 用字母表示计算公式	等式与方程的意义 方程的解与解方程的意义 解一步计算的方程($x\pm b=c$、$ax=c$、$a\div x=c$ 形式) 解二步计算的方程($ax\pm b=c$ 形式) 解三步计算的方程($ax\pm bc=d$ 形式)	列方程解应用题的一般步骤 列一步计算的方程($x\pm b=c$、$ax=c$ 形式) 列二步计算的方程($ax\pm b=c$ 形式) 列三步计算的方程($ax\pm bc=d$ 形式)
92版	用字母表示数量 用字母表示数量关系 求含有字母式子的值 用字母表示运算定律 用字母表示计算公式	等式与方程的意义 等式与方程的关系 方程的解与解方程的意义 解一步计算的方程($x\pm b=c$、$ax=c$、$a\div x=c$ 形式) 解二步计算的方程($ax\pm b=c$ 形式) 解三步计算的方程($ax\pm bc=d$ 形式) 解含有两个未知项的方程($ax\pm bx=c$ 形式)	列方程解应用题的一般步骤 列简单的一、二步计算的方程($x\pm b=c$、$x\pm bc=d$、$ax\div b=c$ 形式) 列二步计算的方程($ax\pm b=c$ 形式) 列三步计算的方程($ax\pm bc=d$ 形式) 列含有两个未知项的方程($ax\pm bx=c$ 形式) 方程解与算术解比较与灵活运用

(续表)

教材	用字母表示数	解简易方程	实际问题与方程
12版	用字母表示数 用字母表示数量关系 求含有字母式子的值 用字母表示运算定律 用字母表示计算公式 用字母表示较复杂的数量关系 含有字母式子中字母的取值范围	等式与方程的意义 等式的性质 方程的解与解方程的意义 解一步计算的方程($x\pm b=c$、$ax=c$、$a\div x=c$ 形式) 解二步计算的方程($ax\pm b=c$、$(x\pm b)c=d$ 形式) 解三步计算的方程($ax\pm bc=d$ 形式) 解含有两个未知项的方程($ax\pm bx=c$ 形式)	列方程解应用题的一般步骤 列一步计算的方程($x\pm b=c$ 形式) 列二步计算的方程($ax\pm b=c$ 形式) 列三步计算的方程($ax\pm bc=d$ 形式) 列含有两个未知项的方程($ax\pm bx=c$ 形式)

用字母表示数:78、92、12三版教材的知识点数分别为5、5、7。78版教材与92版教材知识点相同,12版教材提高了"用字母表示数量关系"的要求,同时增加了"含有字母式子中字母的取值范围"这一知识点。

解简易方程:78、92、12三版教材的知识点数分别为5、7、7。相较于78版教材,92版和12版教材都增加了知识点"解含有两个未知项的方程($ax\pm bx=c$ 形式)",此外,92版和12版教材各有自己的特点,92版增加了"等式与方程的关系",12版增加了"等式的性质",并且12版教材增加了二步计算方程的类型。可以看出从78版教材到12版教材,解方程的方法有了明显的改变,从四则运算各部分关系的运用变为等式性质的运用,加深了对方程和等式的理解,有利于与中学数学相衔接。

列方程解应用题:78、92、12三版教材的知识点数分别为4、6、5。与78版教材相比,92版和12版教材都增加了"列含有两个未知项的方程($ax\pm bx=c$ 形式)"知识点,在此基础上92版还增加了知识点"方程解与算术解比较与灵活运用",帮助学生区分两种解法。

三版教材"简易方程"共包括 $n=21$ 个知识点,其中 $n_1=14, n_2=18, n_3=19$,内容广度分别是 $\frac{2}{3}=0.6667, \frac{6}{7}=0.8571, \frac{19}{21}=0.9048$,分别除以课时系数,得到可比内容广度分别是 $G_1=0.6667\div(18\div 22)=0.8149, G_2=0.8571\div(22\div 22)=0.8571, G_3=0.9048\div(18\div 22)=1.1059$。

从表3-91可以看出,三版教材都遵照从"用字母表示数"到"解简易方程"到"实际问题与方程"的顺序,三版教材的知识点之间都存在一定的逻辑联系。从学习"用字母表示数"入手,引导学生感受代数的基本思想,培养学生的代数思维,进一步引导学生将"用字母表示数"运用到等式中,理解方程的意义,"解二步计算、三步计算的方程"是以"解一步计算的方程"为基础,引导学生将二步计算、三步计算的方程转换为一步计算的方程并求解,培养学生的转换能力,学生在掌握解简易方程方法的基础上,将方程思想运用到实际问题中,通过方程解决实际问题。除此之外,12版教材涉及等式的性质,要求学生在理解等式性质的基础上,利用等式的性质解方程,相比较之下,12版的解方程方法更利于学生理解方程,发展代数思维,78版和92版的算术思路解方程的方法限制了学生思维的发展,不利于与初中数学的衔接,对未来的代数学习可能会产生负迁移。[①]

2. 内容深度

内容深度是指教材内容所要求的思维深度,主要针对教材中正文部分的概念、方法、规则,包括例题以及配合新知识教学的"想一想""做一做""说一说"等,不含阅读材料。内容深度主要受内容的认知要求和内容表述的影响。对"简易方程"的知识点进行水平划分,可以得到三版教材"认知要求"(分四级水平)和"内容表述"(分四级水平)的各水平占比情况。

表3-92 三版教材简易方程内容的认知要求情况

教材版本	了解(模仿)	理解(认识)	掌握(应用)	综合应用
78版	0%	42.86%	57.14%	0%
92版	5.56%	33.33%	55.55%	5.56%
12版	15.79%	26.31%	47.37%	10.53%

从表3-92中可以看出,三版教材"简易方程"内容认知要求的水平集中在"理解"和"掌握"两个等级。比较发现,从78版教材到12版教材,"了解"和"综合应用"水平占比逐渐上升,"理解"和"掌握"水平占比逐渐下降,说明知识点认知要求水平呈现多样性,也更具有层次性,弥补了过于集中"理解"和"掌握"水平的不足,如何匹配课标要求,合理呈现知识点认知要求水平,是值得进一步研究的问题。

[①] 刘久成.小学数学"简易方程"内容量化分析——基于人教版三套教科书的比较[J].课程·教材·教法,2019(8):72-78.

表 3-93　三版教材简易方程内容的内容表述情况

教材版本	直观描述	归纳类比	演绎推理	探究开放
78 版	0%	50%	50%	0%
92 版	5.56%	44.44%	50%	0%
12 版	0%	42.11%	52.63%	5.26%

从表 3-93 中可以看出，三版教材内容表述以"归纳类比"和"演绎推理"为主，借助多个具体的例子引导学生归纳出用字母表示数的方法，符合中高年级小学生的心理发展特征，引导学生在学习了四则运算和等式性质的基础上，得出解方程的方法，帮助学生构建系统的知识体系。

相比较之下，92 版教材采用集合图的形式直观描述"等式与方程的关系"，更利于学生理解"方程的意义"和"等式与方程的关系"。12 版教材增添了"探究开放"水平的内容，在"列含有两个未知项的方程（$ax \pm bx = c$ 形式）"知识点中例举相向路程问题，引导学生理解问题并寻找解决问题的方法，给学生留下思考空间，帮助学生回顾思考，对问题形成一定的认识。

根据"认知要求"和"内容表述"的计算公式可以得出两者的平均等级，考虑到两者对内容深度的影响，可以得出"简易方程"内容的平均内容深度和可比内容深度。

表 3-94　三版教材简易方程内容的内容深度情况

教材版本	认知要求平均等级	内容表述平均等级	平均内容深度	可比内容深度
78 版	2.571 4	2.500 0	2.535 7	0.633 9
92 版	2.611 1	2.444 4	2.527 8	0.632 0
12 版	2.526 3	2.631 6	2.579 0	0.644 8

从表 3-94 中可以看出，三版教材的认知要求平均等级处于 2 到 3 之间，也就是处于理解与掌握之间，符合课标要求和小学生的认知发展水平特点。相比较之下，78 版、92 版教材的可比内容深度相当，12 版教材略高。可见，40 多年来教材"简易方程"内容的内容深度经历了微减后升的过程，经过改革开放后的 12 版教材可比内容深度比 78 版教材增加了 1.72%，总体上是平稳的。

3. 习题难度

习题难度是指学生解答习题时思维的难易程度，包含习题的认知要求和习题背景两方面。

表3-95 三版教材简易方程内容的习题认知要求情况

教材版本	题数	了解(模仿)	理解(认识)	掌握(应用)	综合应用
78版	81	2.47%	19.75%	71.60%	6.17%
92版	126	0.79%	21.43%	57.14%	20.63%
12版	79	0	21.52%	65.82%	12.66%

从表3-95中可以看出,92版教材的习题数最多,78版教材和12版教材的习题数相近,这与课时数相匹配。三版教材的习题都以"掌握"水平为主,说明"简易方程"内容要求学生在理解的基础上达到掌握知识的程度。比较之下,92版教材"综合应用"水平占比显著高于其他两版教材,习题认知要求更高。从78版教材到12版教材,"了解"水平占比逐渐下降至0,说明教材减去了认知要求较低的习题,提高了习题整体的认知要求。

表3-96 三版教材简易方程内容的习题背景情况

教材版本	无背景	个人生活背景	公共生活背景	科学实验背景
78版	41.98%	3.70%	51.85%	2.47%
92版	34.13%	12.70%	49.21%	3.97%
12版	34.18%	17.72%	46.84%	1.27%

从表3-96中可以看出,三版教材"简易方程"内容的习题背景以无背景和公共生活背景为主,这点与"简易方程"内容习题以计算题和应用题为主有关。列方程解决实际问题相关的题大多数以公共生活为背景,说明比起以个人生活为背景的实际问题,教材更倾向于采用公共生活作为背景,避免部分学生因为缺少生活经历而不理解题目。

三版教材习题的科学实验背景非常少,最高仅达3.97%,不利于学生将数学与其他学科相联系,因此有必要增加科学实验背景的习题。

相比较之下,92版教材和12版教材都有意识地减少了无背景题目的比重,增加了有背景习题的比重,这与92版教材和12版教材的教学大纲(课程标准)有一定的关系。这两版大纲都强调了实际问题情境,92版大纲中指出要求学生"能初步运用所学的知识解决生活中一些简单的实际问题";2011年版课程标准也要求学生"在具体情境中能用字母表示数""结合简单的实际情境,了解等量关系,并能用字母表示","能用方程表示简单情境中的等量关系"。来自生活中的习题背景,能有助于引导学生感受数学与实际生活的联系,帮助学生掌握运用所学知识解决实际问题的能力。12 版教材以个人生活为背景的习题比重高于 78 版教材和 92 版教材,这与课标要求数学贴近学生的实际生活有关。

根据"认知要求"和"背景"的计算公式可以得出两者的平均等级,考虑到两者对习题难度的影响,可以得出"简易方程"内容的平均习题难度和可比习题难度。

表 3-97 三版教材简易方程内容的习题难度情况

教材版本	认知要求平均等级	习题背景平均等级	平均习题难度	可比习题难度
78 版	2.814 8	2.148 1	2.548 1	0.637 0
92 版	2.976 2	2.230 2	2.677 8	0.669 5
12 版	2.911 4	2.152 0	2.607 6	0.651 9

从表 3-97 中可以看出,92 版教材的习题认知要求平均等级和习题背景平均等级均高于 78 版和 12 版教材,相对应的 92 版的平均习题难度和可比习题难度也是最高的,说明 92 版教材对简易方程内容的学习有较高的要求。相比较之下,可以发现改革开放以来教材中"简易方程"的习题难度经历了先升后微降的过程,总体来说可比习题难度是上升的。

4. 教材难度

教材难度是指教材文本内容的总体难度,它有赖于内容广度、内容深度和习题难度,考虑小学数学学科的特点,依据教材某一知识主题的可比内容广度、可比内容深度、可比习题难度刻画教材的静态难度,分别按权重 0.2、0.5、0.3 进行计算,则得"简易方程"主题的教材难度。

表 3-98 三版教材简易方程内容的教材难度情况

教材版本	课时系数	可比内容广度	可比内容深度	可比习题难度	教材难度
78 版	0.818 2	0.814 9	0.633 9	0.637 0	0.671 0
92 版	1.000 0	0.857 1	0.632 0	0.669 5	0.688 3
12 版	0.818 2	1.105 9	0.644 8	0.651 9	0.739 2

从表 3-98 中可以看出,从 78 版教材到 12 版教材,40 多年来教材"简易方程"内容的教材难度逐渐上升,12 版教材难度显著高于 92 版教材和 78 版教材,12 版教材难度相对于 78 版教材来说增长了 10.16%。学生在学习 12 版教材

"简易方程"内容时需要在较少的课时内学习更多的知识点,并达到更高的思维深度,这无疑对学生来说是有些难度的挑战。如此看来,可以适当增加课时数,给予学生更多的学习时间,可减轻学生学习的负担。

(三) 简易方程呈现方式

教材的呈现方式主要指教材中数学知识结构的外部表征,包括素材选取、情境设计、插图运用、习题安排、语言表达方式等。

1. 素材选取

素材是数学学习内容的载体,是数学本质的外在表现,经过数学化处理可以揭示其所反映的数学概念、思想方法、基本原理和规律。素材有数学内部本身、数学与生活、数学与其他学科联系的不同类型,统计如下。

表 3-99 三版教材简易方程内容的素材选取情况

教材版本	数学与生活	数学内部本身	数学与其他学科
78 版	15	7	0
92 版	20	13	0
12 版	20	7	2

从表 3-99 中可以看出,三版本教材都注重从数学与生活的联系中选取素材,利用现实生活中的素材帮助学生更好地理解方程知识,引导学生将具体事物抽象成字母和数字,符合高年级学生这个年龄段由具体思维逐渐向抽象思维转变的心理特征,引导学生感受数学与生活之间的联系,使数学走进学生的生活,将数学世界与学生的生活经验联系起来,凸显出数学在日常生活中的作用,培养学生解决问题的能力,激发学生数学学习的兴趣。[①] 78 版教材和 92 版教材没有涉及数学与其他学科的联系,12 版教材在选取素材时引入了"月球上物体重量"和"地球上海洋和大陆面积"两个素材,与物理和地理知识有所联系,拓宽了学生的视野,帮助学生感受数学与其他学科的联系。

2. 情境设计

情境的类型较多,从涉及的领域可将情境划分为生活情境、实践操作、科学

---

① 蒲淑萍,宋乃庆,邝孔秀.21 世纪小学数学教材的国际发展趋势研究——基于对 10 个国家 12 套小学教材的分析[J].教育研究,2017(5):144-151.

实验三种,后者的理解水平一般要高于前者。

表3-100 三版教材简易方程内容的情境设计情况

教材版本	用字母表示数	解简易方程	实际问题与方程
78版	生活情境	生活情境	生活情境
92版	生活情境	生活情境	生活情境
12版	生活情境＋实践操作＋科学实验	生活情境＋实践操作	生活情境＋科学实验

从表3-100中可以看出,三版教材都注重设置生活情境,从具体情景入手,引导学生归纳推理,引领学生感受用字母表示数的概括性,从天平入手帮助学生理解等式与方程的意义,"实际问题与方程"内容是直接与生活情境联系在一起,引导学生运用方程解决实际生活中的问题。

12版教材弥补了78版和92版教材情境设计单一的缺点,在"用字母表示数"中增加摆小棒环节,学生动手尝试用小棒摆正方形和三角形,研究所用小棒的数量,发现"$3x+4x=(3+4)x=7x$"的规律;"解简易方程"中带领学生在平衡的天平两端同时放上相同重的事物,引导学生发现等式的性质,这两者都加强了数学与生活之间的联系,引导学生通过动手操作探究发现知识,加深学生对知识的理解,培养学生的动手操作能力,发展学生的探究精神。同时,12版教材在"用字母表示数"设置了"求月球上物体质量"情境,在"实际问题与方程"设置了"求地球上海洋和大陆面积"的情境,将数学与其他学科知识联系在一起,打破学科壁垒,符合课程改革当代潮流。

3. 插图运用

教材中的插图通常包括装饰性图,如表示情境、背景或栏目标识的图;表征性图,如含有数或形意义的实物图、示意图以及表达数学信息或操作流程的图;知识性图,如解释、说明、提示或揭示数学概念、规则、方法的图。

表3-101 三版教材简易方程内容的插图运用情况

教材版本	总数	装饰性图	表征性图	知识性图
78版	9	0	9	0
92版	57	39	15	3
12版	143	58	70	15

从表3-101中可以看出,从78版教材到12版教材,使用的插图数量大幅

上升。40多年来教材中插图的使用率显著提高,增强了教材的趣味性和可读性,加强了教材与实际生活之间的联系。

12版教材设置了大量的插图,其中表征性图最多。小学生处于由具体思维向抽象思维过渡的阶段,教材提供含有数形意义的表征性图,有利于学生将具体事物转化为抽象的数字、符号,发展学生的抽象思维,帮助学生从插图中获取相关信息,培养学生从图片中分析数学信息的能力。

12版教材较多使用了装饰性图表示情境、背景和栏目标识,这与其课程标准提出的要求有关。2011年版课程标准要求数学教学活动应激发学生兴趣,教材通过设置装饰性图丰富教材内容,用不同颜色和形状的插图满足学生对视觉美的需求,借用茄子老师等卡通形象的对话激起学生的兴趣,增强学生学习的积极性和主动性。同时,12版教材设置的"做一做"等装饰性图清晰地展示了教材文本的层次,帮助学生认识教材每一阶段的学习内容。

12版教材使用的知识性图的数量与知识点数量相近,教材借助图片的形式揭示数学概念、规则和方法,直观清晰地向学生展示数学知识,学生印象深刻。

相比较之下,92版教材的装饰性图的数量多于表征性图,12版教材则是表征性图的数量多于装饰性图,可以看出92版教材更多地将插图作为装饰使用,忽视了插图的数学信息性,12版教材弥补了这一缺点,充分利用插图的信息内容,培养学生观察和分析信息的能力。

4. 习题安排

表3-102 三版教材简易方程内容的习题安排情况

教材版本	习题数量	习题类别			
		计算题	填空题	判断题	解答题
78版	81	11.11%	12.36%	2.47%	74.07%
92版	126	12.70%	8.73%	4.76%	73.81%
12版	79	13.92%	15.20%	6.33%	64.56%

从表3-102中可以看出,三版教材习题都以解答题为主,对学生能力要求较高,注重综合运用方程知识解决实际生活中的问题,这与"实际问题与方程"这一知识单元有关,教材选取大量以实际生活为题材的解答题作为习题,引导学生感受数学与生活之间的联系,培养学生的数学建模思想。相比较之下,12版教材的解答题占比明显低于78版教材和92版教材,但解答题依旧是该教材最重

要的一部分。可以看出,12 版教材在注重培养学生解决实际问题能力的同时,减少了机械性和简单重复性的问题,避免学生因为反复做类似的题而浪费时间,合理规划习题类型,寻求习题形式多样和习题层次的合理安排。

三版教材都有设置方程相关的判断题,并且三版教材习题的判断题占比略有上升。这与"等式与方程的意义"这一知识点有关,可以看出三版教材都注重学生对方程意义的理解,要求学生能正确地辨别出方程与其他式子。

5. 语言表达方式

教材内容的表达形式可分为图表、图文结合(包括文字为主图形为辅、图形为主文字为辅)、文字符号。[①] 分析"简易方程"中概念、规则、问题等内容的表达形式,可以得到:

表 3 – 103　三版教材简易方程版面的表达形式

教材版本	用字母表示数	解简易方程	实际问题与方程
78 版	文主图辅	文主图辅	文主图辅
92 版	文主图辅	文主图辅	文主图辅
12 版	图文结合	图文结合	图文结合

78 版和 92 版教材对图片的运用较少,仅将图片作为对文字的补充或结构需要,插图含有的信息较少。12 版教材加强了对图片的运用,在图表中设置更多的信息,将题干中缺失的主要信息设置在图片中,减少纯文字表达,从图表入手引导学生归纳出用字母表示数的方法,借助天平图帮助学生理解方程和等式的意义以及等式的性质,用图片表示例题的大部分信息,辅以天平图,帮助学生掌握运用等式的性质解方程,设置主题图和问题,引发学生积极思考。

(四)简易方程研究结论

1. 栏目设置和插图运用逐渐丰富,教材趣味性增强

兴趣是孩子最好的老师,没有教材的趣味性,往往很难调动学生的学习积极性。比较发现,从 78 版教材到 12 版教材,逐步增加数学故事、数学游戏栏目,增设动植物卡通形象的插图,教材的趣味性得到显著提高。通过游戏、故事、卡通

---

① 刘久成,刘久胜.人教社三种教材中"圆"的课程内容比较[J].数学教育学报,2015(2):46 – 49.

等学生喜爱的事物引起学生的兴趣,学生在兴趣的驱使下主动参与到课堂学习之中,让学生感受到数学学习并不枯燥,数学好玩。

2. 与实际生活联系,强调数学生活化

回归生活是当今国际数学课程改革的措施之一。改革开放40多年来,三版教材都重视数学与实际生活之间的联系,12版教材的数学生活化程度相较来说更高,这符合《义务教育数学课程标准(2011年版)》中提出的:"数学广泛应用于社会生产和日常生活的各个方面。"在数学生活化理念的指导下,教材引导学生体会将实际问题"数学化"求解的过程,感受数学与实际生活之间的联系,培养学生利用方程解决实际问题的能力,以生活作为主要的素材来源,多次采用具体的生活情境,帮助学生更好地理解情境中的数量关系。

3. 版面色彩逐渐丰富,培养学生感知和欣赏色彩美的能力

《中华人民共和国教育法》明确规定:"教育必须为社会主义现代化建设、为人民服务,必须与生产劳动和社会实践相结合,培养德、智、体、美等方面全面发展的社会主义建设者和接班人。"教材中色彩运用是美育的元素之一。改革开放40多年来,教材逐渐强调培养学生对色彩美的鉴赏。从78版到12版教材,教材版面色彩经历了由最初的黑白色转变为双色再发展为彩色的过程。小学生心理发展还不够成熟,依旧保有对色彩的强烈追求,在学习数学的过程中,引导学生借助彩色教材感知色彩,感受色彩的魅力,满足学生的视觉需求。12版教材的色彩非常丰富、分布合理,在不妨碍学生注意力集中的情况下,发展学生鉴赏色彩的能力,增强学生对数学美的感受。

4. 内容深度小幅上涨,习题难度先升后降,综合难度不断上升

从78版教材到12版教材,内容深度小幅度提高,但没有明显的差距。习题数量经历了一个先增后减的过程,92版教材中习题数量显著多于另两版教材,习题难度先升后降。改革开放40多年来,"简易方程"教材的综合难度上升了10.16%,这反映了随着时代变化,教材也在做出相应的改变来适应新的时代要求,更新教材内容,渗透现代数学基本思想。同时,不同时代学生的认知水平和发展特点也有差异,现代社会的小学生通过接触互联网技术等途径,有了更早、更便捷地获得知识和信息的能力,提早渗透代数思想,发展学生的代数思维在学界已形成一定共识,提升学习简易方程的难度应是必然趋势。

八、正比例和反比例内容研究[①]

"正比例和反比例"是"数与代数"领域的内容之一。它是在认识常见的数量关系的基础上,对除法和分数、比和比例、等式与方程、图形等知识的综合与提升[②]。它也是重要的数学模型,体现了基本的函数思想,是学生由算术学习转向代数学习的过渡,从对数量的理解转向对关系的探讨[③]。

根据教学大纲(课程标准)的要求,这一内容主要是让学生理解两个变量之间的正、反比例关系,能运用正、反比例的意义进行判断并解决简单的实际问题,其中"正比例关系图象"内容变动较大。78 大纲以小括号的形式提出"(包括画图表示)",92 大纲不做要求,课标(2011 年版)单列一条明确了具体的画图、识图要求,不仅提高了技能要求,也更加注重数形结合思想的渗透。同时,由 92 大纲提出"使学生进一步受到辩证唯物主义观点的启蒙教育"到课标(2011 年版)强调"通过具体情境""能找出生活中的……实例,并进行交流",可以发现教育教学理念发生了转变,加强了数学与实际生活的联系,突出了学生创新意识和实践能力的培养。

(一)正比例和反比例结构体系

这部分主要是研究"78 版教材""92 版教材"和"12 版教材"这三版教材"正比例和反比例"内容是怎么编排的、分布情况如何,又包含了哪些知识点以及单元内安排了哪些具体栏目等方面。

1. 内容编排

表 3-104 三版教材正比例和反比例内容分布

教材版本	单元名称	单元内容	相关知识点分布
78 版第十册	比和比例	比的意义和性质 比例尺 按比例分配 比例的意义和性质 正比例	正比例的意义 正比例关系图象 正比例的应用

[①] 邵静仪撰写初稿.
[②] 娜仁高娃.小学"比和比例"教学研究[D].内蒙古师范大学,2020.
[③] 贲友林.把握转折:从"算术"走向"代数"——"式与方程"和"正比例、反比例"备课解读与难点透视[J].人民教育,2006(Z2):33-39.

(续表)

教材版本	单元名称	单元内容	相关知识点分布
		反比例	反比例的意义 反比例的应用
92版 第十二册	比例	比例的意义和基本性质 正比例和反比例的意义	正比例的意义 反比例的意义 正比例和反比例的对比
		比例的运用	正比例的应用 反比例的应用
12版 第十二册	比例	比例的意义和基本性质 正比例和反比例	正比例的意义 正比例关系图象 反比例的意义
		比例的应用	正比例的应用 反比例的应用

从整体上来看，三版教材"正比例和反比例"内容都是按照直线式的组织结构编排的，按照"概念—性质—应用"这样以数学知识本身的逻辑结构来展开教学内容，有利于学生把握正比例和反比例知识的内在联系，形成合理的数学知识结构。

在具体编排顺序上，"92版教材"对"78版教材"进行了较大的革新，"12版教材"基本上沿袭了"92版教材"的编排方式，由此着重分析"92版教材"。

现代教学论趋向于把学科的逻辑顺序与儿童的心理发展顺序适当结合起来，建立科学合理的教材结构。较之"78版教材"，后两版教材都充分注意把数学知识的逻辑顺序以及学生的心理特点、认知规律这两方面结合起来编排[①]。

一方面，"92版教材"将"比和比例"分为"比"和"比例"两个模块分散编排，将"比"的内容前置编排于分数除法之后，就是考虑到了"比"和分数除法的密切联系，这样的编排既避免了大量知识点堆积而引起的混淆错乱，又易于学生理解比的概念，从而为以后学习百分数也称为百分比的概念以及比例的知识打下基础。

---

① 刘久成.小学数学教材内容和结构改革六十年[J].课程•教材•教法，2012(1)：70-76.

另一方面,不同于"78版教材"把正比例、反比例各设为一节来编排的方式,"92版教材"采用集中编排的方式,先归纳出正、反比例的意义,再增加两者的概念对比环节,最后编排正、反比例的应用。正、反比例知识间既有联系又有区别,再加上它们的教学思路与教学方法基本相仿,容易发生概念混淆和练习生搬硬套的现象①。因此,"92版教材"的编排方式合理地避免了上述情况,把概念放在突出的位置,使学生更好地掌握正、反比例的意义,再通过"应用"解决简单的实际问题,同时借助对比进一步建立清晰的概念,由此加深对正、反比例意义的理解,提高解决问题的能力②。

简而言之,"92版教材"的编排设计既沟通了纵向和横向知识间的内在联系,便于学生从整体上构建数学知识框架,又分散难点、突出重点,使每块数学知识内容搭配更加合理、丰富。

2. 栏目设置

表3‐105　三版教材正比例和反比例内容的栏目设置

教材版本	单元内主要栏目	单元内其他栏目	单元末栏目
78版	例题 练习		复习
92版	例题 想一想 做一做 练习	你知道吗?	整理和复习 练习
12版	例题 做一做 练习	你知道吗?	整理和复习 练习

"正比例和反比例"内容呈现结构包含"例题""想一想""做一做""你知道吗?"以及"练习"和"复习"。"例题"通常是知识点的主要载体,起着讲解知识、展示解题方法的作用;"想一想"通常针对例题提出进一步思考的问题,促进学生对规律的进一步探究,目的是启发深度思维、揭示数学本质;"做一做"则是例题的变式,用于加深理解和及时巩固例题的方法;"你知道吗?"通常是阅读材料,学生了解即可;"练习"相对于"做一做"来说,题量更大,是对一个或多个知识点的综合运

---

① 邱廷建.正、反比例教材的重组教学[J].教师之友,1995(2):18‐19.
② 梁秋莲.小学数学教学探索:课程标准与教材教法之演进[M].北京:人民教育出版社,2007:215.

用;"复习"通常设置在单元末,是对一个单元所学知识的梳理归纳和总结提升。

通过三版教材栏目设置的对比,我们可以发现:

相同之处:三版教材都贯穿着"例题—练习题—复习题"这样的基本脉络,能够有效保证学生获得必要的数学基础知识和基本技能[①]。

不同之处:"78版教材"是传统的"例题—习题"模式,每个知识点都安排了2个及以上的例题和一个练习单元。正文部分没有任何插图,例题皆以文字描述为主,平铺直叙,缺乏启发性,而且例题较多,讲解过于精细,不利于学生独立思考,限制了教师的发挥;练习题量偏多且呈现形式单一,有脱离学生实际现象。

后两版教材不断丰富栏目设置,增设了"想一想""做一做"以及"你知道吗?"的阅读材料。总体趋势是精简例题,加大学生探索空间;丰富栏目设置,增加插图数量;文字更具启发性,注重知识的形成过程;呈现方式多样化,贴近学生生活。

(二) 正比例和反比例内容设计

依据教学大纲(课程标准)的要求,从教材的内容广度、内容深度、习题难度进行量化分析和难度比较,以此来探究改革开放以来该知识主题的演进。

1. 内容比重

三版教材中"正比例和反比例"主题内容的教材页数及其占整套教材的百分比,以及教学该主题所用教学时间占小学教学总课时的百分比见表3-106。

表3-106 三版教材正比例和反比例总体情况统计

教材版本	整套总页数	主题页数	主题占整套页数百分比%	小学总课时	主题课时	主题占小学总课时百分比%
78版	1 120	19	1.696 4	1 168	10	0.856 2
92版	1 682	19	1.129 6	986	7	0.709 9
12版	1 359	14	1.030 2	952	6	0.630 3

统计发现,三版教材中"正比例和反比例"内容占比和课时占比皆呈下降趋势,其中"78版教材"到"92版教材"下降幅度最大。同时,三版教材的课时占比远低于内容占比,这在一定程度上说明在教学过程中会因为时间偏紧而增加教

---

① 吴双.苏、沪、港小学数学教材中"垂直与平行"的比较研究[D].扬州大学,2019.

学难度。

2. 内容广度

根据教学大纲(课程标准)的教学要求以及教材中承载知识点的例题,将三版教材中"正比例和反比例"内容的知识点整理成如下表格:

表3-107 三版教材正比例和反比例内容的知识点

知识点	78版教材	92版教材	12版教材
正比例的意义	√	√	√
正比例关系图象	√		√
正比例的应用	√	√	
反比例的意义	√	√	√
反比例的应用	√	√	√
正比例和反比例的对比		√	
知识点总数	5	5	5

从上表可以看出,三版教材在"正比例与反比例"内容中所含知识点的并集有 $n=6$ 个知识点,其中 $n_1=n_2=n_3=5$。这样,内容广度皆为 $\frac{5}{6}=0.833\,3$,分别除以课时系数,得到可比内容广度分别是 $G_1=0.833\,3÷(10÷10)=0.833\,3$,$G_2=0.833\,3÷(7÷10)=1.190\,4$,$G_3=0.833\,3÷(6÷10)=1.388\,8$。

通过观察上表,我们还可以知道三版教材的知识点数相同,且有4个相同的知识点(正比例的意义、正比例的应用、反比例的意义、反比例的应用)。"78版教材"和"12版教材"有1个共有的知识点,即"正比例关系图象";"正比例和反比例的对比"是"92版教材"所独有的。对于正、反比例的概念和判断是学生比较容易混淆的,加强对比十分必要。同时92大纲尤为重视两概念的比较,由此教材专门将其作为一个知识点,通过学习可以进一步加深学生对正、反比例意义的认识,提高判断能力,这点是其他教材所不及的。

总之,这部分内容所涵盖的知识点数量较少,教学内容也都是比较基础的。三版教材内容广度相同,而可比内容广度差异较大,可见在内容广度不变时减少教学课时数则会增加学生的学习难度。

3. 内容深度

研究表明,教材的内容深度主要受内容的"认知要求"和"内容表述"反映的思维特征的影响。对照水平划分标准,可以得到给每个知识点"认知要求""内容表述"四级水平的分别占比。见表3-108和表3-109。

表3-108 内容深度中"认知要求"各水平占比统计

教材版本	了解(模仿)	理解(认识)	掌握(应用)	综合应用
78版	20.00%	40.00%	40.00%	0.00%
92版	0.00%	40.00%	60.00%	0.00%
12版	0.00%	60.00%	40.00%	0.00%

根据表3-108,"认知要求"的水平基本集中于"理解"和"掌握"两个等级,在教材正文没有出现最高水平的认知要求。"78版教材""了解"(即"正比例关系图象")的情况较为特殊。首先该知识点不在正文当中,而是作为一道习题出现在单元练习中,归为知识点是因为78大纲提到"成正比例的量(包括画图表示)",但"画图表示"与认识"正比例关系图象"的要求又有所不同,因此纳入"了解",从实例中知道正比例图象的有关特征即可。

表3-109 内容深度中"内容表述"各水平占比统计

教材版本	直观描述	归纳类比	演绎推理	探究开放
78版	0.00%	80.00%	0.00%	20.00%
92版	0.00%	60.00%	0.00%	40.00%
12版	40.00%	0.00%	0.00%	60.00%

三版教材的"内容表述"主要集中于"归纳类比"和"探究开放"。"12版教材"中"正比例的意义"和"反比例的意义"这两个知识点借助单个例子进行了直观描述,一改前两版教材通过多个例子归纳推理得出结论的呈现方式,加大教学步子;属于"探究开放"水平的知识点主要为"正比例关系图象"和"正、反比例的应用"。78版、12版教材中的"正比例关系图象",前者是习题形式,后者多次出现"你发现什么?"这样开放性的问题,二者皆以问题为引导探究其特征,并未给出现成的结论,"78版教材"连图象都没有直接呈现出来;"92版教材"中"正、反比例的应用"留白式地让学生自己回顾并填写之前学过的方法,"12版教材"则让学生经历完整的解题过程:"阅读与理解""分析与解答"以及"回顾与反思",以

上都符合一定的问题开放性和探究性特征。

计算可得三版教材"正比例和反比例"内容深度中"认知要求""内容表述"的平均等级,再按"认知要求""内容表述"相应的权重进行加权平均,即可得到平均内容深度和可比内容深度。见表3-110。

表3-110 三版教材正比例和反比例内容深度统计

教材版本	认知要求平均等级 (S_{i1})	内容表述平均等级 (S_{i2})	平均内容深度	可比内容深度 (S_i)
78版	2.200 0	2.400 0	2.300 0	0.575 0
92版	2.600 0	2.800 0	2.700 0	0.675 0
12版	2.400 0	2.800 0	2.600 0	0.650 0

"认知要求""内容表述"的平均等级,基本都在2与3之间,这说明总体深度集中在"理解"和"掌握"水平,可以说是比较符合大纲或课标的目标要求的。由上表可知,"92版教材"可比内容深度最高,"78版教材"最低,表明"正比例和反比例"内容深度在改革开放之初定位较低,实施义务教育后要求有所提高,本次课改后又略有降低。

4. 习题难度

本研究从"认知要求"和"习题背景"两个维度进行刻画,并给每个习题对照水平划分标准赋值,可得到"认知要求""习题背景"四级水平的分别占比。见表3-111和表3-112。

表3-111 习题难度中"认知要求"各水平占比统计

教材版本	题数	了解(模仿)	理解(认识)	掌握(应用)	综合应用
78版	47	4.26%	27.66%	65.96%	2.13%
92版	33	9.09%	39.39%	36.36%	15.15%
12版	30	0.00%	46.67%	43.33%	10.00%

由上表可知,三版教材的习题总数依次减少,其中"78版教材"最多,与其传统的"例题—习题"教学模式有关。习题均以"理解"和"掌握"水平为主,并且92版、12版教材两者的占比相当,与上文的内容总体深度保持一致;相比之下,三版教材的"了解"水平所占比例更少,说明教材尽量避免记忆和模仿类习题,即与

正文例题或与其类似题目的仿照,由此减少思维的固化,加深知识点的本质认识[①]。

表 3-112　习题难度中"习题背景"各水平占比统计

教材版本	题数	无背景	个人生活背景	公共生活背景	科学实验背景
78 版	47	27.66%	10.64%	61.70%	0.00%
92 版	33	54.55%	3.03%	42.42%	0.00%
12 版	30	30.00%	20.00%	50.00%	0.00%

我们可以明显看到三版教材的习题没有"科学实验背景","个人生活背景"占比也较低,这反映了这部分习题脱离学生生活实际的不足依旧没有得到较好的处理,同时习题与其他学科的结合是长期被忽略的,这是需要改进的地方。

计算可得三版教材"正比例和反比例"习题难度中"认知要求""习题背景"的平均等级,再按"认知要求""习题背景"相应的权重进行加权平均,即可得到平均习题难度和可比习题难度。见表 3-113。

表 3-113　三版教材正比例和反比例习题难度统计

教材版本	认知要求平均等级(X_{i1})	习题背景平均等级(X_{i2})	平均习题难度 $\left(\frac{3}{5}X_{i1}+\frac{2}{5}X_{i2}\right)$	可比习题难度 $\left(\frac{3}{5}X_{i1}+\frac{2}{5}X_{i2}\right)\div 4$
78 版	2.659 6	2.340 4	2.531 9	0.633 0
92 版	2.575 8	1.878 8	2.297 0	0.574 3
12 版	2.633 3	2.200 0	2.460 0	0.615 0

可比习题难度"92 版教材"最低,其他两版较为均衡。"92 版教材"中的"习题背景平均等级"远低于其他两版教材,原因主要是"个人生活背景"的习题数量过少,该部分习题背景的编写没有很好地遵循 92 大纲所指出的"应用题要注意联系学生的生活实际"的要求。

5. 教材难度

最后,综合考虑可比内容广度、可比内容深度、可比习题难度,并按 0.2、0.5、0.3 的权重,计算出教材难度。见表 3-114。

---

① 刘久成.小学数学"简易方程"内容量化分析——基于人教版三套教科书的比较[J].课程·教材·教法,2019(8):72-78.

表 3-114 三版教材正比例和反比例综合难度统计

教材版本	课时系数 (β_i)	可比内容广度(G_i)	可比内容深度(S_i)	可比习题难度(X_i)	教材难度(N_i)
78 版	$\frac{10}{10}=1$	0.833 3	0.575 0	0.633 0	0.644 1
92 版	$\frac{7}{10}=0.7$	1.190 4	0.675 0	0.574 3	0.747 9
12 版	$\frac{6}{10}=0.6$	1.388 8	0.650 0	0.615 0	0.787 3

三版教材"正比例和反比例"综合难度呈现出连续上升趋势,且上升幅度较为明显。"92 版教材"相对于"78 版教材"综合难度上升幅度达到 16.12%,起伏偏大;"12 版教材"相对于"92 版教材"综合难度提高了 5.27%;"12 版教材"相对于"78 版教材"综合难度提高了 22.23%,有较大的跨度,这说明了改革开放 40 多年来人教版小学数学"正比例和反比例"内容随着时代的变迁、教育教学思想的转变以及未来社会发展的需要,适时更新教材,合理提升难度,这是不可避免的发展趋势。

(三)正比例和反比例呈现方式

教材的知识主题和知识点确定以后,如何组织内容,以什么样形式表达内容,直接影响教材的风格和特色,关系到教师如何教与学生如何学。教材的呈现方式主要指教材中数学知识结构的外部特征,主要包括以下几个方面。

1. 素材选取

学习素材是学生解决数学问题、获得数学知识、提高数学能力的基本载体,是学生感受数学与生活的密切联系,体验数学价值,形成正确数学观的重要资源。[1] 课标(2011 年版)指出:"教材所选择的学习素材应尽量与学生的生活现实、数学现实、其他学科现实相联系,应有利于加深学生对所要学习内容的数学理解。"据此理念审视三版教材素材选取情况。

"78 版教材"和"92 版教材"在引入正比例和反比例的意义时借助了常见的数量关系。学生已经掌握了一些常见的数量关系,如速度、时间与路程的关系,

---

[1] 张卫星.例谈小学数学教学中学习素材的选择[J].基础教育研究,2008(11):30-31.

单价、数量与总价的关系,但是学生对这些数量之间的相依关系与变化规律还不清楚[①],因此,这两版教材在学生已有知识基础上引导学生体会成正、反比例的量之间的相依关系与变化规律,加强了与"数学现实"的联系。

除此之外,三版教材皆重视选取生活素材,但是侧重点有所不同。

"78版教材"和"92版教材"选用很多反映工农业生产的素材,比如长征机械加工厂、织布烧煤问题,又或者是典型的速度、时间、路程问题,有意识地培养学生爱祖国、爱社会主义的思想情感,但是这些素材距学生的生活较远,不是小学生这种年龄阶段感兴趣、易于理解接受的。"12版教材"则选取了大量与学生生活密切相关的素材,比如去文具店买彩带、交水费、改用节能灯后的用电量等,学生既有一定的生活经验,又易于获得信息来源。

"12版教材"以表现学生"生活现实"的学习素材为主,"78版教材"和"92版教材"选取的素材注意到了与"数学现实"的联系,也注重学生的"生活现实",但远没有"12版教材"那样密切联系学生的个人生活。三版教材都没有涉及关于"其他学科现实"的学习素材。

2. 情境设计

情境设计从形式上可分为实物或图形、活动或动作、文字语言、创设问题等情境。三版教材"正比例和反比例"内容的情境设计比较一致,以创设问题情境为主。

唯一的变化就是"正、反比例的意义",由"78版教材"的"文字语言"转换为另两版教材的"创设问题"。后两版教材内容的呈现有较大的改进,其中一个特点就是学习内容以问题引入。"92版教材"基本沿用了"78版教材"的例题,但在例题下增设了3小问:图中有哪两种量→这两种量是怎么变化的→不变的量是什么,以提出问题的方式引导学生经历数学知识的探索过程,尽可能地展现正、反比例概念的形成过程以及结论的推导过程,与"78版教材"直接给出现成的数学概念相比,这样的编排既符合数学知识发生的逻辑顺序又启发学生数学思考。"12版教材"继承了"教学内容的展开体现知识的形成过程"这一核心理念,也是精心设计问题引导学生观察思考,创设的情境更加丰富,比较贴近学生个人生活。

---

① 金成梁,刘久成.小学数学课程与教学[M].南京:南京大学出版社,2013:282.

3. 插图运用

小学数学教材中的插图作为一种具体、实用的教材元素，呈现在文本之中不仅有利于吸引学生的注意力，而且是课堂教学的重要资源，起到了文字不可替代的作用。[①]

"78版教材"没有任何插图，全是文字叙述，显得过于单调平淡，不易引起学生的阅读兴趣；"92版教材"版面增加了配色，也逐渐丰富了插图，但类型风格单一，数量少；"12版教材"插图丰富多样，色彩充沛，卡通人物众多，以学生形象为主，受到学生喜爱。不过，插图过多不仅占用教材篇幅，也容易分散学生注意力，影响学生对插图信息的提取。

"12版教材"插图的设计注重展示学生自主探索、合作交流的情境，比如让学生相互讨论举出生活中正比例关系的例子，在用比例解决问题时，呈现学生自主探索、相互启发、相互补充的解题过程……体现了新课改所倡导的"动手实践、自主探索与合作交流"的学习方式，使学生获得探索数学的体验，感受不同的思维方式和思维过程。

4. 习题安排

前面已对习题难度进行了定量和定性的分析，本部分针对习题的外部特征进行概括和特点分析，主要包括习题类型、习题形式以及开放性程度。填空题、判断题、实际问题作为数学习题常见类型，三版教材"正比例和反比例"内容中也主要为这三种题型；习题的形式有文字叙述、表格、图画、对话等形式，具体统计情况见表3-115和3-116。

表3-115 三版教材正比例和反比例习题类型统计

教材版本	填空题	判断题	实际问题	合计
78版	2	7	38	47
92版	1	11	21	33
12版	3	6	21	30

从上表中，可以看出三版教材中习题类型数量由高到低为实际问题、判断题、填空题。实际问题类的题最多，说明三版教材都很注重培养学生运用数学知

[①] 程欣欣.小学三年级数学教材(苏教版)插图研究[J].教学研究，2015(6)：121-124.

识去解决实际问题的能力;判断题也皆占据一定位置,且主要为判断是否成正、反比例的量,特别指出的是习题数是按第一层次序号计算的,但实际上每道判断题差不多有5个及以上的小题,所以整体上说判断题的数量还是十分可观的。学生在理解正、反比例意义的基础上通过判断练习,能更好地掌握成正、反比例量的变化规律,同时注意到有些量虽然相关联,却不成比例,由此进一步加强学生的判断能力。填空题在三版教材中都相对较少。

表3-116　三版教材正比例和反比例习题形式统计

教材版本	文字	表格	文字+图画	表格+图画	合计
78版	37	7	2	1	47
92版	25	5	3	0	33
12版	15	6	2	7	30

观察上表可以知道,文字叙述题是三版教材中数量最多的,但是随着时间推移,比重却在逐渐下降,呈现形式趋向多样化。"12版教材"中"表格+图画"形式最多,主要是因为"正比例关系图象"的认知水平较高,习题中运用表格中的数据描点成线,再结合图象解决简单的实际问题,数形结合,提高学生的解题能力。值得一提的是,教材内容的选取越来越考虑学生的年龄特点,为习题配上生动活泼的图画,但是总体而言这样的题目过少,图文结合形式的习题符合学生的心理特征,既可以吸引学生的兴趣,又可以调动学生解答习题的积极性,可以适当增加一些。

最后,三版教材开放性习题少之又少,主要集中于学生自己编写一道成正、反比例的应用题或者举出成正、反比例的例子,"92版教材"还提供多个条件供学生选择,难度更上一层。

5.语言表达方式

这里重点分析"正比例和反比例"中概念、规则、问题等的表达主体以及版面的呈现方式。

表达主体其实就是指正文中的人称,包括零人称、第一人称、第二人称以及第三人称四种,其中零人称是指文本表述中不采用任何人称作为表达的主体,直接陈述知识,教材编写者采用零人称,是为了体现知识本身的客观性。[1]

---

[1] 吴双.苏、沪、港小学数学教材中"垂直与平行"的比较研究[D].扬州大学,2019.

三版教材在描述任务、陈述概念、公式（法则）、结论时，都是以零人称为主，体现教材的权威性、严谨性、客观性，同时也能使学生明确学习的要求。

"78版教材"只有少量的第一人称"我们"，虽说以"我们"为视角，可以提高学生的参与感，使学生容易跟上教材的步伐，接受教材的观点，但是"78版教材"基本上都是零人称的叙述，偶尔出现的第一人称反倒显得有些突兀，不顺畅。

"92版教材"还多处出现第二人称"你"，这样的人称变化，使学生仿佛就置身于真实的课堂中，与教材进行面对面的对话，拉进了教材与学生的距离，凸显了与学生的平等地位。

"12版教材"与上述两版教材不同的主要是第一人称，是以"我"为主语，主要出自学生形象的卡通人物，以此来代表学生的真实想法以及思维方式，尊重了学生的话语权，体现了学生的主体性，而且其最大的特色就是对话交流的表述形式，以两个"小朋友"的讨论互动展现教学内容，富有生活情趣，更易激起学生学习兴趣。

三版教材中多种人称的变换愈发体现出对学生话语权和主体性的尊重，同时也能提高学生参与教学活动的积极性。

在版面呈现上，"12版教材"的开本远大于其他两版教材，文字、图片、色彩的搭配和排版更加清晰、和谐和舒适，"78版教材"的版面小且拥挤，密布的黑白文字不利于小学生阅读。

（四）正比例和反比例研究结论

1. 结构体系的比较结论

（1）三版教材都偏向于直线式的组织结构

直线式编排教材的优点在于前后各部分知识点基本不重复，环环相扣，能较为完整地反映"正比例和反比例"内容的逻辑体系，可以让学生保持新鲜感，提高教学效率[1]，但缺少对该部分内容理解的逐步加深和拓展，不利于学生获得系统扎实的知识。"正比例和反比例"的内容相对抽象，且有一定的形式化，小学教材中编排的内容是初步的，集中于一个单元，可视为直线式。但学生进入初中阶段还可通过简单函数的学习进一步加深理解，从这个角度来说，整体上还是体现了螺旋上升式的编排。

---

[1] 季彬彬.中美小学数学教材"比和比例"内容的比较研究[D].东北师范大学,2018.

(2) 建立了更为科学合理的教材结构

随着数学教育改革深入,课程与教材的设计理念既注重内容之间的相互联系,又强调学生的认知规律和心理特征。后两版教材相对于"78版教材"一方面根据知识间的内在联系分散编排:分数和比关系密切,将"比"前置于分数除法之后,加强"比"与分数除法的联系;另一方面根据学生的接受能力、认知水平适当调整内容的先后顺序:先学习正、反比例的概念,再通过"应用"解决实际问题,避免混淆,加深二者本质特征的认识①。

(3) 栏目设置愈加丰富,文字更有启发性

三版教材的核心栏目都是以"例题—练习题—复习题"这样的主线设置,确保学生在掌握双基的基础上,加深理解、逐步提升。

除此之外,也有一些改进:首先,由于78版、92版教材例题数量较多,内容的安排层次过细,弹性空间小,易导致学生被动学习,教师照本宣科,所以"12版教材"精简例题,每个知识点只安排一个例题,加大教学步子,给学生和老师更多的探索空间②;其次,考虑到学生认知的心理特点,一改"78版教材""例题—习题"的传统结构,丰富栏目设置,增加了"做一做""想一想"等栏目,促进学生思考,及时巩固练习;最后,内容呈现过程富有启发性,多处采用提问的方式,带领学生经历知识的形成过程。

2. 内容设计的比较结论

(1) 三版教材中"正比例和反比例"的所用课时占比都明显低于内容占比,在一定程度上会增加该内容的学习难度。正确处理教学内容与教学时间的关系,这对教师有着较高的教学能力要求,需要教师充分发挥主导作用,改进教学方法,合理组织教学内容③。

(2) 三版教材中"正比例和反比例"所含知识点数相同。三版教材共有的知识点包括正比例的意义、正比例的应用、反比例的意义以及反比例的应用,可见"概念—应用"是"正比例和反比例"内容中最基本的要求;三版教材内容广度相同,但课时数逐渐减少,因此可比内容广度由高到低依次为:"12版教材""92版教材""78版教材",可见在内容广度相同时,不断减少课时数,会相应地增加教与学的难度。

---

① 庞振英.小学数学教科书改革的研究[D].广西师范大学,2015.
② 梁秋莲.小学数学教学探索:课程标准与教材教法之演进[M].北京:人民教育出版社,2007:229.
③ 李奴义.浅论正确处理教学内容与教学时间之间的关系[J].青海民族师专学报,1999(2):53-54.

（3）三版教材的内容深度先较大幅度上升再略有下降,有所起伏。三版教材"认知要求"以"理解"和"掌握"水平为主,"内容表述"主要为"归纳类比"和"探究开放"水平。三版教材共有的知识点为正、反比例的意义及其应用,与教学大纲（或课程标准）的要求基本一致,集中于"理解"和"掌握"水平；在其他知识点上,"正比例关系图象""78版教材"停留于最低水平"了解",而"12版教材"达到"理解"水平,上升了一个层次；"正比例和反比例的对比"为"92版教材"独有,属于"掌握"水平,要求进一步理解正、反比例的意义,因此三版教材"认知要求的平均等级"上下波动较为明显；同时,"78版教材"中"探究开放"内容最少,所以相对而言"内容表述平均等级"最低。

（4）三版教材的习题难度变化不大,总体较为平稳。"92版教材"的习题难度最低,其"认知要求""习题背景"等级上都低于其他两版教材,但是在"认知要求"上"92版教材"各水平分布较为均衡,"两头低中间多",比较符合学生的一般接受能力；"92版教材"习题的个人生活背景太少。三版教材的低水平习题占比太低,没有与其他学科结合的习题,这是一个明显的不足。

（5）改革开放40多年来,"正比例和反比例"教材的综合难度上升了22.23%,有着较大幅度的增长。教学课时的减少是重要原因,同时在一定程度上反映了教材在不断改造原有教学内容,加强教学内容的现代化,以适应时代发展的要求。

3. 呈现方式的比较结论

（1）强调从学生实际出发,考虑学生的接受能力

三版教材的素材选取由着重选择反映工农业生产、科学研究以及我国人民生活水平变化的数据和资料到逐步增加学生非常熟悉的现实情境,删减无用、过时的内容,由过去内容呈现过于抽象、与学生生活实际联系不够到现在能够"创设与学生生活环境、知识背景密切相关的,又是学生感兴趣的学习情境"[1],充分彰显了数学教学理念的变革,关注学生的生活经验和已有知识背景,通过选取富有生活情趣的学习素材和活动内容,帮助学生"有意义地理解数学"。

同时,后续教材针对"78版教材"没有配图、以黑白文字叙述为主的现状,丰富色彩搭配、多样化使用插图、增加语言表达的生动性和主体感,使教材呈现方式丰富多彩、图文并茂,更贴近学生的实际,满足学生合作探究的需求,激起学生的学习兴趣。

---

[1] 杨刚,卢江.小学数学课程改革的研究与实践[M].北京:人民教育出版社,2007:51.

但教学应着眼于学生的最近发展区,教学应走在学生发展的前面,为学生提供带有难度的内容,调动学生的积极性,发挥其潜能,能够"跳一跳摘桃子"。教材应该向学生提供自我思考、自主探索的空间,虽然"12版教材"在部分内容上能够把主动权交给学生,但是例题的开放性、探索性还是不够。以"用比例解决问题"为例:"92版教材"该部分的设计值得借鉴,教材留有空白让学生自己回顾以前的方法,并且在"反比例的应用"编排上是引导学生按照前面"正比例的应用"的思考过程填空,由学生补充完整,充分发挥学生的迁移类比能力,而"12版教材"则是由"教材说",两部分都全面展示了问题解决的思维过程和完整步骤,在这里可以参考"92版教材"适当"留白",让学生试着观察、探索和参与,由学生自己动笔写下来,也未尝不可。

(2) 注重创设问题情境,体现知识的形成过程

关于正比例和反比例的意义的例题上,"78版教材"以平铺直叙的文字描述直接呈现数学概念和结论,而其他两版教材注重提出问题,启发学生思考,培养学生的探索能力。正反比例概念的形成关键在于抓住"什么是变化的量、它们是怎样变化的、哪些是不变的量",由此来判断是否成正、反比例,而例题设计的3个小问正是一步步引导学生探索和研究这些特征,逐步形成相关概念,理解并掌握变中有不变的数学思想,环环相扣,层次递进,符合学生学习数学的规律。

总体而言,三版教材都较为注重创设问题情境,突出学习过程的指导,尽量使学生利用已有的认知结构来学习新的知识,力求展现知识的形成过程,引导学生自主观察、探索思考、交流合作,逐步发现。但问题情境的具体设计上也须与时俱进,更加合理有效。

(3) 习题呈现形式趋于多样化,缺少开放性习题

三版教材的习题类型主要为实际问题,判断题所占比例不小但涉及内容较为固定,填空题数量极少,说明教材都较为重视学生应用知识解决实际问题,以及根据正反比例的意义进行判断,强调概念的理解。虽然三版教材的习题仍是以文字叙述为主,但是逐渐丰富了习题形式,除表格呈现数据外,还增加了各式配图,或帮助学生理解习题背景,或提高学生解题积极性;由于"12版教材"中"正比例关系图象"既是必学的知识点又有较高要求,习题安排了较多的数形结合题,提高学生图形分析能力。较为欠缺的是三版教材的开放性习题屈指可数,基本集中于与例题相近的习题或相关实例,可以考虑设计一些具有探索性的开放题,激发学生探究兴趣,培养学生的创新意识。

第四章

图形与几何内容研究

　　图形与几何是几何学最基础的部分,是小学数学重要的课程领域,也是历次课程内容改革争论的焦点之一。其中,图形的认识和测量是其传统的课程内容,是进一步学习的重要基础,在小学数学教材中所占比重较大。因此,在对不同阶段教材内容的比较研究中,我们选择了认识三角形、认识立体图形、多边形面积、体积测量四个知识主题进行研究。

一、三角形内容研究[①]

　　依据现行小学数学教材的安排,在小学一年级阶段,学生就已经对正方形、长方形、三角形等一些简单的几何图形有了直观认识,到了中年级以后,需要进一步学习图形的特征和性质。三角形是构建多边形的基础,认识三角形有助于更好地理解多边形的概念和相关规律,促进学生数学思维的发展。这里我们就三版教材中的三角形内容从结构体系、内容设计以及呈现方式等方面进行比较分析。

(一)三角形结构体系

　　教材的结构体系包括教材中的单元设置和内容分布,以及教材中具体栏目的安排等。三版教材中三角形的内容在编排方面具体都包括三角形的概念,三角形的特性,三角形的底和高,三角形按角分类,三角形按边分类以及三角形的内角和等知识点。依据各版本教材所对应的教学大纲和教学参考书,我们得出三角形这部分内容 78、92、12 版教材要用到的教学课时分别是 5、6、6 课时,因为教材所包括的内容大致相同,所以在课时安排上三个版本也基本一致。

---

① 梁馨文撰写初稿.

1. 教材的内容分布

表4-1　三版教材三角形内容分布情况表

	78版	92版	12版
年级	四年级上(第七册)第四单元第三节	四年级下(第八册)第六单元第三节	四年级下(第八册)第五单元
单元名称	三角形、平行四边形和梯形	三角形、平行四边形和梯形	三角形
始末页	81—87	143—149	59—70
页码数	7	7	12
课时数	5	6	6

从上表可知,三个版本中三角形的内容都安排在四年级,此时的学生已经获得对简单平面图形的直观经验,有了相应的知识和技能,他们已经知道了角的分类,能区分锐角、钝角、直角、平角和周角,已具有一定学习三角形知识的逻辑基础。同时,四年级孩子的思维水平开始从具体形象向抽象逻辑过渡,在他们的认知结构中,事物抽象的本质特征或属性逐步增加,可以支撑他们去学习一些相对抽象的知识。关于单元名称,78版和92版都是将三角形、平行四边形和梯形放在一个单元进行集中学习的,而12版将三角形单独作为一个单元。这说明编者对三角形在小学数学"图形与几何"领域地位的重视。从页码数能看出12版教材中三角形的内容分布是最多的,这不仅因为其在前两版已有知识的基础上增加了"两点间的连线中线段最短""三角形两边之和大于第三边"这两个知识点,而且加入了很多生活情境,以及让学生自己动手操作的环节,这恰好体现了2011年课标中"实践操作与数学思考相结合""注重数学与生活的联系"等要求。

表4-2　三版教材三角形内容分布统计汇总表

	三角形节数	本册总节数	节数占比	三角形页码数	此版总页数	页码占比
78版	1	18	5.6%	7	1 120	0.625%
92版	1	21	4.8%	7	1 682	0.416%
12版	3	25	12%	12	1 359	0.883%

比较看来,92版的教材中三角形内容的节数和页码占比都是最小的,分别为4.8%和0.416%。其原因主要是92版教材的排版比较紧凑,基本都是具体知

识点的呈现以及对应的练习,缺少让学生实际操作的活动部分。认识三角形过程中学生自己动手操作,直观感受三角形特征是很重要的,对通过观察、操作等得到的猜想进行验证或论证可以加深对图形性质及其规律的理解。12版教材不论是节数占比还是页码数占比都是三版教材里最大的,知识点也相较于前两版有所增加,内容更加丰富。

12版教材里的三角形内容主要包括三角形的特性、三角形的分类和三角形的内角和这三节,在每一节结束后都有对应的练习;78版教材也是如此,一部分新知教学后便会安排对应的题目进行练习,而92版教材则是将知识点全部讲完后再一并进行练习。一般来说前者的效果会更好,起到及时巩固的作用,也更有利于后续知识的学习。

2. 教材的具体栏目安排

表4-3　78版教材三角形内容栏目安排

单元前内容	单元内栏目	单元末内容
无	例题(或概念叙述) 量一量 想一想 练习	复习

78版教材单元前没有设置引言,也没有主题图,直接给出三角形的定义,提出三角形的稳定性。在单元内,通过让学生量一量三角形的三个内角,将三角形按角进行分类,并归纳出三角形的内角和是180°,再通过量边对三角形按边进行分类。想一想是例题或规律的直接运用。栏目的设置能清晰反映教材内容的结构。

表4-4　92版教材三角形内容栏目安排

单元前内容	单元内栏目	单元末内容
主题引言	例题(或概念叙述) 想一想 做一做 练习	整理和复习

92版教材中三角形内容单元前设置了主题引言,"我们学过三角形,你能说出哪些物体的面是三角形吗?"让学生对之前学过的知识做一个回顾和思考。在介绍三角形的稳定性时给出两幅图——电线杆和自行车,这些都是学生在平常

生活中接触到并且比较熟悉的事物,是三角形稳定性的运用,并要求学生想一想,"你还能举出其他的例子吗?"例题后安排有做一做,以便及时巩固。与 78 版教材明显不同的是,92 版在主要知识点前都有醒目的标记,使得本单元知识结构比较清晰。

表 4-5　12 版教材三角形内容栏目安排

单元前内容	单元内主要栏目	单元内其他栏目	单元末内容
单元导图 单元引言	例题 做一做 练习	阅读与理解 分析与操作 回顾与反思	练习 成长小档案

12 版教材三角形内容单元前的设置最为丰富,包括单元主题图和单元引言。单元主题图由两幅图片组成,一幅是拥有几千年历史的古埃及金字塔,一幅是具有现代气息的跨河大桥,古代文明和现代文明交相辉映,唤起学生学习三角形的内驱力;单元引言是一个小天使的问题:你能找出图中的三角形吗? 走出教材,走向生活,引导学生联系生活实际进行思考,让学生体会到数学来源于生活。12 版教材的图例主要以人物形象为主,就是小学生们熟悉的戴着红领巾的同学们,其间穿插着小精灵。单元内的主要栏目除了有与前两版相同的"例题""做一做"和"练习",在单元末还有单元练习题和成长小档案,其中单元练习题就是本单元的复习题。成长小档案可以理解为单元小结,12 版教材的成长小档案中通常会有"本单元结束了,你有什么收获?"这样的提问,要求学生自我总结。单元内还有其他栏目——"阅读与理解""分析与解答""回顾与反思",这三个栏目连在一起引导学生探究数学知识,反思研究过程;"你知道吗?"栏目是与本单元数学知识相关的数学史内容或者生活中的数学智慧,学生看了会对本单元数学知识的来龙去脉有更多的了解,开拓视野。

(二) 三角形内容设计

教材内容是知识的载体,是学生学习的主要资源。它包括内容广度、内容深度、习题难度、教材难度等。教材的知识内容应该是学生进一步学习最基本和最重要的,能体现学科的独特价值,形成核心知识体系。

1. 内容广度

这里采用分层次的方法,先将这一部分内容分为三个部分,即三角形的认识、三角形的分类、三角形的内角和,然后再进行知识点的划分。

(1) 三角形的认识

表 4-6　三版教材中三角形的认识知识点统计表

知识点	78 版教材	92 版教材	12 版教材
三角形的定义	✓	✓	✓
顶点		✓	✓
角	✓	✓	✓
边		✓	✓
高	✓	✓	✓
底	✓	✓	✓
用字母表示三角形			✓
三角形稳定性	✓	✓	✓
两点间的距离			✓
三角形三边关系			✓
合计	5	7	10

三个版本的教材里共有的知识点是：三角形的定义，三角形的角、高、底以及三角形的稳定性，这五个知识点是学习三角形内容的基础，也是"三角形的认识"这一主题中的核心知识点。从上表中我们可以看到，随着大纲的不断修订和完善，这一主题包含的知识点越来越多，92 版相较于 78 版增加了三角形的顶点和边，12 版又在 92 版的基础上增加了用字母表示三角形、两点间的距离以及三角形三边关系。92 版增加的两个知识点还是很有必要的，揭示了三角形的基本要素，让学生对三角形的认识更加完整。12 版新增的三个知识点强化了学生对三角形特性的理解以及运用意识，有了这三个知识点可以使学生对三角形基本特征的认识更加全面和丰富。关于三角形的认识这一主题，三个版本教材的知识广度是逐步变大的。

(2) 三角形的分类

表 4-7　三版教材中三角形的分类知识点统计表

知识点	78 版教材	92 版教材	12 版教材
锐角三角形概念	✓	✓	✓
钝角三角形概念	✓	✓	✓

(续表)

知识点	78 版教材	92 版教材	12 版教材
直角三角形概念	√	√	√
斜边			√
直角边			√
斜边与直角边关系			√
等腰三角形概念	√	√	√
等边三角形概念	√	√	√
腰	√	√	√
顶角	√	√	√
底角	√	√	√
底边	√	√	√
等边和等腰三角形关系			√
等腰三角形底角关系	√	√	
等腰三角形的高与对称轴	√		
等边三角形三内角关系			√
等边三角形的高与对称轴	√		
合计	12	10	15

我们通过表格可以看出三版教材中关于三角形的分类分别是按角分、按边分，并且给出了相关的概念，还揭示了三角形的腰、顶角、底角和底边。78 版教材在此基础上还探讨了对称轴以及等腰、等边三角形中高与对称轴的关系。12 版着重介绍了直角三角形及其斜边和直角边，并引导学生探究其斜边和直角边的关系。总体而言，92 版教材中关于三角形的分类比较简单，78 版和 12 版都在简单介绍的基础上有所拓展，只是侧重点不太一样。92 版三角形的分类这一内容的知识广度是最小的，而 12 版教材的知识广度最大。

（3）三角形的内角和

表 4-8　三版教材中三角形的内角和知识点统计表

知识点	78 版教材	92 版教材	12 版教材
三角形的内角和	√	√	√

(续表)

知识点	78版教材	92版教材	12版教材
三边形内角和的应用			√
合计	1	1	2

三个版本教材中都涉及三角形的内角和是180°这一知识点,并且对这一知识点的学习方式都是让学生动手操作,通过"折一折、剪一剪、算一算"自己发现规律。78版教材中直接展示一个三角形即得出结论,而92版和12版教材中是让学生面对直角、锐角、钝角这三种不同类型的三角形从而得到更为普遍的规律,更具层次性和逻辑性。12版教材同时还设计了三角形内角和的应用,即引导学生运用化归、类推的思想求出多边形的内角和,揭示多边形的边数与内角和的关系。

我们用 $G_i = n_i \div n \div \beta_i (i=1,2,3 \cdots \cdots)$ 来表示某版教材三角形内容的可比内容广度。其中 n_i 表示某版教材三角形这一章节的所有知识点,n 表示三版教材三角形包含知识点的并集中知识点个数,β_i 表示某版教材三角形内容的教学课时系数($\beta_i = T_i \div T$,T 为 T_i 最大值)。这样就可以得到三版教材三角形内容的可比内容广度。

表4-9 三版教材三角形内容的可比内容广度

教材	n_i	n	T_i	T	β_i	G_i
78版	18	29	5	6	0.83	0.744 8
92版	18	29	6	6	1	0.620 7
12版	27	29	6	6	1	0.931 0

统计发现,12版教材的可比内容广度最大,78版次之,92版最小。12版教材中三角形内容包含的知识点是最多的,学生学习的几何知识更加完整、适用,这符合本次课改更加重视图形与几何教学的要求。78版和92版在其余数值都相差不大的情况下,由于课时数的差异,78版的可比内容广度略高于92版。

2. 内容深度

教材的内容深度主要受内容的"认知要求"和"内容表述"所反映的思维特征的影响。针对上述各知识点,依照量化模型进行统计和分析如下:

(1) 三角形的认识深度比较

表 4-10 三版教材中三角形的认识知识点内容深度统计表

知识点	78 版教材	92 版教材	12 版教材
三角形的定义	1	1	1
顶点		1	1
角	1	1	1
边		1	1
高	1	1	1
底	1	1	1
用字母表示三角形			1
三角形稳定性	2	2	2
两点间的距离			1
三角形三边关系			2

把知识点中包含的概念的内容表述方式分为以下类型,即直观描述、归纳类比、演绎推理和探究开放,并分别赋值 1、2、3、4。从上表我们可以看到,赋值为 1 的知识点 78 版教材中有 4 个,92 版教材有 6 个,12 版教材有 8 个。赋值为 2 的知识点三版教材中分别有 1、1、2 个。赋值为 3、4 的知识点均为 0。三角形的认识中,三个版本教材的所有知识点所包含概念的表述方式都以直观描述为主,归纳类比辅之,没有表述方式为演绎推理和探究开放的知识点,说明这部分知识理解起来没有太大难度。

表 4-11 三版教材中三角形的认识知识点内容深度值

教材	78 版教材	92 版教材	12 版教材
深度值	$\dfrac{1\times4+2\times1}{4+1}=1.20$	$\dfrac{1\times6+2\times1}{6+1}=1.14$	$\dfrac{1\times8+2\times2}{8+2}=1.20$

由此发现,三角形的认识这个知识单元,78 版教材和 12 版教材的内容深度一样,均为 1.20。92 版教材为 1.14,略低于另外两版,说明三个版本教材在三角形的认识上内容深度差距甚微。

(2) 三角形的分类深度比较

表 4-12　三版教材中三角形的分类知识点内容深度统计表

知识点	78 版教材	92 版教材	12 版教材
锐角三角形概念	2	2	2
钝角三角形概念	2	2	2
直角三角形概念	2	2	2
斜边			1
直角边			1
斜边与直角边关系			3
等腰三角形概念	2	2	2
等边三角形概念	2	2	2
腰	2	2	1
顶角	2	2	1
底角	2	2	1
底边	2	2	1
等边和等腰三角形关系			1
等腰三角形底角关系	2	3	3
等腰三角形的高与对称轴	2		
等边三角形三内角关系			3
等边三角形的高与对称轴	3		

不同于三角形的认识，在三角形的分类中，我们明显发现赋值为 2 的知识点变多了，也出现了一些赋值为 3 的知识点，不难看出三角形的分类的认知要求有所提高。在这一内容中，直观描述概念的知识点很少，更多是采用"像这样……的图形叫……"，或者是"……，你发现了什么?"通过归纳、演绎得到概念或结论，这对学生来说会有更高的思维要求。由表 4-12 可知，赋值为 1 的知识点只有 12 版教材中有 7 个，其他两版教材里都没有。赋值为 2 的知识点三版教材中分别有 11、9、5 个。赋值为 3 的知识点 78 版教材里有 1 个，92 版教材里有 1 个，12 版教材里有 3 个。

表 4-13　三版教材中三角形的分类知识点内容深度值

教材	78 版教材	92 版教材	12 版教材
深度值	$\dfrac{2\times 11+3\times 1}{11+1}=2.08$	$\dfrac{2\times 9+3\times 1}{9+1}=2.10$	$\dfrac{1\times 7+2\times 5+3\times 3}{7+5+3}=1.73$

78 版和 92 版的内容深度相当,这两版教材都主要以归纳类比的方式呈现。12 版教材中的呈现方式比较多样,有很多直观描述的知识点,总体来说其内容深度略低于其他两版教材。

(3) 三角形的内角和深度比较

表 4-14　三版教材中三角形的内角和知识点内容深度统计表

知识点	78 版教材	92 版教材	12 版教材
三角形的内角和	2	2	2
三角形内角和的应用			3

"三角形的内角和"这一知识单元,三版教材都是以归纳类比的方式呈现出来的,12 版新增的内角和的应用,是在学生动手操作并利用三角形的内角和的基础上,通过归纳、演绎推理得出规律,这对学生思维是一种锻炼和提高。

经统计,三版教材三角形内角和内容的深度值见表 4-15。

表 4-15　三版教材中三角形的内角和知识点内容深度值

教材	78 版教材	92 版教材	12 版教材
深度值	2.0	2.0	$\dfrac{2\times 1+3\times 1}{1+1}=2.5$

由于 12 版教材增加了"三角形内角和的应用"这个知识点,要求学生在对三角形的内角和有充分理解的基础上借助分割、转化的方法推理出四边形、五边形等多边形的内角和,所以在内容深度上,12 版高一些。

三版教材的可比内容深度 S_i 分别是 78 版:0.440 0;92 版:0.425 0;12 版:0.452 5。12 版的可比内容深度最高,78 版次之,92 版最低。由此可见,学生在学习 92 版教材时应该是相对轻松的,它对学生思维的要求没有另外两版高。

3. 习题难度

习题难度是指学生在解答习题时反映的思维难易程度。习题难度往往取决于多种因素,比如,习题所包含的知识点、与例题的匹配性等。由于有的因素难以量化，在进行难度分析时，我们结合有关研究从"认知要求"和"习题背景"这两方面按照一定的权重来进行刻画。将"认知要求"划分为了解（模仿）、理解（认识）、掌握（应用）、综合应用四个等级并分别赋值1、2、3、4。将"习题背景"划分为无背景、个人生活背景、公共生活背景、科学实验背景四级，同样赋值1、2、3、4。需要强调的是这里所指的习题只包括三角形这一章节里的习题，学期末总复习里的习题不在衡量范围之内。在统计题目数量时，仅以最高一级题号计算。

以 X_{i1}、X_{i2} 分别表示"认知要求""习题背景"的平均等级；其中 $X_{i1}=(m_1\times 1+m_2\times 2+m_3\times 3+m_4\times 4)\div(m_1+m_2+m_3+m_4)$，其中 m_1,m_2,m_3,m_4 分别代表"认知要求"中四个等级水平所对应的习题数量。同理可以算出"习题背景"的 X_{i2}。再按3∶2的比重求出最终的习题难度即某版教材的三角形这一内容的习题难度为 $\left(\dfrac{3}{5}X_{i1}+\dfrac{2}{5}X_{i2}\right)$。

表4-16　三版教材中习题难度的"认知要求"各等级统计表

教材	总习题数	了解（模仿）	理解（认识）	掌握（应用）	综合应用
78版	12	1	4	6	1
92版	16	2	3	4	7
12版	17	2	3	9	3

由上表可知，78版和12版教材的三角形内容的习题在认知要求上多为理解和掌握水平，在一定程度上有训练学生思维的作用。92版教材由于"三角形的内角和"部分属于加星号的选学内容，有关这一知识点的习题都属于综合应用，对学生思维深度的要求较高。

表4-17　三版教材中习题难度的"习题背景"各等级统计表

教材	总习题数	无背景	个人生活背景	公共生活背景	科学实验背景
78版	12	9	0	3	0
92版	16	13	2	1	0
12版	17	13	4	0	0

由表4-17可知，三版教材三角形内容的大部分习题均为无背景要求，78版教材里有一些公共生活背景的题目，12版教材有一些个人生活背景的题目。所以适当增加生活背景以及科学实验背景的问题是未来教材编写应努力的方向。

表 4-18　三版教材中可比习题难度

教材	X_{i1}	X_{i2}	习题难度	可比习题难度
78 版	2.583	1.500	2.149 8	0.537 5
92 版	3.000	1.250	2.300 0	0.575 0
12 版	2.760	1.240	2.152 0	0.538 0

统计发现 78 版和 12 版的可比习题难度基本持平,92 版的难度略有上升,主要原因在于 92 版的"三角形的内角和"属于选学内容,学有余力的学生可以进行学习,所以这部分内容对普通学生的认知要求相对较高。

4. 教材难度

教材难度与可比内容广度、可比内容深度、可比习题难度有关,根据上述统计数据,运用教材难度模型,可以做出如下计算:

表 4-19　三版教材三角形内容综合难度统计

教材	可比内容广度	可比内容深度	可比习题难度	教材难度
78 版	0.744 8	0.440 0	0.537 5	0.530 1
92 版	0.620 7	0.425 0	0.575 0	0.509 1
12 版	0.931 0	0.452 5	0.538 0	0.573 9

如上表所示,92 版的教材难度最低,78 版难度次之,12 版最高。92 版教材较 78 版教材综合难度下降了 3.96%,这主要在于推进实施义务教育时期,强调适当降低学生过重的学业负担,从而调整了部分教材内容的难度。12 版教材难度较之 92 版上升了 12.73%,主要在于 12 版涉及的知识点多,而教学课时并未增加。总体看来,改革开放 40 多年人教版教材三角形内容的难度上升了 8.26%,这样的难度上升幅度可认为具有一定的合理性。

(三)三角形内容呈现方式

1. 素材选取

素材是数学学习内容的载体,是数学本质的外在表现,经过数学化处理可以揭示所反映的数学概念、思想方法、基本原理和规律。所以,在编订教材时素材的选择非常重要。本研究将素材分为数学本身类、数学生活类以及其他学科类三种情况来分析比较三个版本教材中的素材选取。

表 4-20 三版教材三角形内容素材选取情况

素材类型	78 版		92 版		12 版	
	数量	比例	数量	比例	数量	比例
数学本身类	3	60%	2	33.3%	3	33.3%
数学生活类	2	40%	4	66.7%	6	66.7%
其他学科类	0	0%	0	0%	0	0%
合计	5	100%	6	100%	9	100%

(1) 数学本身类

随着学生年级的升高,他们所获得的数学经验也越来越丰富,逐渐变为"数学现实"并作为学生下一阶段学习的基础,学生头脑中的已有经验为更深入的学习提供帮助。这类素材强调将先前的数学经验运用到新的知识学习中并找到新旧知识间的联系,从而让学生有更清晰的认识。三个版本的教材中都有至少三分之一的素材属于数学本身类,需要学生借助已有数学知识建立新的数学概念和方法。比如,在刚入学的一年内,学生首先会对图形有一个初步的认识,即可以在所呈现的一堆图形里辨认出什么是三角形;还有之前所学的"角的初步认识",知道什么是角,什么是直角、锐角和钝角,都对"三角形的认识""三角形的分类""三角形的内角和"等知识起到铺垫作用。

(2) 数学生活类

总体看来,数学教材中与实际生活密切相关的素材占比是最大的。因为对于这个年龄段的孩子来说现实生活是认知的来源,选取他们熟悉的事物作为素材,不仅可以激发他们的兴趣,激起求知欲,而且可以加深他们对知识点的认识和理解。

三版教材中,12 版的数学生活类素材选取较多,教材一开始就从国内外的著名景点图导入,孩子天性好奇,一看到这些图必定兴致勃勃。从"我上学走哪条路最近"引出两点间的距离,这也是学生每天都在经历的事儿,学习起来就不会有陌生感。12 版中一般引入新知时,都是通过学生之间的互动交流来导入,既感亲切,同时也可以增强学生的团结和合作意识。

(3) 其他学科类

数学学科的应用十分广泛,数学与其他学科间的联系也愈发密切,这也是综合课程出现的原因。将其他学科的知识作为学习数学新知的背景素材,不仅能够让学生学会知识迁移,还能让学生对知识的理解更加透彻。但是遗憾的是,三个版本教材中三角形这一章节与其他学科有联系的内容几乎没有,数学教材里应该加入一些其他学科类素材,让学生体会数学无处不在,感受发现数学的魅力和价值。

2. 情境设计

现行数学课程标准提倡数学教学要与学生的实际生活紧密联系,要基于学生已有的知识和生活经验来创设生动有趣的情境。在数学教学中,生动有趣的情境,是数学教学活动产生和维持的基本依托,是学生能够自主探究数学知识的起点和原动力,是有效提高学生学习数学的有效手段。情境有很多种分类方式,可以按涉及领域分为生活情境、实践操作、科学实验三种,也可以按形式分为实物或图形、活动或动作、文字语言、创设问题这四类,这里我们主要按形式分类加以研究。

78版教材三角形的相关内容主要以图形和文字语言情境为主。这主要是因为那时学校教学秩序刚刚恢复,教材需要以最快的速度编订出来,加上人们的认识和印刷条件的限制,教材中一般采取文字加图片这种比较简单的情境来呈现、解释知识内容。通过这种情境呈现数学知识,虽然可以让学生一目了然,但毕竟小学阶段的学生注意力不易集中,且大段的文字阅读起来较为枯燥,学生的阅读积极性和求知欲无法被调动起来。

92版教材也以图形和语言情境为主,与78版教材比起来它在"三角形的内角和"这一知识点处设置了一个活动,即让学生自己动手去探索三角形内角和的度数。这种难度不高的活动情境可以激起学生的求知欲望,增强动手操作能力,形成团结合作的意识。让学生亲身经历解决问题的具体过程,可以在其头脑中留下深刻印象,有利于新知的学习和内化。

12版的情境设置较之前两版明显丰富多样,主要通过人物间的对话引出一个个问题,再加上卡通形象的点拨,一目了然。这些人物和卡通形象分别以学生和老师的身份参与到数学新知识的学习中,给孩子一种身临其境的感觉,营造出良好的数学氛围。这些对话当中也将学生可能会遇到的问题囊括了进去,学生会知道原来大家都会碰到类似的问题,于是开始积极思考。对话的内容多是从学生已有的数学经验出发,没有晦涩难懂的文字,学生不仅能从他们的对话中慢慢得出结论,也能收获不同的解题思路。

3. 插图运用

图片加文字解释是数学教材内容呈现的基本特征,数形结合也是数学学习中的重要思想。对于小学阶段的学生来说,图片对于他们的视觉冲击更大,也更能吸引他们的注意力。图片所包含的信息比较直观,能让人一目了然,小学生解读起来也比文字容易很多,所以图片的运用在小学数学教材里有着不可忽视的作用。教材中的插图一般可以分为装饰性图,如表示情境、背景或栏目标识的图;表征性图,如含有数或形意义的实物图、示意图以及表达数学信息或操作流程的图;知识性图,如解释、说明、提示或揭示数学概念、规则、方法的图。

三角形这一主题中,78版教材里一共有20幅图,其中表征性图15张,知识性图5张;92版教材包含25幅图,其中表征性图21张,知识性图4张;12版教材里安排了48幅图,其中装饰性图2张,表征性图38张,知识性图8张。78版和92版教材中都没有出现装饰性图,这一定程度上会影响到教材的结构、形式,使得内容的趣味性减弱,难以激发学生的兴趣。适当运用装饰性图,控制好篇幅,并使人物形象具有前后一致性、连贯性,能增强教材的结构和各部分内容功能的显性化。

4. 习题安排

习题是教材的重要组成部分。它可以帮助学生及时巩固所学的知识,让学生在掌握知识的同时发展数学能力。前面以量化方式讨论了习题难度,这里主要考察习题的类型与呈现方式。同样,这里的习题仅仅指章节最后的练习题,不包括期末复习题。

三版教材中的习题数量分别是12、16、17题,这与之前我们统计过的课时数是呈正相关的。题型也都以解答和计算为主。78版、92版教材中的习题的呈现方式大多以文字表述为主,这就势必要求学生有一定的文字阅读能力和较好的分析思维。12版教材中的习题呈现较多地运用了图片,且都是学生日常生活中熟悉的场景。图文结合可减轻学生的阅读负担,起到引导学生观察发现生活中的问题,并用所学知识来解决问题的作用。不过太多图片的运用也会产生干扰信息,影响学生对图形中数学信息的正确理解。

5. 语言表达方式

语言是要用来传达某种信息的,它是具有交流和概括功能的一种符号。

语言表达方面,78版在要求学生通过自己"折一折"来发现三角形的内角和处用了"我们"这样的第一人称,其余的表述方式都是零人称即不使用任何人称作为表述的主体,直接陈述知识内容。这样的语言读起来会让学生有被接受的感觉。92版教材在这方面有所改进,多次出现"你""我们"这样的表述,有助于学生与教材对话,可以快速拉近教材与学生之间的距离。12版教材也使用了多个表述主体,以第三人称为主,通过虚拟人物和小精灵来陈述一般问题的解题思路和解题步骤,以及在这一过程中可能得出的结论或是出现的问题,并且虚拟人物和小精灵的形象是贯穿教材始终的。小精灵是学生平时阅读童话书时会遇到的,与同学一起交流讨论也是课堂上经常会有的环节,让学生与自己熟悉的事物相伴,不仅能激起他们学习数学的欲望和兴趣,也符合小学阶段学生的心理发展特征。一般以小精灵口吻会得出一些重要结论或者解题的关键点,学生会因为这个可爱的形象而对它说的话记忆深刻。

语言句式方面,78版多是陈述句和祈使句,都是在阐述具体的知识,语气平平。这种表述方式的优点是简洁明了,没有多余的废话,但是缺点也是显而易见的,学生读起来激发不了兴趣和主动思维。92版的教材中多了很多疑问句,"三角形的形状改变了吗?""你能举出其他的例子吗?"大量疑问句的使用,可以启发学生认真思考,扫除一些解决问题过程中的障碍,促使学生掌握重点内容。12版教材的正文部分基本都是陈述句,疑问句和感叹句都藏在虚拟人物的对话里。感叹句是前面两版教材里均未涉及的,在一些开放性的例题里,"我已经……了!"让学生感受成功的喜悦。

(四)三角形内容研究结论

从上述比较研究中,我们可以获得以下结论。

1. 本次课改以来,教材中三角形内容明显增多

通过前面的分析发现,78版和92版教材中三角形这一章节的内容不论是从页数来看还是从课时数来看占比都不大,但是进入21世纪后,随着课改实施,现行教材中三角形内容增多,增加了新的知识点。有学者认为,我国数学课标中,对几何内容主题的认知要求最多,说明我国对于几何内容各个类型的认知要求的掌握是极为重视的,除了发展学生的推理能力以外,还应重视发展学生的几何直观、空间观念、想象力等多样化的能力[①]。三角形内容是空间与几何的重要组成部分,小学阶段的三角形内容是培养学生多样化能力的重要载体,适度增加知识点,有助于强化图形与几何领域的学习要求,为初中阶段的学习做好衔接。

---

① 康玥媛.内容分布与认知要求双重视角下数学课程标准比较研究——基于"中国""美国""新加坡"小学初中学段之比较[J].数学教育学报,2016(6):27-31.

2. 教材中数学知识与其他学科的联系不够

三版教材中三角形内容的素材选取都缺少与其他学科的联系。张维忠指出：必须拓展数学学科相关知识点，从而拓宽学生的知识面，将数学学科与其他学科结合进行交叉学习，可以防止学生把各门学科知识割裂开来，这样各个领域的知识就能够相互启发，互为补充。[①] 学科与学科间的联系越来越密切是时代赋予的要求，在保证三角形核心知识点完整的基础上，适时联系其他学科知识，并加以延伸、整合，可以促进学生的数学迁移，培养其综合思维能力。当然，过多的延伸、跨界可能会阻碍当前知识的学习，并给学生造成困扰。

3. 78版教材栏目设置过于简单，随后逐步加以改进

从栏目设置上来看，三版教材在核心栏目基本保持一致的前提下，变得逐渐充实。78版整体的设计略显单薄，开头既没有导入语也没有单元图，往往直接呈现概念。这种导入有些许生硬，但是随后的两版教材在这方面有了很大改进。92版在此基础上增加了单元引言，显示知识的来源或学习的意图。12版的栏目设置最为丰富且有自己的特点，成长小档案、回顾与反思、阅读与理解等栏目不仅注重学生对本章内容的掌握，还在此基础上引导学生学会触类旁通，举一反三，自我评价。

4. 40多年来教材的呈现方式越来越多样化

呈现方式的多样化可以很好地吸引学生的注意。78版和92版教材的呈现方式比较单一，缺少生动的插图，文字语言表述也难以调动学生学习兴趣，一味地平铺直叙，不利于启发学生学习新知。所以除三角形的一些基本概念外，三角形的特性可以多采用归纳类比、演绎推理的语言表述，注意综合运用多种表征方式如文字、图形、符号、语言相结合的方式，贴近学生实际；依托生活情境，借助表格、插图，以实验、操作活动等方式呈现教材内容。12版教材相较于前两版有了很多改进，与学生生活的联系更加密切，加入许多学生熟悉的插图，学生自己动手操作的机会增加，呈现方式越来越多样化。

---

① 张维忠,陈虹兵.中澳数学课程标准内容广度比较——基于初中学段"统计与概率"的分析[J].课程·教材·教法,2013(1):122-127.

二、立体图形认识内容研究[①]

小学阶段,学生认识的立体图形主要有长方体、正方体、圆柱和圆锥,这部分内容是在学生已经直观了解一些简单的立体几何图形以及认识平面图形的基础上进行的,由认识平面图形拓展到认识立体图形,是学生空间观念发展中的一次飞跃。[②]

学生在学习立体图形的认识之前,已经掌握了一些平面图形的基本特征,但是其思维水平仍处于具体形象思维到抽象逻辑思维的过渡阶段,空间观念尚未得到很好的建立。因此,学生在学习过程中对直观的依赖性比较强,很难实现"二维空间"到"三维空间"的思维转换。

认识立体图形的基本手段有两个,一是观察,二是操作。这部分内容重点在于正确理解不同立体图形的特征,建立丰富的图形表象,形成一定的空间观念,而难点在于对于不同立体图形的特征的认识由原来的整体感知转向对结构的把握。

(一)立体图形认识结构体系

1. 单元设置

(1)三版教材立体图形认识的单元设置情况

为了便于整体了解,这里将三版教材涉及"立体图形认识"的单元及其分布、内容占比一并列出,如下表4-21所示。

表4-21 三版教材立体图形认识单元分布比较

教材版本	授课学期	单元名称	单元内容	单元页数	全册总页数	单元占全册百分比
78版(五年制)	四下	长方体与正方体	长方体和正方体的认识、表面积、体积	18	1 120	1.607%
	五上	圆柱和圆锥	圆柱的表面积、体积 圆锥的体积	12		1.071%

[①] 刘欣宜撰写初稿.
[②] 李勇.中学数学教材"空间与图形"领域比较研究[D].重庆师范大学,2011.

(续表)

教材版本	授课学期	单元名称	单元内容	单元页数	全册总页数	单元占全册百分比
92版（六年制）	五下	长方体和正方体	长方体和正方体的认识、表面积、体积	30	1 682	1.784%
	六下	圆柱、圆锥和球	圆柱的认识、表面积、体积 圆锥的认识、体积 球	20		1.189%
12版（六年制）	五下	长方体和正方体	长方体和正方体的认识、表面积、体积	26	1 359	1.913%
	六下	圆柱和圆锥	圆柱的认识、表面积、体积	23		1.692%
			圆锥的认识、体积			

（2）三版教材立体图形认识的单元设置的比较

78版教材共有10册，将"立体图形认识"分配在全套教材的第八册和第九册。92版教材和12版教材一样，共有12册，将"立体图形认识"分配在了全套教材的第十册和第十二册。剔除立体图形测量部分的内容，其中关于"立体图形认识"的内容所占篇幅，从78版的5页、92版的10页升至12年的11页，可见篇幅上逐渐增加，占比也逐渐扩大。

三版教材在单元内容的具体设置上，存在一些差异。其中78版教材没有单独揭示圆柱和圆锥的概念，92版教材则在78版的基础上完善了这一环节，并且新增了球的认识作为拓展性知识，12版教材在长方体和正方体单元还增加了一个"探索图形"的模块。

2. 内容分布

78版教材中，"长方体和正方体的认识"是第八册第三单元"长方体和正方体"的第一部分。安排为2个课时。这一单元共有12个课时的教学安排。教材一开始，由主题图导入，呈现了一些长方体和正方体的生活用品，从中抽象出图形的特征，将长方体和正方体的特征同时教学，紧接着就是巩固练习，共有四道例题，例1研究长方体的特征，例2让学生动手测量操作，例3研究正方体的特征，例4研究比较正方体和长方体的异同。圆柱与圆锥这一单元共有8个课时，其中圆柱的认识安排为1个课时，没有圆锥的认识。

92版的教材中,"长方体和正方体的认识"是第十册第二单元的第一部分,整个单元共有12个课时,这一部分安排为2个课时,第一课时同样由一些生活中的立体图形的物体图片导入,安排了长方体的概念教学,通过例1的问题直接研究长方体的特征中的棱和顶点,通过例2进一步认识长方体的长宽高,最后动手做一个长方体。第二课时安排了正方体的概念教学,通过图片和做一做进一步体会正方体的特点。与78版的不同在于,这一部分有更为完整的课后练习,用来巩固相关概念。

圆柱与圆锥这一单元共有9个课时的安排,其中圆柱和圆锥概念教学安排了2个课时,第一课时讲授圆柱的概念,第二课时在圆柱概念的基础上进行圆锥概念的教学,与78版不同的是,92版增加了单独的圆锥的认识,并配有相应的例题和巩固练习。

12版的教材中,"长方体和正方体的认识"是五年级下册第三单元"长方体和正方体"的第一部分,整个单元需12课时,第一部分安排为2个课时。第一课时,教材由主题图引入,先呈现了一些长方体和正方体形状的建筑和生活用品,从实物中抽象出图形,让学生感受生活中很多物品的形状都是长方体和正方体,为进一步研究特征做准备;接着教材安排了两个例题认识长方体。第二课时,教材通过让学生观察正方体物品,抽象概括正方体的特征,在此基础上,揭示长方体和正方体之间的联系,得出两者的从属关系。最后同样安排9道巩固练习。

圆柱与圆锥这一单元共有9个课时的安排,其中圆柱和圆锥概念教学安排了2个课时,第一课时教学圆柱的概念,第二课时在圆柱概念的基础上进行圆锥概念的教学,也配有相应的练习。

长方体和正方体的学习是在学生初步掌握了一些平面图形的基础上向空间图形认识的迈步,而圆柱与圆锥是在学生已经掌握了长方体、正方体和圆的基础上编排的,是小学阶段学习几何知识的最后一部分内容。

总体来说,教材内容的分布与设计是循序渐进、相互联系的。92版与12版教材的这两部分内容都是间隔了一个学期进行教学的,通过学习扩大了学生认识形体的范围,增强了与中学数学的衔接,促进了空间观念的进一步发展。

3. 具体栏目安排

三版教材立体图形认识内容的栏目设置各有特色,具体如下表4-22所示。

表 4-22　三版教材立体图形认识具体栏目比较

栏目　　　版本	78 版	92 版	12 版
具体栏目	主题图 概念陈述 练习	主题图 概念陈述 例题 做一做 练习 整理与复习	主题图 概念陈述 例题 做一做 练习 整理与复习
其他栏目	无	无	你知道吗?

从上表可以看出,78 版教材栏目设置比较单一,92 版在 78 版的基础上增加了例题、做一做、整理与复习,12 版又增加了"你知道吗?",都力图通过丰富的栏目形式,调动学生阅读兴趣,增强教材的功能,加深学生对数学知识的理解和应用。

这里需要说明的是:① 78 版教材以图片导入,通过知识性插图说明概念,正文部分没有设置例题;② 92 版和 12 版增加了不同类型的例题,学生可以通过图形所反映的属性来识别图形,深化不同立体图形概念的认识;③ "做一做"这个栏目主要是立体图形的展开图的学习,通过实践操作,直观感受立体图形展开后,各个面之间的联系。"练习""整理与复习"栏目,学生可以巩固所学图形的基本特征,计算立体图形表面积和体积以及解决实际问题。

(二) 立体图形认识内容设计

此部分主要采取定量刻画的方法,对内容广度或知识容量、内容深度、习题难度、教材难度进行比较研究。

1. 内容比重

通过统计,三版教材中"立体图形认识"主题内容的教材页数及其占整套教材的百分比,以及教学该主题所用教学时间占小学数学总课时的百分比统计见表 4-23。

表 4-23　三版教材立体图形认识主题教学课时占比统计表

教材版本	开本	整套总页数	主题页数	主题占整套页数百分比 %	小学总课时	主题课时	主题占小学总课时百分比 %
78 版	32 开	1 120	5	0.446%	1 168	3	0.171%
92 版	大 32 开	1 682	10	0.595%	986	4	0.406%
12 版	16 开	1 359	11	0.662%	952	4	0.420%

统计发现,三版教材中"立体图形认识"内容的占比显著增长,说明关于图形的认识呈加强之势。课时占比均低于主题内容占比,说明学生学习该内容的时间偏紧,会增加学习难度。78版两者的占比相差尤其明显,这样的安排应该说是不够合理的。

根据课时统计,可以计算出三版教材"立体图形认识"的课时系数分别是:78版课时系数 $\beta_1=\dfrac{T_1}{T}=\dfrac{3}{4}=0.75$;92版课时系数 $\beta_2=\dfrac{T_2}{T}=\dfrac{4}{4}=1$;12版课时系数 $\beta_3=\dfrac{T_3}{T}=\dfrac{4}{4}=1$。

2. 内容广度

内容广度是指课程内容所涉及的范围或领域的广泛程度,通常是以所含知识点的多少来衡量的。考虑到知识点的划分有粗有细,采用层次分析法将其设计成两个层次。第一层次分为三个知识单元:长方体和正方体的认识、圆柱的认识、圆锥的认识;第二层次将知识单元下涉及的概念、方法、规则等作为知识点。

(1) 长方体和正方体的认识知识点

表 4-24 三版教材长方体和正方体的认识知识点统计表

知识点	78版教材	92版教材	12版教材
长方体的特征	✓	✓	✓
顶点	✓	✓	✓
面	✓	✓	✓
长、宽、高	✓	✓	✓
正方体的特征	✓	✓	✓
长方体和正方体的关系	✓	✓	✓
展开图		✓	✓
合计	6	7	7

对长方体和正方体的认识的知识点统计发现,92版和12版教材这一知识单元的知识点是一样的,只是78版教材没有长方体和正方体的展开图;92版和12版教材,还安排了"做一做"环节,让学生剪下附页中的立体图形的展开图,通过动手操作进一步感受长方体和正方体的特征,深化对概念的认识。

（2）圆柱的认识知识点

表 4－25　三版教材圆柱的认识知识点统计表

知识点	78 版教材	92 版教材	12 版教材
圆柱的特征	✓	✓	✓
底面	✓	✓	✓
侧面	✓	✓	✓
高	✓	✓	✓
圆柱的形成		✓	✓
圆柱的展开图			✓
合计	4	5	6

对圆柱的认识的知识点统计发现，三个版本的知识点，略有差异。三个版本都有共同的 4 个知识点，这些是圆柱认识的基本核心概念。92 版较 78 版新增了圆柱的展开图，为下一课时圆柱表面积的计算提前埋下伏笔。而 12 版较 78 版和 92 版之不同在于教材不仅强调了圆柱的展开图，同时也介绍了圆柱是如何形成的，这种把图形看作点的运动轨迹的思想，便于与中学数学相衔接。总的看来，三个版本的教材在圆柱的认识这一单元上，随着年限推移，教材广度也随之扩大。

（3）圆锥的认识知识点

表 4－26　三版教材圆锥的认识知识点统计表

知识点	78 版教材	92 版教材	12 版教材
圆锥的特征	✓	✓	✓
底面	✓	✓	✓
侧面		✓	✓
顶点	✓	✓	✓
高	✓	✓	✓
圆锥的形成		✓	✓
圆锥的展开面		✓	
合计	4	7	6

上表内容表示了圆锥的认识这一知识单元所涉及的具体知识点的情况。从上表可以看出,92版的知识点数最多,78版的最少。12版中剔除了圆锥展开面的相关知识点,在圆锥的初步认识后,直接进入了圆锥体积的教学。

经统计,三版教材在"立体图形认识"知识主题下知识点并集中的知识点数 $n=20$,其中78版教材知识点数 $n_1=14$,92版教材知识点数 $n_2=19$,12版教材知识点数 $n_3=19$。这样内容广度分别是 $\frac{14}{20}=0.7, \frac{19}{20}=0.95, \frac{19}{20}=0.95$,分别除以课时系数,得到可比内容广度分别是78版教材为 $G_1=0.9333$,92版教材为 $G_2=0.95$,12版教材为 $G_3=0.95$。

通过三个版本教材的比较,可以看出78版教材的可比内容广度最小,虽然92版和12版的知识点略有差异,但总体上两版教材的可比内容广度相同。

3. 内容深度

内容深度不仅影响着教材自身的编写特色与风格,也影响着教师教学以及学生的顺利理解。相同的数学概念以不同的方式呈现出来导致教材的难度不同,因此对三个知识单元所包含知识点的呈现方式进行研究是必要的。[①] 将三版教材的每个知识点按照水平划分标准分别赋值,得到"认知要求""内容表述"四级水平的分别占比(见表4-27和表4-28)。

表4-27 内容深度中"认知要求"各水平占比统计

教材版本	了解(模仿)	理解(认识)	掌握(应用)	综合应用
78版	85.71%	14.29%	0%	0%
92版	72.22%	16.67%	11.11%	0%
12版	65%	20%	15%	0%

从表4-27可以看出,"认知要求"的水平主要集中在"了解"与"理解"这两个层级,92版在78版的基础上,"掌握"层级上升了11.11%,而12版在"掌握"层级上又有所提高,增加至15%。说明随着教材版本的演进,立体图形认识在"掌握应用"上的比重有所增加,这也适应了教学大纲(课程标准)的要求,随着时间推移加强了数学应用。

---

① 孔凡哲.不同版本教科书的比较及对课程实施的启示——以小学数学"周长的认识"内容为例[J].教育研究与评论(小学教育教学),2009(4):39-43.

表4-28 内容深度中"内容表述"各水平占比统计

教材版本	直观描述	归纳类比	演绎推理	探究开放
78版	85.71%	7.14%	7.14%	0%
92版	61.11%	11.11%	5.56%	11.11%
12版	65%	15%	5%	15%

从表4-28中不难看出,三版教材立体图形认识的内容表述,主要在于直观描述,这是因为立体图形的认识离不开从直观入手,通过建立丰富的表象来描述立体图形的特征。78版教材直观描述图形特征的占比较大,随着数学思维要求的提高,人们更加强调从直观到抽象的思维转变,也注重通过动手操作来感受立体图形的不同特征,特别是将正方体的特征与长方体的特征进行对比,从而认识长方体与正方体的关系,并通过立体图形展开图的学习,发展学生的直观想象和探究推理能力。

运用"认知要求""内容表述"的等级计算公式,可以获得它们的平均等级,均衡考虑"认知要求""内容表述"这两个影响因素,可以得到三版教材该知识主题的可比内容深度(见表4-29)。

表4-29 三版教材立体图形认识内容深度统计

教材版本	认知要求平均等级(S_{i1})	呈现方式平均等级(S_{i2})	平均内容深度	可比内容深度(S_i)
78版	1.142 9	1.214 3	1.178 6	0.294 7
92版	1.122 2	1.444 4	1.333 3	0.333 3
12版	1.500 0	1.700 0	1.600 0	0.400 0

综上所述,78版与另两版教材的内容深度相差较大,以12版的内容深度最大,92版次之。由于立体图形认识是立体图形学习的开端,知识点主要是图形的特征认识,"认知要求"皆以了解为主,"内容表述"也集中在直观描述上,78版在知识单元中缺少圆柱和圆锥的概念内容,知识点较92版和12版少,并且12版立体图形认识的理解运用的要求比较高,特别是要理解立体图形的形成方式和展开图,这对学生空间观念构建能力有一定的要求。三版教材在圆锥认识的内容深度上有了明显增加,原因是圆锥的认识在后两版教材中,内容更加丰富,知识点数目有所增多。

4. 习题难度

通过三版教材"立体图形认识"的习题数量统计,依据量化研究设计从"认知要求""习题背景"两方面进行刻画,并给每个习题对照水平划分标准分别赋值,可以得到"认知要求""习题背景"四级水平的分别占比(见表 4-30 和表 4-31)。

表 4-30 习题难度中"认知要求"各水平占比统计

教材版本	题数	了解(模仿)	理解(认识)	掌握(应用)	综合应用
78 版	6	50.00%	33.33%	16.67%	0%
92 版	25	16.00%	36.00%	40.00%	8.00%
12 版	37	16.22%	32.43%	37.84%	13.51%

78 版习题集中在了解和理解两个层级,92 版、12 版则更多的是理解和掌握层级。三版教材综合应用层级所占比例都很小,但有逐步增加趋势。要求水平上 12 版最高,92 版居中,78 版最低。12 版教材不同认知水平的分布还是比较合理的,侧重学生对知识的理解与应用。

表 4-31 习题难度中"习题背景"各水平占比统计

教材版本	题数	无背景	个人生活背景	公共生活背景	科学实验背景
78 版	6	66.67%	16.67%	16.67%	0%
92 版	25	68.00%	20.00%	12.00%	0%
12 版	37	67.57%	13.51%	18.92%	0%

三个版本教材均包括无背景、个人生活背景、公共生活背景三种不同类型背景的习题,都没有涉及科学实验背景的习题。根据各版本立体图形的认识习题背景的比例情况,可以看出,无背景习题的比例都是最高的,三版教材无背景习题比例均超过了 60%,这一定程度反映了知识的应用性被弱化了。个人生活背景和公共生活背景,三版中比例都略有变化,但这两部分的题目数量较少。

按照"认知要求""习题背景"相应的权重计算,可以得到各版教材"立体图形认识"的加权平均等级,进而得到平均习题难度和可比习题难度(见表 4-32)。

表 4-32 三版教材立体图形认识习题难度统计

教材版本	认知要求 平均等级(X_{i1})	习题背景 平均等级(X_{i2})	平均习题难度 $\left(\dfrac{3}{5}X_{i1}+\dfrac{2}{5}X_{i2}\right)$	可比习题难度 $\left(\dfrac{3}{5}X_{i1}+\dfrac{2}{5}X_{i2}\right)\div 4$
78 版	1.667	1.500	1.600 2	0.400 1
92 版	2.400	1.440	2.016 0	0.504 0
12 版	2.486	1.541	2.108 0	0.527 0

从表 4-32 中可以看出随着时间推移,平均习题难度和可比习题难度都在增加。78 版习题难度低的一个重要因素是其习题认知要求水平低,并在圆柱和圆锥的认识这一单元,缺少整理与复习这一类巩固提高类的练习。

5. 教材难度

综合考虑可比内容广度、可比内容深度、可比习题难度三个维度,并按 0.2、0.5、0.3 的权重,计算出教材难度(见表 4-33)。

表 4-33 三版教材立体图形认识综合难度统计

教材版本	课时系数 (β_i)	可比内容 广度(G_i)	可比内容 深度(S_i)	可比习题 难度(X_i)	教材难度 (N_i)
78 版	0.75	0.933 3	0.294 7	0.400 1	0.454 0
92 版	1	0.950 0	0.333 3	0.504 0	0.507 9
12 版	1	0.950 0	0.400 0	0.527 0	0.548 1

从表 4-33 中可知,在三版教材"立体图形认识"的综合难度上,12 版综合难度最大,其次是 92 版,最后是 78 版。由于 78 版教材是五年制,只有 3 个课时,书本内容比较简单,知识点也相对较少,内容广度和深度上略低。92 版教材较 78 版教材综合难上升了 11.18%。12 版教材综合难度最高,比 78 版上升了 20.73%,这是由于 12 版内容翔实,知识点是三版中最多的,习题难度也明显增大。

(三)立体图形认识呈现方式

下面从素材选取、情境设计、插图运用、习题安排、语言表达方式这五个方面对三版教材的呈现方式进行比较。

1. 素材选取

从素材来看,在三个版本的教材中,考虑到孩子的兴趣点,本部分知识均选取了以贴近生活为主的素材和情境作为概念陈述和例题的引入和支撑[①],有利于唤醒学生的生活经验,激发学生的学习兴趣,调动学生学习的积极性。

这里将素材分为数学内部本身、数学与生活、数学与其他学科联系等不同类型,三版教材立体图形认识部分素材选取情况如表4-34。

表4-34 三版教材立体图形认识素材类型占比

版本	数学内部本身	数学与生活	数学与其他学科
78版	45.5%	45.5%	9.1%
92版	36.4%	63.6%	0%
12版	46.2%	53.8%	0%

可以看出三版教材的素材选取都着重与"数学内部本身"和"数学与生活"有关,比如说,长方体和正方体的认识中都采用出示主题图呈现生活中的长方体或正方体的物体。其中12版的内容最丰富,数量最多。92版用情境插图来导入,在教材内容的呈现中,通过拼接各种图形来展现立体图形的特点。78版的生活素材相对较少,主要是直接以文字说明的形式呈现。

总体看来,三版教材的素材选取呈现出以下趋势:一是从关注立体图形的数学原型到从生活中抽象出立体图形;二是增加了学生之间的小组合作交流,通过实践操作近距离地感知立体图形的特征。

2. 情境设计

例题中的情境对于学生理解以及运用知识有重要作用,国内外很多学者都十分重视数学中现实情境的创设,还提出了"现实数学"的教育思想。根据情境的形式,将其分为生活情景、实践操作和科学实验等情境。基于此分类,对三版教材正文部分的情境进行比较分析,比较结果如表4-35。

---

① 李海东.基于核心素养的"立体几何初步"教材设计与教学思考[J].数学教育学报,2019(1):8-11.

表 4-35　三版教材立体图形认识情境设计类型占比

版本	生活情景	实践操作	科学实验
78 版	60%	40%	0%
92 版	44.4%	55.6%	0%
12 版	25%	66.7%	8.3%

从上表可以看出,三个版本的情景设计主要是生活情景和实践操作两种类型。生活情景的占比逐渐降低,随之增加的是实践操作的占比,可以看出,随着教材的改版,越来越注重从实践操作中直观感知立体图形,动动手、做一做,同时也培养了学生的动手能力。

78 版教材的知识点是直接以文字形式呈现的,92 版和 12 版都是从立体图形的实物中抽象出数学图形。并且在 92 版的基础上,12 版的例题以学生对话的形式,通过直接观察或者动手操作得出结论。

3. 插图应用

插图可为学生提供良好的直接印象,满足学生直观地接受学科知识的同时,也能受到优秀历史文化和道德品质等方面的教育,这是教科书插图的教育功能所在。[①] 数学教科书中的插图能使数学的理性问题感性化、抽象问题具体化、深奥问题通俗化、复杂问题简单化。

(1) 表现形式

插图的表现形式从最开始的木刻版画、手绘图、油画到现在的电脑合成图、摄影照片和真实场景的绘画。插图的绘画风格从最开始的写实风格,转化到现在的漫画风格。78 版教科书插图,主要以黑白色印刷为主,这时插图主要是以手绘插图为主,主要使用钢笔、铅笔进行绘画,木刻版画为辅。92 版教科书中彩色插图已经取代了所有的黑白插图,已经形成色彩丰富、颜色亮丽的数学教科书。该版教科书中插图的表现形式主要是水彩画、手绘图为主,电脑合成图等辅助形式。12 版教科书中插图的绘制不局限于手绘,更多的人物、动物等是以电脑合成,教科书中插图的人物表情、细节等处理较为奇异,同时大量运用了现实生活中的实物照片。

从插图的表现形式上来看,从"算术"到"数学"由开始采用木刻版画,到手绘

---

① 熊华.小学生估算能力的培养——对小学数学教材估算编排修订的思考[J].课程·教材·教法,2012(10):74-80.

图、油画和水彩画;从"数学"到"普及义务教育阶段"开始广泛使用电脑合成图,到现在将摄影后的照片直接当作插图来使用,插图的表现形式越来越现代化、多样化,使要表达的内容更加具体、形象,能很好地直观反映真实场景,让学生能够真切地感受到数学知识与实际生活的联系。

（2）功能设置

根据插图的功能将其分为装饰性图、表征性图、知识性图这三类。装饰性图一般为表示情境、背景或栏目标识的图,加强与图文的配合,符合不同年龄阶段学生的审美特点;表征性图利用插图来表达数学信息;知识性图一般为解释、说明、提示或揭示数学概念、规则、方法。

表4-36 三版教材立体图形认识插图运用统计

版本	装饰性图	表征性图	知识性图	总计
78版	3（30%）	2（20%）	5（50%）	10
92版	16（55.17%）	5（17.24%）	8（27.59%）	29
12版	29（55.77%）	13（25%）	10（19.23%）	52

从表中可以看出,三版教材的插图数量逐渐增多。78版教材插图数量最少,这是由于其教材所处年代,插图多为木版画和手绘画,整体教材朴素、写实,并且78版没有单独圆柱和圆锥的认识,整体插图篇幅较92版、12版少了一半,而92版和12版教材中,装饰性画占比超过一半,表征性图和知识性插图数量增幅较大,更加重视与图文的配合,栏目的增多,习题数量的增多也是其原因之一。

78版教材的知识点是直接以文字形式呈现的,图片多为知识性插图。92版和12版都是从圆柱的实物图形中抽象出数学图形,完成对圆柱的初步感知,并且在92版的基础上,12版增加漫画人物的装饰性图片,引起学生讨论,同时通过不同的问题呈现,让学生直接观察或者在动手操作的过程中得出结果。学生在认识平面图形的过程中,积累了许多观察图形的经验,这些经验不容易直接迁移到认识立体图形的活动中来,教材需要设计更加直观与丰富的活动,不同功能的插图也就随之增多了。

我们不难发现,立体图形的概念引进是从学生观察实物开始的,逐步抽象概括出立体图形的特征,接着由学生通过观察、操作、讨论等活动来理解立体图形的特征以及它们之间的关系,这种"直观感知—抽象特征—概括结论"层层深入的内容设计有利于发展学生的空间观念。该部分的重点是理解各个立体图形的特征,难点是建立不同图形之间的联系和区别,形成概念系统。因此教师教学时要注重增加学生动手操作的机会,理解立体图形的概念及其相互关系,为立体图形的进一步学习打下基础。

4. 习题安排

戴再平认为,习题是使学生熟悉和掌握教学计划、教学大纲(课程标准)的要求,发展学生的智能的问题系统。[①] 习题中蕴含着丰富的数学知识与数学思想,是学生训练思维、发展能力的重要平台,也是评价教材的重要方面。三个版本在新知内容之后都编排了相应的习题。

(1) 题量分布

按习题出现的不同位置可分为课堂练习、单元复习。"练习"出现在每一课时或紧密联系的几课时的正文后,"整理和复习"或"复习"出现在每单元内容最后。根据统计,三版教材的题量分布如下表 4-37。

表 4-37 三版教材立体图形认识题量分布

版本	78 版		92 版		12 版	
	练习题	复习题	练习题	复习题	练习题	复习题
长方体、正方体	4	2	14	2	17	3
圆柱	0	0	4	1	11	1
圆锥	0	0	3	1	4	1
合计	6		25		37	

三版教材中 12 版的习题总量最大,78 版最少。就课堂习题来说,78 版只有 4 道题,由于这一版本将圆柱和圆锥的认识学习合并在体积中,其只作为一个导入,所以教材上没有相关的练习题。92 版和 12 版,都在一课时正文学习后有配套的练习题,在综合复习题方面,三个版本的题目都比较少,这是因为立体图形的认识往往都是单元的第一课时,单元将更多的篇幅分配给了立体图形的表面积和体积的学习,相应的练习题也更注重面积和表面积的计算。

(2) 习题类型

教材中立体图形认识的习题有操作题、填空题、计算题、判断题等题型。

---

① 戴再平.试论数学习题的科学性[J].数学通报,1982(8):15-20.

这里把需要使用直尺的习题归为操作题;题目中留出空格,学生需要填写相符合的内容归为填空题;将计算立体图形展开图面积的题归为计算题;以对或错来选择答案的习题归为判断题;学生需要用纯文字回答的习题归为解答题。

表4-38 三版教材题目类型比较

	78版	92版	12版
操作题	2	6	8
填空题	1	6	9
计算题	0	2	3
判断题	2	8	12
解答题	1	3	5

通过上表的统计可以看出:三个版本的习题类型中,判断题的比重最大,操作题和填空题的数量相对持平。这是由于部分内容属于几何概念的学习,主要在于能够掌握其图形的特征,通过判断能够较好地考察图形概念的理解。

5. 表达方式

小学生学习心理研究表明,学生的数学学习一般要经过直观—抽象概括—记忆、具体化等过程。学习立体图形的特征,观察是最基本的学习方法。通过观察,学生可以了解立体图形的形状、大小和位置关系;通过观察,学生可以获得对立体图形特征的理解;通过观察,学生还可以把握图形之间的联系。学生在观察的同时,想象活动也会随之展开,展开带有一定想象的观察,有利于学生直接有效地形成正确的概念表征。[①] 学生经历了带有想象的观察活动过程,可以逐渐积累根据表象展开想象的经验,这也是学生建立空间观念、发展空间思维的关键。

三个版本教材在立体图形认识中都通过主题图创设情境,呈现了生活中大量立体图形的原型,借助几何直观,抽象概括出不同立体图形的特征,突出直观形象与动手操作。92版和12版教材都渗透了"转化""猜测—验证—得出结论"这些数学中重要的思想方法。

[①] 万瑞.小学数学空间观念的教科书分析与教学研究[D].福建师范大学,2019.

（四）立体图形认识研究结论

1. 注重从学生生活经验出发抽象出几何图形概念，加强直接感知，发展空间观念

图形与几何课程的价值是显而易见的，它是人们用于解决实际问题和数学问题的重要模型。学习图形与几何有利于学生形成直观与空间想象的观念，有利于学生更好地理解空间与图形和现实世界的密切联系，有利于学生推理能力、创新意识的培养。[①]

一般而言，图形的认识较多从学生的生活或已有经验出发来帮助学生认识抽象的几何图形，这一点三版教材中都有着充分体现。从单元设计来看，立体图形认识主要集中在五、六年级，篇幅在整个单元中的占比不断增大，相较于78版，92版和12版增设了例题、做一做及整理与复习等栏目，内容更加丰富。从编排方式来看，三版教材都运用了插图，从而抽象出数学概念，使数学更加贴近学生的生活，图中蕴含的多种数学信息为学生提供了多样化的素材，满足了学生不同的学习需要。教材比较注重学生从生活积累的视觉感知和实际体验出发积累空间观念，譬如，在认识长方体和正方体中，选择一些学生熟悉的生活实物以勾勒图形形状，直观呈现图形，意在借助学生对这些生活实物的视觉感知，为学生从整体轮廓识别图形提供支持。再有，在图形展开图的绘制和拼接过程中，鼓励学生通过对立体图形表面的展开，通过画一画、拼一拼，进一步使学生感知图形相邻面之间的关系，既强化了概念，又为下一步的表面积的学习打下基础。

2. 知识单元细化完善，教材广度和深度显著提升

三版教材"立体图形认识"所含知识点数有明显差异。78版教材知识点数为14个，92版和12版教材知识点数高达19个，相较于78版有了显著的变化。这是由于78版教材产生于"文化大革命"后的重新修订，教材篇幅缩小，内容较为单薄。

相较于92版，78版在圆柱和圆锥单元，没有单独安排立体图形认识内容，只在计算表面积时采用知识性插图简单说明圆柱和圆锥的形状特征。92版在78版的基础上，新增了长方体和正方体展开图的认识、圆柱的展开图，圆锥的侧面、圆锥的形成及展开面，而12版在78版和92版的基础上，继续完善图形认识

[①] 张汝贤.小学生数学空间观念的发展阶段及其教学策略[D].云南师范大学，2018.

的知识结构,新增了圆柱和圆锥的形成。92版大纲要求认识圆柱和圆锥,会计算圆柱的表面积和圆柱圆锥的体积,而12版课标在圆柱和圆锥这一部分要求通过观察、操作,认识圆柱的展开图,结合具体情境,探索并掌握圆柱的体积和表面积以及圆锥体积的计算方法,并能解决简单的实际问题。由于圆锥展开图的学习涉及"扇形的认识",学生在此前的几何学习内容中,扇形的认识还处于空白的状态,所以12版在92版的知识体系中,剔除了"圆锥的展开图"和"球的认识"。

随着知识单元的不断细化完善,课时量也由原来78版的3个课时增加至4个课时,知识点的扩充和课时量的增大,立体图形认识的广度和深度都有显著提升。

3. 素材丰富多元,随着时代发展不断更新

三版教材立体图形认识的内容都是以直观描述为主,归纳为辅,小学阶段立体图形内容的相关知识都是从生活中的具体事物抽象出来的,典型地体现了直观是"图形与几何"领域的核心,符合小学阶段学生以直观形象思维为主的思维特点。

在单元导入环节,三版教材均通过设置生活化的情境引入新知,随着时间推移,素材变得更加丰富,插图数量明显增加,景物图更具真实性,人物图范围更广,生活物品图随着时代的发展不断更新,问题情境图创设更贴合实际。对学生而言,数学概念来自一定的生活背景,生活经验可以对数学的某些对象进行合理解释。但与此同时,生活经验也会带来一些认知上的冲突,因此需要提升数学眼光,需要从某一图形与几何的内容出发,努力探寻这一内容更为重要的数学本质。就注重学生几何直观与逻辑推理能力的培养而言,几何直观和逻辑推理是同等重要的。[①] 因此,在利用直观认识图形的同时,要注重几何抽象,进行初步的逻辑推理训练。

4. 注意沟通几何初步知识的内在联系,建立良好的认知结构

几何初步知识本身有着严密的逻辑性。小学生学习几何初步知识,需要有一个适当反复、逐步加深、巩固提高的过程。编排常见几何形体的特征和概念的学习内容,首先是整体形态的感知,教材先通过实物—图形—名称的方式直观认识三维空间的几何体,再从几何体中抽象概括出点、线、面、体的特征。接着又通过图形展开面的学习,通过"折一折""量一量"的操作活动,让学生不再满足于观察实物和模型,更重要的是动手操作,动手思维,多种知觉器官共同参与教学活动,在这一过程中,学生在平面图形和立体图形之间搭建了桥梁,厘清长方体和

---

① 林同孟.小学高年级立体图形学习存在的问题与原因分析[D].山东师范大学,2019.

正方体之间的差异,能够辨认和区分这些图形及其关系,有利于其空间观念的发展。数学具有系统性,各部分知识之间有着密切的内在联系,教材既注意及时沟通几何初步知识的内在联系,又重视阶段性的系统整理,使学生不断把新知识纳入原有的知识结构之中,使知识结构不断完善。

三、多边形面积内容研究[①]

面积测量作为度量几何在小学数学教材中占据了重要的地位。对于小学阶段平面图形的面积,主要研究了圆的面积和由线段围成的平面图形的面积,即常见的多边形面积,因此多边形面积内容是面积测量中最基本也是最重要的组成部分。主要内容包括多边形面积公式以及公式的实际应用。

根据图形面积计算的内在联系,多边形面积内容教材安排顺序为长方形和正方形面积、平行四边形面积、三角形面积、梯形面积,最后是组合图形的面积。这一主题内容的教学是在学生掌握了这些图形特征的基础上进行的,为进一步学习圆的面积和立体图形表面积奠定了基础。三版教材的编排注重数学知识间的逻辑顺序,由易到难,利于学生的知识迁移。多边形面积内容的重点在于掌握多边形的面积计算公式,难点在于探索面积计算公式的过程。在探索面积公式的数学活动中,类比、转化推理的数学思想一直渗透其中。

相应的课程标准(教学大纲)对于多边形面积的教学,都涉及学生掌握长方形、正方形、平行四边形、三角形、梯形的面积计算公式,然而要求的程度有所不同,从 1978 年和 1992 年的"掌握面积计算公式",到 2011 年版课标的"探索并掌握面积公式,并能解决简单的实际问题",对学生认知方式与要求有所不同,同时注重学习方式的转变。2011 年版课标还增添了"会估计给定简单图形的面积""会用方格纸估算不规则图形面积"的要求,强化了估算和数学知识的实际运用。

(一)多边形面积结构体系

数学知识是系统的、相互联系的。教材结构将按数学知识的内在联系,遵循学生的认知规律,并在一定思想指导下进行合理安排,不同的课程理念会影响到教材的结构体系,反映不同的编写特色。

---

① 盛泠芸撰写初稿.

1. 单元设置

三版教材有关多边形面积内容的单元安排及具体内容的设置见下表 4-39。

表 4-39　三版教材多边形面积单元安排及内容设置统计表

教材版本	学期	单元	内容
78 版	三年级下学期	第四单元:长方形和正方形面积	1. 长方形、正方形的面积
	四年级上学期	第四单元:三角形、平行四边形和梯形	1. 平行四边形的面积 2. 三角形的面积 3. 梯形的面积 4. 组合图形的面积
92 版	三年级下学期	第五单元:长方形和正方形的面积	1. 长方形、正方形的面积
	五年级上学期	第三单元:多边形面积的计算	1. 平行四边形的面积 2. 三角形的面积 3. 梯形的面积 4. 组合图形的面积*
12 版	三年级下学期	第五单元:面积	1. 长方形、正方形的面积
	五年级上学期	第六单元:多边形的面积	1. 平行四边形的面积 2. 三角形的面积 3. 梯形的面积 4. 组合图形的面积 5. 面积估算

可以看出,多边形面积内容单元设置均横跨两个年级,共计两个单元。92 版和 12 版教材将内容分布于两个学段,78 版教材多边形内容则集中于三、四年级,并且具体内容安排的顺序一致。92 版组合图形面积内容为选学内容,这是在增加课程内容弹性要求下采取的措施。12 版在五年级上册新增了面积估算的知识内容,体现了数学的实用性和对估算的重视。三版教材都把长方形、正方形的面积内容安排在三年级下册,与面积概念和面积单位的内容处于一个单元,在面积测量中起到奠基作用。平行四边形、三角形、梯形和组合图形面积的计算以此为基础,作为内部逻辑紧密联系的知识内容被安排于高年级的一个单元,具有一定的连贯性和整体性。

2. 内容分布

分别考察三版教材多边形面积内容的正文和习题的页数及其占比,比较不同教材的多边形面积内容分布情况。

(1) 78 版教材多边形面积内容分布

表 4-40　78 版教材多边形面积内容的正文和习题页码分布情况

年级	单元名称	页码数	正文页数	所占百分比	习题页数	所占百分比
三年级(下)	长方形和正方形面积	6	2	33.33%	4	66.67%
四年级(上)	三角形、平行四边形和梯形	11	4	36.36%	7	63.64%
合计		17	6	35.29%	11	64.71%

通过表 4-40 可以发现 78 版教材的正文页数要小于习题页数,分别少了 33.34% 和 27.28%,相差较大。可以看出 78 版教材重视习题数量,对例题的教学设置相对较少。从三年级下册到四年级上册,正文页数和习题页数都有明显增加,与知识内容的增多相符合,但是正文与习题所占百分比变化较小,说明教材对于多边形面积内容整体的编制在例题和习题的分布设置上无太大区别。

(2) 92 版教材多边形面积内容分布

表 4-41　92 版教材多边形面积内容的正文和习题页码分布情况

年级	单元名称	页码数	正文页数	所占百分比	习题页数	所占百分比
三年级(下)	长方形和正方形的面积	9	3	33.33%	6	66.67%
五年级(上)	多边形面积的计算	20	9	45.00%	11	55.00%
合计		29	12	41.38%	17	58.62%

由表 4-41 可知 92 版教材仍然有些偏重于习题部分,三下的习题页数是正文页数的两倍,长方形和正方形的面积作为之后多边形面积的基础需要大量的练习对知识进行巩固和加深。五上的习题页数比正文页数多出 2 页,相差不大。随着"多边形面积计算"知识容量的扩大,五上的正文和习题页数相较于三下有了显著的增加。

(3) 12版教材多边形面积内容分布

表4-42 12版教材多边形面积内容的正文和习题页码分布情况

年级	单元名称	页码数	正文页数	所占百分比	习题页数	所占百分比
三年级(下)	面积	6	2	33.33%	4	66.67%
五年级(上)	多边形的面积	20	8	40%	12	60%
合计		26	10	38.46%	16	61.54%

如表4-42所示，多边形面积内容在三下的正文页数与习题页数分别为2页、4页，五上正文页数和习题页数显著提高，总体上习题页数占比较正文页数占比高出23.08%。

(4) 三版教材多边形面积内容分布比较

比较发现，多边形面积内容在正文与习题分布上，三个版本教材都更加重视习题部分。78版教材习题与正文比重相差最大达到了29.42%，其次是12版教材相差23.08%，92版教材相差最小为17.24%，12版教材的趋中似乎更为合理。78版教材正文与习题的总页码相对较少，说明教材所确定的内容相对较少，92版教材与12版教材在正文和习题的分布上更为接近，这是在吸取经验的过程中做出的调整。

3. 栏目设置

(1) 78版教材多边形面积内容具体栏目情况

表4-43 78版教材多边形面积内容具体栏目安排

单元前栏目	单元主要栏目	单元内其他栏目	单元末栏目
无	例题	无	复习
	练习		思考题

从表4-43可以看出，78版教材栏目设置较为简单，直接从例题开始，例题之后的练习是与例题紧密联系的简单练习或者变式练习，旨在以习题的形式及时巩固新知。"复习"是一个单元结束时的综合练习，是对整个单元知识点的整理回顾。思考题位于复习题的最后，一般设置一个具有一定思维难度的探究开放题。

(2) 92版教材多边形面积内容具体栏目情况

表4-44 92版教材多边形面积内容具体栏目安排

单元前栏目	单元主要栏目	单元内其他栏目	单元末栏目
无	例题	复习	整理和复习
	想一想	你知道吗？	
	做一做	思考题	
	练习		

从表4-44可以发现，92版教材多边形面积内容单元主要栏目包括"例题""想一想""做一做"和"练习"。"想一想"栏目作为例题和练习之间的栏目，成为学生对探究学习或进一步思考的引导。"做一做"一般为一到两个问题，是紧跟例题之后，对例题中数学知识的巩固强化，题目基础简单。"练习"设置于一小节后或单元末尾，是对整个小知识单元或单元整体内容的巩固应用和思维提升。面积和周长的比较小节在例题前设置了复习栏目，以问题形式出现，唤醒学生对已学知识的记忆，为新知学习做准备。"你知道吗？"则是对相关知识的历史文化背景的补充，与数学史相关。"思考题"出现在练习栏目之后，有一定难度，拓展学生的思维。"整理和复习"是对整单元的简单整理回顾，题型简单基础，题量不大。92版教材多边形面积内容的栏目较之78版教材明显丰富，结构性有所加强。

(3) 12版教材多边形面积内容具体栏目情况

表4-45 12版教材多边形面积内容具体栏目安排

单元前栏目	单元主要栏目	单元内其他栏目	单元末栏目
主题图	例题	你知道吗？	整理和复习
引言	做一做	阅读与理解	成长小档案
	练习	分析与解答	
		回顾与反思	

根据上表可知，12版教材的栏目丰富多样，富有层次感。单元前设置了单元主题图和引言，单元主题图是与单元知识内容紧密相关的生活情境图。如五上多边形面积单元前，教材呈现了一幅学校门口街景平面图，图中事物包含常见的多边形。单元引言伴随着主题图出现，旨在帮助学生回顾旧知引出新知，激发

学生学习的兴趣,顺利开展新课教学。单元内主要栏目为"例题""做一做"和"练习"。单元内还有其他栏目:"阅读与理解""分析与解答""回顾与反思"这三个栏目一般连在一起,紧跟例题之后,引导学生进行探究、操作,同时培养学生发现问题、提出问题、解决问题的能力;"你知道吗?"栏目是与本单元数学知识相关的数学史内容或者生活中的数学智慧,有助于学生了解数学史,联系古今,开拓视野。单元末设置了"整理和复习"与"成长小档案"栏目,对一个单元的学习进行复习回顾、反思评价。"整理和复习"以一些基础的问题使学生对所学单元知识进行简单的回忆梳理。"成长小档案"帮助学生及时反思并对学习过程及结果进行自我评价。这些栏目的设置,不仅有助于教师了解编者意图,便于使用教材,更是对学生的自主学习有很好的引导作用。

(4) 三版教材多边形面积内容栏目设置比较

三版教材都设置了例题、练习题以及单元末的复习题,重视数学基础知识、基本技能的学习掌握,在核心栏目设置上基本一致,均按照"例题—课堂练习—练习"的体例进行编写,保证学生能达到课标要求。

尽管栏目设置的主线一致,但是在栏目设置的丰富程度上三版教材大有不同。78版教材在主线外只设置了思考题提升学生的思维水平,没有其他引导、总结或者趣味性栏目安排,栏目较为单一。92版教材在主要栏目中增添了"想一想""做一做"旨在对学生做出适时引导,及时巩固基础知识,层次更加细致合理。"你知道吗?"栏目则开拓了学生的视野,联系了数学与生活,关注数学文化知识。12版教材的栏目更加丰富生动,单元前设置了主题图和引言,图文并茂,提高了学生的兴趣,增加了教材的可读性,单元内还设置了"阅读与理解""分析与解答""回顾与反思"这三个栏目,引导学生自主探索,经历发现问题、解决问题的过程,更利于知识的深度理解和能力培养。"成长小档案"栏目体现了整理复习反思的重要性,让学生自己尝试总结,体现了学习的自主性。总体而言,栏目的设置越来越富有趣味性,且随着形式的丰富多样更加符合学生的心理特点,体现了以学生为本的编写理念。

(二) 多边形面积内容设计

1. 内容广度

内容广度是指教材内容所涉及的范围或领域的广泛程度,通常与教材内容所含知识点的数量有关。三版教材知识点情况具体见下表。

表 4-46 三版教材多边形面积知识点统计表

知识点	78 版	92 版	12 版
长方形面积公式	√	√	√
正方形面积公式	√	√	√
长方形面积公式的运用	√	√	√
正方形面积公式的运用	√	√	√
面积和周长的比较	√	√	
估测面积			√
数方格计算多边形的面积	√	√	√
平行四边形面积公式	√	√	√
平行四边形面积公式的运用	√	√	√
三角形面积公式	√	√	√
三角形面积公式的运用	√	√	√
梯形面积公式	√	√	√
梯形面积公式的运用	√	√	√
组合图形面积的计算	√	√	√
面积估算			√
知识点数合计	13	13	14

比较发现,三版教材分别有 13、13、14 个知识点。其中 78 版、92 版教材包含的知识点基本一致,略有不同的是 92 版教材中组合图形面积的计算为选学内容。考虑到初学面积的学生容易将周长与面积混淆,78 版和 92 版教材将面积和周长的比较作为一个知识点,而 12 版教材则是将这部分知识内容放入习题中,未设置例题专门呈现。12 版教材相较其他两版教材分别在三下和五上增加了估测面积和面积估算的知识点,这是 2011 年版课标要求所决定的,反映出 12 版教材对培养学生估测意识和估算能力以及估算策略的注重。

为了使内容广度具有可比性,还需要考虑所用的课时数。三版教材由于知识点的区别以及习题数量的不同,课时数略有差异。长方形和正方形的面积知识单元下三版教材课时数分别为 3、4、2,分别设置了 3、2、2 个例题。78 版和 12 版教材一个例题对应了一个课时,92 版教材尽管只设置了两个例题,由于习题的大量增加,教学时间相应增长到 4 课时。除长方形和正方形的面积外教学时间安排近乎相同,分别为8、9、9课时。92版教材和12版教材习题数量的增多使得课时数略有增加。12版教材新增了一道面积估算的例题,然而课时数上并没有体现。78、92、12版教材多边形面积的课程总时间T_1、T_2、T_3分别为11、13、11课时。可以发现92版教材对多边形面积的教学时间安排最为宽裕,虽然78版和12版教材的课程内容相差了9页,但课时数却相当。根据公式计算可得,三版教材的可比内容广度见下表。

表4-47 三版教材多边形面积的内容广度

教材版本	并集知识点数	知识点数	课时数	课时系数(β_i)	内容广度	可比内容广度(G_i)
78版		13	11	0.846 2	0.866 7	1.024 2
92版	15	13	13	1.000 0	0.866 7	0.866 7
12版		14	11	0.846 2	0.933 3	1.103 0

2. 内容深度

内容深度是指教材内容要求的思维深度,反映了内容之间的设计顺序、编排和组织的逻辑深度以及潜在的思维程度。[①] 主要针对教材中正文部分的知识点,包括例题以及与新知教学相关的"想一想""做一做"等(不包括阅读材料)。研究显示,教材的内容深度主要受内容的"认知要求"和"内容表述"反映的思维特征的影响。

根据划分标准对知识点进行相应赋值,得到多边形的面积内容深度中"认知要求"与"内容表述"反映的思维特征的各水平占比情况,分别如表4-48和表4-49所示。

表4-48 多边形面积内容深度中认知要求水平占比统计

教材版本	了解(模仿)	理解(认识)	掌握(应用)	综合应用
78版	7.69%	38.46%	46.15%	7.69%
92版	7.69%	38.46%	46.15%	7.69%
12版	7.14%	35.71%	42.86%	14.29%

三版教材有12个知识点完全重合,教材对其中每个知识点的认知要求也完全一致。由于78版和92版教材知识点相同,因此其内容深度中认知要求各水

---

① 孔凡哲,张怡.教科书研究方法与质量保障研究[M].长春:东北师范大学出版社,2015:44.

平占比一致。根据表 4-48 可以直观看出"了解"这一认知要求占比最低,只有数方格计算多边形的面积这一知识点的认知要求是了解。对比发现,"理解"和"掌握"占比相近,三版教材都以理解和掌握的认知要求为主。符合课程标准和教学大纲对于面积计算内容掌握计算公式,并能够简单运用的要求。12 版教材新增的面积估算知识点符合综合应用的认知要求,因此综合应用占比提高。

表 4-49　多边形面积内容深度中内容表述反映的思维特征水平占比统计

教材版本	直观描述	归纳类比	演绎推理	探究开放
78 版	100%	0%	0%	0%
92 版	53.85%	7.69%	7.69%	30.77%
12 版	42.86%	7.14%	7.14%	42.86%

从表 4-49 可知,78 版教材中内容表述只运用了"直观描述",形式单一,只注重对概念规则的直观呈现,忽视对学生思维的启发及学生学习的自主性,缺少探究推理活动。整体来看,三版教材的主要内容表述方式为"直观描述",以归纳类比和演绎推理的方式表述的内容较少。92 版和 12 版教材在面积公式的推导上以探究性活动为主,学生在开放性操作活动中自主提出问题,解决问题,发现规律和特征。12 版较 92 版教材新增的两个知识点也均以开放活动形式编排例题,因此"探究开放"占比提高,体现了教材越来越重视引导学生进行数学探索活动,注重数学知识的形成过程。

比较可见,从 78 版教材到 12 版教材,"直观描述"的占比呈下降趋势,"探究开放"作为内容表述的最高级水平占比逐渐增加,单从内容表述反映的思维特征这一影响因素来看,三版教材的内容深度逐渐提高。

为了比较三版教材"多边形面积"的内容深度,根据计算公式计算出认知要求平均等级(S_{i1}),内容表述平均等级(S_{i2}),继而求得平均内容深度以及可比内容深度(S_i),具体数据统计见表 4-50。

表 4-50　三版教材多边形面积内容深度汇总

教材版本	认知要求平均等级(S_{i1})	内容表述平均等级(S_{i2})	平均内容深度	可比内容深度(S_i)
78 版	2.538 5	1.000 0	1.769 3	0.442 3
92 版	2.538 5	2.153 8	2.346 2	0.586 5
12 版	2.642 9	2.500 0	2.571 5	0.642 9

由表 4-50 可知,"认知要求"的平均等级均在 2 和 3 之间,说明教材对多边形面积内容的认知要求基本集中在"理解"和"掌握"水平。78 版教材完全以直观描述的形式呈现知识点,92 版和 12 版教材的内容表述形式更加多样,内容表述平均等级升高。总体上,三版教材"多边形面积"内容的认知要求、内容表述平均等级,平均内容深度,可比内容深度均依次升高。这也符合课程标准(教学大纲)中在教学要求上的变化,即从掌握面积计算公式到探索并掌握面积计算公式,且能解决简单的实际问题。

3. 习题难度

影响习题难度的因素较多,习题的潜在认知水平和回答要求决定了学生参与任务的程度,习题背景影响学生对材料的数学化。[①] 因此从"认知要求"和"习题背景"两方面入手刻画多边形面积内容习题难度,通过统计每个层次水平习题的数量,对习题难度进行研究。

三版教材多边形面积的习题难度中"认知要求"各水平统计结果见下表。

表 4-51　三版教材多边形面积习题难度中认知要求水平统计表

层次水平	78 版教材		92 版教材		12 版教材	
	题数	比例	题数	比例	题数	比例
了解	19	46.34%	37	39.78%	21	26.92%
理解	13	31.71%	17	18.28%	19	24.36%
掌握	7	17.07%	20	21.51%	26	33.33%
综合应用	2	4.88%	19	20.43%	12	15.38%
合计	41	100%	93	100%	78	100%

统计表明,78 版教材主要以"了解"和"理解"水平的习题为主;92 版教材中"了解"水平的习题占比最大,"理解""掌握"和"综合应用"三个等级占比相近。12 版教材对不同认知要求水平的习题编排较为平均,其中属于"掌握"水平的习题数量最多,属于"综合应用"水平的习题占比最小。

对比可以发现三版教材"了解"的占比均为最多,分别为 46.34%、39.78% 和 26.92%,并呈下降趋势。说明 78 版教材最为重视记忆、模仿水平习题的编写。

---

① 刘久成.小学数学"简易方程"内容量化分析——基于人教版三套教科书的比较[J].课程·教材·教法,2019(8):72-78.

92版教材对"理解"水平的习题编排有一定的减少,大幅度增加了"综合应用"水平的习题,较78版教材占比高出了15.55%,是三版教材中占比最高的。92版教材在练习中设置了较多的带*习题和思考题,一般为一些开放性操作题或需要一定思维深度或创造性方法的题目,重视探究式学习活动的同时关注教材弹性空间的设计。12版教材最为重视"掌握"水平的习题设置,在紧跟例题之后的"做一做"中就已经出现了这一认知水平的练习。从具体题目上看,属于"掌握"水平的题目多为多边形面积公式的实际应用,体现了课标对运用知识解决生活中实际问题的要求。总体来看12版教材各水平分布较为均匀,重视习题编制的难易均衡分布。从认知要求水平来看,12版和92版教材习题难度接近,高于78版教材习题难度。

三版教材多边形面积的习题难度中"习题背景"各水平统计结果如表4-52所示。

表4-52 三版教材多边形面积习题难度中习题背景水平统计表

层次水平	78版教材		92版教材		12版教材	
	题数	比例	题数	比例	题数	比例
无背景	21	51.22%	45	48.39%	31	39.74%
个人生活背景	6	14.63%	13	13.98%	14	17.95%
公共生活背景	14	34.15%	31	33.33%	25	32.05%
科学实验背景	0	0%	4	4.30%	8	10.26%
合计	41	100%	93	100%	78	100%

78版教材无科学实验背景习题,"无背景""个人生活背景""公共生活背景"水平习题占比分别为51.22%、14.63%、34.15%,78版教材更为关注公共生活背景。92版教材中无背景习题最多,出现了科学实验背景习题。12版教材增加了个人生活和科学实验背景的习题,相应的无背景和公共生活背景的题目占比有所减少。

比较得知,三版教材多边形面积的习题在背景设置上还是比较丰富的,特别是12版教材,有背景的习题达到了60.26%。三版教材均更加重视公共生活背景,习题多与公共生活常识相联系,有利于学生运用知识去解决生活中的实际问题。从78版教材到12版教材,习题的科学实验背景得到越来越多的重视,提升了习题难度的同时,也丰富了题目的形式,使题目更加灵活创新,更加注重学科之间的联系。尽管在提倡研究性学习,数学与其他学科结合,数学走进生活的背景下,以科学实验为背景的习题逐渐增加,但总体而言,习题设置量较少,还需加以关注。

为了比较三版教材多边形面积的习题难度,根据计算公式可以得到认知要求平均等级(X_{i1}),习题难度平均等级(X_{i2}),再按照相应权重进行加权平均,从而求得平均习题难度和可比习题难度(X_i),具体数据统计见表4-53。

表4-53 三版教材多边形面积习题难度统计

教材版本	认知要求平均等级(X_{i1})	习题背景平均等级(X_{i2})	平均习题难度	可比习题难度(X_i)
78版	1.804 9	1.829 3	1.814 7	0.453 7
92版	2.225 8	1.935 5	2.109 7	0.527 4
12版	2.371 8	2.128 2	2.274 4	0.568 6

通过表4-53可以看出,12版教材可比习题难度最高,其次是92版教材,最后是78版教材。认知要求等级、习题背景等级、平均难度等级和可比难度等级均呈现增长趋势,说明教材同时提高了习题的认知水平以及习题背景水平。12版教材由于属于"掌握"认知要求水平的习题的增多,导致其在认知要求平均等级上处于领先地位。设置背景的习题数量的增加致使12版教材在习题背景的平均等级上也领先于其他两版教材。

4. 教材难度

根据上述统计,综合考虑可比内容广度、可比内容深度和可比习题难度三个维度,按照0.2、0.5、0.3的权重,计算得到教材难度,见下表。

表4-54 三版教材多边形面积综合难度统计

教材版本	课时系数(β_i)	可比内容广度(G_i)	可比内容深度(S_i)	可比习题难度(X_i)	教材难度(N_i)
78版	0.846 2	1.024 2	0.442 3	0.453 7	0.562 1
92版	1	0.866 7	0.586 5	0.527 4	0.624 8
12版	0.846 2	1.103 0	0.642 9	0.568 6	0.712 6

通过表4-54可以直观看出,40多年来,三版教材难度持续上升。92版教材较78版教材难度上升了11.15%,12版教材较92版教材难度提高了14.05%,

12版教材相较于78版教材难度提高了26.30%,即改革开放40多年来人教社"多边形面积"内容综合难度增加了26.77%。这说明随着科技社会教育的蓬勃发展,人们对教育的重视和人才培养要求的提高,教材内容不断更新发展,难度也在不断增加。

(三) 多边形面积呈现方式

教材的呈现方式是教材编写特征的重要方面,也是编者独具匠心的结晶,具体体现了儿童身心发展规律。[①] 包括:素材选取、情境设计、插图运用、习题安排、语言表达方式等。下面主要从这些方面来研究三版教材对于多边形面积内容的呈现方式。

1. 素材选取

素材是数学学习内容的载体,具体包括数学内部本身、数学与生活、数学与其他学科联系的不同类型。三版教材素材选取情况见下表。

表4-55　三版教材多边形面积内容素材选取统计表

教材版本	数学内部本身	数学与生活	数学与其他学科
78版	48.89%	51.11%	0%
92版	46.46%	53.54%	0%
12版	42.05%	56.82%	1.14%

可以看出,三版教材的素材选取都是以数学与生活的素材为主,占比分别为51.11%、53.54%和56.82%,呈现上升趋势,体现了教材越来越重视数学与生活的联系,不断挖掘生活中的素材,开发课程资源。12版教材新增的面积估算知识点,以估算叶子的面积作为例题,在以生活中常见的叶片为素材的同时,联系了数学和生物学,使学生体会到数学的趣味性和灵活性。三版教材在素材选取上越来越贴近生活,越来越丰富,与课标要求的体会数学知识之间、数学与其他学科之间、数学与生活之间的联系,使数学更贴近生活,倡导数学知识要来源于生活相符合。

2. 情境设计

建构主义者认为知识产生的背景就是情境。因此,我们可以说数学知识产

---

① 孔凡哲,张怡.教科书研究方法与质量保障研究[M].长春:东北师范大学出版社,2015:38.

生的背景就是数学中的情境。① 新一轮基础教育课程改革在数学课程中大力倡导情境的创设与使用,从涉及的领域来看,情境可分为生活情境、实践操作、科学实验三种,三版教材的情境设置情况具体见下表。

表4-56 三版教材多边形面积内容情境设置统计表

教材版本	生活情境	实践操作	科学实验
78版	86.96%	13.04%	0%
92版	84.91%	9.43%	5.66%
12版	75.93%	16.67%	7.41%

根据上表可以看出,三版教材均以生活情境为主。78版教材在平行四边形、三角形和梯形的面积公式推导例题中让学生按照教材提出的要求动手操作,其他设置的情境都是与学生生活相关的情境。92版教材的科学实验情境设置在多边形面积单元面积公式推导例题中,引导学生通过剪拼实验将未知图形面积转化成已知图形面积进行计算,从而推导出面积公式。不同于78版教材直接呈现了操作的步骤,92版教材先设置了想一想栏目,启发学生自己进行实验,探索出解决问题的方法,因此情境也从实践操作提高到了科学实验层次。12版教材更加注重实践操作和科学实验,体现了对探究活动过程的关注。数学与生活有着密不可分的联系,数学知识来源于生活并且应用于生活,生活情境自然受到了大量关注,三版教材均设置了很多生动形象、符合儿童生活经验的生活情境,真实、有感染力。此外,可以适当增加科学实验情境,让学生在丰富的开放性课堂活动中,发现问题,主动探索,有利于学生思维的开发。

3. 插图运用

数学教材插图可以给学生呈现出量的概念、质的感觉,不仅能使学生信服,而且能引发学生联想,是一幅激发学生学习兴趣、传达知识和教育思想为主要作用的图画。② 教材中的插图通常包括装饰性图、表征性图和知识性图。

装饰性图一般为表示情境、背景或栏目标识的图,三版教材均设置了装饰性图,增加教材的趣味性,丰富教材内容。78版教材装饰性图只是出现在习题中,以及作为"思考题"栏目标识出现的。92版教材装饰图类型明显开始多样化,"想一想""练习""你知道吗?""思考题"的栏目都出现了人像或小动物的装饰

---

① 李卓,于波.小学数学教材中情境的类型及作用与原则[J].数学教育学报,2012(3):72-74.
② 刘明.数学插图"负效应"的分析及应对策略[J].教学与管理,2012(4):46-47.

性图,栏目标识图呈现出更加美观的形态。12版教材每个栏目都出现了装饰性图,正文中装饰性图多以情境图出现,形式活泼充满童趣,增添了教材的可读性。

表征性图是指含有数或形意义的实物图、示意图以及表达数学信息或操作流程的图。78版教材的表征性图一般出现在习题部分,主要是多边形的平面示意图和一小部分与多边形面积相关的生活实例图。例题部分在多边形面积公式推导过程中安排了操作流程图。92版教材在例题中的流程图更加丰富,有一些展现具体操作中动态生成的过程。12版教材的表征性图类型多,如单元前主题图以一整页的形式来呈现,篇幅较大,以学生在生活中能接触到的或者感兴趣的场景呈现本单元知识重点;出现在例题中的主题图,既展现了所设置情境又传递了数学信息,引导学生发现问题、提出问题,掌握知识。

知识性图一般为解释、说明、提示或揭示数学概念、规则、方法的图。三版教材均在例题中设置了知识性图。比较发现,12版教材的知识性图更加直观简洁,如在平行四边形面积中,12版在例题前给出了平行四边形示意图,标出底和高,直接揭示了平行四边形面积的相关要素。而78版和92版教材缺少在概念性语言出现前展现直观清晰的示意图。文字和图形充分结合,可以使学生对新知的理解更加容易、深入。

插图从黑白到双色再到彩印,感官上更加赏心悦目。总体上,插图的设置由少而单一,逐步发展成活泼多样美观,教材的呈现方式丰富多样,增强了教材的结构性和可读性。

4. 习题安排

(1) 习题数量

习题数量的多少会影响学生对知识的巩固、运用程度,不同类型、层次习题的数量安排与教学的质量和效果也息息相关。根据习题在教材中编排的位置,将习题分为课堂练习、练习和复习三类。"课堂练习"为紧跟例题之后题目,包括92版和12版教材中的做一做;"练习"为一小节之后的练习题;"复习"是指一个单元之后的综合练习,这里指78版教材的"复习",92版和12版教材的"整理和复习"与末尾的大练习。三版教材中多边形面积习题数量具体情况见下表。

表 4-57 三版教材中多边形面积的习题数量比较

教材版本	合计	课堂练习	练习	复习
78版	40	0	35	5

(续表)

教材版本	合计	课堂练习	练习	复习
92版	89	8	75	6
12版	78	6	61	11

从表中可以看出，78版教材习题数量最少，92版教材的习题数量最多。78版教材没有在例题后设置课堂练习题，92版和12版教材课堂练习数量相当，每道例题之后均有一两道习题对所学知识进行及时巩固理解。12版教材适当增加了复习题数量，加强了整个单元的知识梳理以及综合应用与拓展。

（2）习题类型

三版教材的习题类型大致可划分为填空题、计算题、应用题、判断题、操作题、问答题这几种，对它们分别进行统计，结果如下表。

表4-58　三版教材中多边形面积的习题类型比较

教材版本	填空题	计算题	应用题	判断题	操作题	问答题
78版	5	13	22	0	0	1
92版	5	33	50	1	1	3
12版	6	21	47	1	3	0

比较发现三版教材的习题以计算题和应用题为主。多边形面积作为面积测量的一个重要组成部分，需要大量的计算题来巩固多边形面积计算公式，以达到熟练运用计算公式的目的。应用题作为对计算公式的实际运用，既能不断强化公式本身，又可以发展学生解决实际问题的能力，因此应用题在三版教材中占比都是最大的。填空题一般设置为根据表格中数求面积填表格，相当于多个小计算的集合，简单、基础。应用题有直接套用面积计算公式的简单应用题，和与其他知识相结合的较为复杂的综合应用题，注重与其他数学知识的联系，加强了知识的综合应用，这有利于知识之间的融会贯通。判断题和操作题较少，一些计算题中还会出现问答题的形式，如让学生总结规律。

5. 语言表达方式

从教材文本呈现的人称主体来看，78版教材无论例题还是习题均以无主语句式呈现。92版教材在例题的探究性活动中出现了小女孩的主题图，开始以第二人称作为主语引导学生进行思考探索，习题仍以无主语为主。12版教材常使用"小天使"的形象和人物对话的方式,"小天使"的语言往往使用零人称的语句作为提示作用,而对话则是第二人称为主。习题中开始多次出现第一人称和第二人称为主的语句,展现出一定的亲和力,能够拉近学生与书本的心理距离。

从句式上来看,三版教材都注意到了句式的变化,交替运用祈使句、陈述句、疑问句、反问句等常见句式,使教材的文字语言不再单调枯燥。教材使用祈使句和陈述句描述概念、规则等,在习题中清楚直接地给出题目要求。疑问句、反问句在正文部分可以起到提示、引导学生思考,进行数学活动的作用,连续不断的设问可以促进学生独立思考、合作学习。

图文结合情况可以分为文字为主图片为辅和图片为主文字为辅两种形式。比较发现78版和92版教材都是文主图辅的形式,92版教材加强了图片的作用。12版教材则是图主文辅的形式,图片完整地展现了面积公式推导的操作活动过程,辅以文字说明,更加直观清晰,有利于学生对面积公式推导过程的深入理解,有利于发展学生的形象思维。

(四)多边形面积研究结论

1. 内容分布较为集中,重视习题部分的编制

三版教材多边形面积内容虽然都横跨了两个年级,但都分别设置于两个年级的一个单元中,分布相对集中。92版和12版教材的多边形面积内容分别位于三年级和五年级,78版教材将内容则安排在三、四两个年级。长方形、正方形的面积作为其他多边形面积的基础均被设置于三年级,其他多边形的面积由于思维方法相同,推导过程相似,被集中安排在四(五)年级的一个单元中。课标(2011年版)对这部分的要求比较具体,12版教材中设计的知识点多,篇幅也有所增加。从习题安排可以看出,三版教材对习题部分编制都很重视。为了打好基础,加强双基教学,92版教材在"练习"栏目设置了大量的习题。12版教材更加重视科学实验背景,数学与生活以及其他学科的有效融合,体现了在注重培养学生核心素养的新时期,向培养学生的跨学科思维,提升学生的综合能力的方向努力。

2. 内容安排增加了弹性,并且越来越关注联系实际

在提高全体国民素质,面向全体学生的义务教育思想指导下,根据《九年义务教育全日制小学数学教学大纲(试用)》,围绕"精简、更新、增加弹性",92版教

材在内容上做出了相应的改变。[①] 组合图形被划分为选学内容,增加了教材的弹性。加强了测量、摆拼、画图等实际操作的训练,培养动手操作的能力,逐渐发展学生的空间观念。从素材选取上看,增加了数学与生活的素材,以便更好地搭建数学知识与实际生活的桥梁。12版教材采取"问题情境—建立模型—解释、应用与拓展"的编写模式,教材情境设置明显丰富,加强了教材内容与现实生活的联系,并且有利于学生在探究活动中逐步掌握基本的数学知识和方法,发展自主探究、动手操作和应用知识的能力。

3. 整体结构由单一逐渐走向丰富多样

三版教材不断对结构进行调整,以期适应课程改革要求。78版、92版教材的结构调整主要体现在代数知识上,因此对多边形面积内容的设计变化不大,整体结构编排类似。12版教材在强调数学应用,学生主体,"自主、合作、探究"的学习方式等理念指导下,编排方式做了调整,不直接呈现概念、规则,而是注重设置情境,引导学生主动探究,积极参与运用数学知识解决问题的活动。不同于78版教材的从知识呈现到练习,12版教材从创设情境、数学化,再到应用拓展,更加丰富完整。从具体栏目设置可以看出三版教材在核心栏目设置上基本一致,均按照"例题—练习—复习"的体例进行编写。但是三版教材栏目设置的丰富程度上却大不相同。78版教材栏目单一,只设置了四个栏目,除主线外增加了"思考题"。92版教材在主要栏目中增添了紧跟例题之后的"想一想""做一做",层次更加清晰合理。"你知道吗?"栏目关注数学文化知识,拓宽学生视野的同时也加强了数学与生活的联系。12版教材栏目更加丰富生动,无论是单元前的主题图和引言,还是"阅读与理解""分析与解答""回顾与反思""成长小档案"栏目都充分展现了插图的作用,提高了学生学习的兴趣,增加了教材的可读性。整体来看教材的结构不断丰富,栏目的层次性得到加强,这与教材的多样化、现代化改革要求相适应。可以预见,未来小学数学教材将在改革发展中变得更加完善。

4. 内容深度、习题难度以及教材难度逐渐提升

从内容深度来看,三版教材都是以"理解""掌握"水平的认知要求和"归纳类比""演绎推理"水平的内容表述为主,内容深度呈上升趋势,涨幅较大,这与78版教材知识点均以直观描述形式呈现有关。习题的认知要求等级、习题背景等

[①] 李星云.改革开放30年小学数学教材建设的回顾与思考[J].课程・教材・教法,2010(1):64-69.

级、平均难度等级均呈现增长趋势,说明教材同时提高了认知要求水平以及习题背景水平,体现了教材对数学与生活实际相联系的重视,以及将数学与其他学科联系的发展趋势。总而言之,三版教材"多边形面积"内容的综合难度持续上升,其原因主要在于不同时期课程标准(教学大纲)对此提高了要求。

四、体积测量内容研究[①]

体积测量在小学数学教材中处于高年级阶段,是在学生认识了平面图形及其面积计算,以及立体图形及其表面积测量后进行学习的。内容包括"长方体和正方体的体积""圆柱体积""圆锥体积"。体积测量与日常生活和生产实践联系密切,有助于培养学生的数学应用意识,让学生认识到现实生活中蕴含着大量与图形有关的问题,这些都可以用数学的方法予以解决。现行课标注重数学思想方法的教学,并将基本数学思想作为"四基"之一,体积测量中蕴含着转化、极限等丰富的数学思想方法,对于学生深入理解数学知识本质,运用数学思想方法解决问题极为重要。

(一) 体积测量结构体系

教材的结构体系是支撑整套教材的外部框架,主要由单元设置、内容分布、具体栏目的安排和教材内容的逻辑联系几部分构成。

1. 内容分布

虽然三版教材学制不同,但具体内容分布的逻辑顺序大致相同。78 版由于是五年制教材,所以体积测量的内容分别设置在四年级下册的"长方体和正方体"单元,以及五年级下册"圆柱和圆锥"单元;而 92 版和 12 版则都设置在五下和六下教材中。具体内容分布上差别不大。

表 4-59　78 版教材体积测量内容分布情况

版本/学年制	授课年级	单元序号	单元名称	单元内容
78 版/5 年制	四下	2	长方体和正方体	体积概念
				体积单位
				长方体体积公式

[①] 吴佳慧撰写初稿.

(续表)

版本/学年制	授课年级	单元序号	单元名称	单元内容
78版/5年制				正方体体积公式
				底面积概念
				土、石方的简单计算
				体积单位间的进率
				容积概念
				容积单位
				体积、容积单位间的换算
	五下	6	圆柱和圆锥	圆柱的体积
				圆锥的体积

78版在长方体和正方体体积测量部分设有"土、石方的简单计算"内容,这反映了当时的生产方式和生产力水平,教学内容有实用性倾向。

表4-60 92版教材体积测量内容分布情况

版本/学年制	授课年级	单元序号	单元名称	单元内容
92版/6年制	五下	2	长方体和正方体	体积概念
				体积单位
				长方体体积公式
				正方体体积公式
				底面积概念
				体积单位间的进率
				容积概念
				容积单位
				体积、容积单位间的换算
				体积和表面积的比较
	六下	3	圆柱、圆锥和球	圆柱的体积
				圆锥的体积

92版教材在长方体和正方体体积测量部分删除了"土、石方的简单计算",并

增设了长方体和正方体的体积和表面积的比较,这是另外两版教材所没有的。这一部分篇幅较少,只有一页内容,一般使用1课时教学。让学生从长方体和正方体表面积和体积概念、单位、计算方法三个方面进行对比,初步感知两者的差异;接着设置了一道例题和一道"做一做",通过笔算过程再次感知长方体和正方体表面积和体积的差异。通过两者差异的比较,有助于降低学生混淆两者计算方法的错误。

表4-61 12版教材体积测量内容分布情况

版本/学年制	授课年级	单元序号	单元名称	单元内容
12版/6年制	五下	3	长方体和正方体	体积概念
				体积单位
				长方体体积公式
				正方体体积公式
				底面积概念
				体积单位间的进率
				容积概念
				容积单位
				体积、容积单位间的换算
				求不规则物体体积
	六下	3	圆柱和圆锥	圆柱的体积
				圆锥的体积

12版的教材剔除了前两版教材中的"土、石方的简单计算"和"体积和表面积的比较"两部分内容,增加了"求不规则物体体积"的综合运用知识,体现了联系生活,加强实践应用的课程理念。

2. 具体栏目的安排

(1) 体积测量具体栏目设置情况

表4-62 三版教材体积测量具体栏目设置

教材	主要栏目	其他栏目	单元末栏目
78版	导入 例题 练习题	思考题	复习

(续表)

教材	主要栏目	其他栏目	单元末栏目
92版	导入 例题 做一做 练习题	你知道吗？ 思考题	整理和复习
12版	导入 例题 做一做 练习题	你知道吗？ 思考题 生活中的数学 数学游戏 成长小档案	整理和复习

78版教材在栏目设置上较为简单。首先设有问题情境导入，将数学知识与学生生活实际相结合，调动学生的学习兴趣。教材中对每一个新知识点都有相应的"例题"和"练习"。"例题"是学习新知的载体，而"练习题"是在一个或几个知识点学习后安排的巩固练习，起到加深理解、提高技能、发展数学思维的作用。某些"练习"栏目最后会设有思考题，并以问号标识注明。这样的题目一般一个练习中只有一道，用来检验学生能否较为灵活运用所学知识解决实际问题。另外由于体积测量都是与认识图形安排在一个大单元内，在学习体积测量前需要先认识相应的立体图形，对图形特征有一定认识，并形成了一定的空间观念。除了圆锥以外其他三个立体图形还要学习表面积计算，整个单元的结尾处教材还设置了"复习"栏目，以便将整个单元所学内容融会贯通。

92版教材保留了导入部分，在每一个体积计算公式学习后安排了对应的应用例题，能够有针对性地让学生运用体积公式。"做一做"栏目往往跟在"例题"之后，作为变式问题让学生在巩固的过程中加深对新知的理解。"练习题"是在一个或几个紧密联系的知识点学完后设置的巩固练习，题量相对较多，形式多样化，其中较深的题目会加星标记或以方框呈现。另外92版教材设置了"你知道吗？"栏目，例如五下第34页下方介绍了我国古代数学名著《九章算术》中对长方体体积计算方法的表述，渗透了数学历史教育，拓展了学生的知识面，并且提高学生学习数学的兴趣。在整个单元最后的练习前还安排了"整理和复习"栏目，以对本单元基础知识进行系统整理和复习检查。

12版教材栏目设置较为丰富，安排了部分具有特色的栏目。在导入部分创设了"乌鸦喝水"情境，由于这个故事学生在语文课已经学习过，容易进入情境、理解问题。12版"例题""做一做"和"练习"三个部分的安排与92版有相似之处,但题目更加新颖多样。"整理和复习"栏目大多采取对话的形式,鼓励学生自我探究,深入学习。12版添设了"生活中的数学""数学游戏"和"成长小档案"栏目。"生活中的数学"栏目是用来提供与主题相关的生活实例,例如,乘飞机的行李尺寸规定,蚁狮挖的洞是圆锥形,让学生体会自然和生活中的数学智慧和魅力。"数学游戏"栏目在12版中的出现频率较低,整个体积测量部分只出现过一次,此栏目重在培养学生自主探究和动手操作等能力。"成长小档案"栏目是设置在单元最后,利用这一栏目让学生说一说自己对本单元学习的感想,让学生回顾本单元的学习收获,教师再帮助学生把单元知识要点进行归纳整理,结合一些典型例题进行有针对性的分析,对学生的一些易错题型进行指导练习,并对一些知识点和方法做总结归纳,帮助学生形成完整的单元知识网络结构。

(2) 体积测量具体栏目设置对比

三版教材在具体栏目上的设置具有共同点:三版教材从总体上都是以"例题+习题"模式安排栏目,让学生先模仿再不断强化。首先都在新知前设置了"导入",运用与当时生活现状相关的情境或问题引入知识,能够调动学生思考问题的积极性;其次都设有"例题""练习""复习"几个栏目。因为例题和习题是数学教材的重要组成部分,"例题"通常是发挥示范作用,题目下方会配有完整的解题过程供学生模仿,而"练习"和"复习"中的习题就是学生根据"例题"给出的概念和方法进行巩固和应用。三版教材中的例题尽管标识不同,但都有明显的标记。三版教材在栏目设置上的差异主要体现在栏目的数量和类型上,其中,12版教材的具体栏目多样化。多样化的栏目设置会极大地提高学生学习数学的积极性,也会让学有余力的学生得到适当的拓展。92版和12版设置的"整理和复习"栏目,体现了对基础知识、基本技能(即"双基")培养的重视。92版教材中增设了"你知道吗?"栏目,以拓展学生对数学历史的了解,12版教材在延续了这一栏目设置的基础上,还增添了"生活中的数学"栏目,更好地将学生生活经验与数学知识相结合,体现数学的价值。12版教材中的"成长小档案"栏目,是为了让学生在总结归纳所学知识时,教师适时给予一些鼓励性的评价,让学生体会到学习的成功和乐趣,获得良好的数学学习体验。这体现了新课改提出在教学过程中要采用丰富的评价方式,注重过程性评价等理念。

3. 教材内容的逻辑联系

学生对立体图形的学习是促使学生思维从二维平面到三维空间转变的重要阶段,是学生认识上的一次飞跃。学生以前虽然接触过长方体、正方体、圆柱和圆锥,但只是直观形象的认识,要上升到理性认识还有一定难度。三版教材在学习立体图形的体积测量之前都先安排了立体图形的认识以及表面积(除了圆锥)计算。尤其是对长方体和正方体的学习是学生在认识了一些平面图形的基础上第一次正式学习立体图形,在这部分三版教材都遵循:先学习体积的概念和体积单位这些基本内容,再学习体积公式;在圆柱和圆锥体积测量部分三版教材都运用了转化思想,借助已学立体图形体积公式,推导出圆柱圆锥的体积公式。

尽管如此,三版教材在对内容编排的逻辑上还是存在些许差异。例如78版教材在学习圆锥体积测量之前,并没有对圆锥的认识设置专门内容,但在92版和12版中增设了明确的认识圆锥小节,在系统认识了圆锥后再进行体积测量。另外三版教材对体积概念的引入情境有区别,从78版的直接给出,到92版借用把石头放进水里的观察实验,再到12版通过学生更熟悉、更直观的"乌鸦喝水"的故事和石头放入盛水的杯子里的实验多个情境,这样的编排调整为学生感知、体会物体占有空间,理解体积概念提供丰富的感性经验。

总体来看,三版小学数学教材结构体系较为严密,有关体积测量这部分内容,单元设置遵循相应大纲或课标的要求,在内容分布和具体栏目的安排方面不同版本存有差异,随着教材的不断修订,人教版小学数学教材的编写越来越突显学生的主体地位,重视数学思想的渗透和数学素养的培养。

(二) 体积测量内容设计

以人教版三个不同阶段教科书中的体积测量内容为研究对象,依据教学大纲(或课程标准)的要求,主要采取定量刻画的方法,对内容广度或知识容量、内容深度、习题难度、教材难度进行比较研究。

1. 内容比重

通过统计,三版教材中体积测量主题内容的教材页数及其占整套教材的百分比,以及教学该主题所用教学时间占小学数学总课时的百分比统计,见表4-63和表4-64。

表4-63　三版教材体积测量主题总体情况统计

版本/学年制	册数	页数	主题页数	教材总页数	页数占比
78版/5年制	第八册	14	22	1 120	1.96%
	第九册	8			

(续表)

版本/学年制	册数	页数	主题页数	教材总页数	页数占比
92版/6年制	第十册	20	32	1 682	1.9%
	第十二册	12			
12版/6年制	第十册	18	31	1 359	2.28%
	第十二册	13			

统计发现,92版教材总页数远多于另两版,因而主题页数占比为最小。12版教材总页数相对92版有所减少,但页数占比最多,说明体积测量部分在12版中的分量有所提升。

表4-64 三版教材体积测量主题课时占比情况

教材版本	小学总课时	主题课时	主题占小学总课时百分比%	课时系数
78版	1 168	13	1.11	0.928 6
92版	986	14	1.42	1
12版	952	13	1.37	0.928 6

从上表可见,78版教材体积测量主题课时占比最低,由于小学总课时最多而主题课时却与另两版相近,这会在一定程度上提高体积测量部分的学习难度。三版教材的课时占比都明显低于内容占比,尤其是12版的内容占比甚至是其课时占比的近两倍,这在一定程度上增加了学生学习的难度。

体积测量部分所用教学课时基本相同,由此可以计算出三版教材的课时系数比较接近,78版、92版、12版教材体积测量的课时系数分别是:0.928 6,1.000 0,0.928 6。

2. 内容广度

内容广度是指教材内容所涉及的范围或领域的广泛程度,通常与教材内容所含知识点的数量有关,可比内容广度还与主题内容的课时系数有关。

表4-65 三版教材体积测量主题知识点情况

知识点	78版	92版	12版
体积概念	√	√	√
体积单位	√	√	√

(续表)

知识点	78 版	92 版	12 版
长方体体积公式	√	√	√
正方体体积公式	√	√	√
底面积概念	√	√	√
土、石方计算	√		
体积单位的进率	√	√	√
容积概念	√	√	√
容积单位	√	√	√
体积、容积单位间的换算	√	√	√
体积和表面积的比较		√	
求不规则物体体积			√
圆柱体积公式	√	√	√
圆锥体积公式	√	√	√
合计	12	12	12

总体来看,三版教材在体积测量主题下设置的知识点数量均为 12 个。其内容可划分为两个知识单元。

一是长方体和正方体的体积测量。知识点数量上三版教材均为 10 个。为了联系农村生产实际,加强知识应用,78 版结合时代特征多设有"土、石方的计算"知识点。1985 年提出实施九年义务教育,小学生毕业后不会直接参加农村生产实践,因而在后两版教材中,这一内容就被剔除了。92 版中增加了"体积和表面积的对比",及时帮助学生辨析两个概念和计算方法。12 版中删除"体积和表面积的对比",并增设"求不规则物体的体积"知识点。

二是圆柱和圆锥的体积测量。三版教材的知识点相同,都只含有 2 个。

三版教材体积测量知识主题下所含有知识点的并集中有 $n=14$ 个知识点,其中 $n_1=12, n_2=12, n_3=12$。这样,内容广度分别是 $\frac{12}{14}=0.857\,1$,$\frac{12}{14}=0.857\,1$,$\frac{12}{14}=0.857\,1$,分别除以课时系数,得到可比内容广度分别是 $G_1=0.857\,1 \div (13 \div 14)=0.923\,0$,$G_2=0.857\,1 \div (14 \div 14)=0.857\,1$,$G_3=0.857\,1 \div (13 \div 14)=0.923\,0$。

3. 内容深度

将三版教材的每个知识点按照水平划分标准分别赋值,得到"认知要求""内容表述"四级水平的分别占比(见表4-66和表4-67)。

表4-66 内容深度中"认知要求"各水平占比统计

教材版本	了解(模仿)	理解(认识)	掌握(应用)	综合应用
78版	0 (0%)	5 (41.67%)	7 (58.33%)	0 (0%)
92版	0 (0%)	6 (50%)	6 (50%)	0 (0%)
12版	0 (0%)	5 (41.67%)	6 (50%)	1 (8.33%)

从表4-66可看出,"认知要求"的水平集中在"理解"和"掌握"两个等级。78版教材以掌握运用为主,这是因为对应的教学大纲中要求较高,而在92版和12版中虽然对于体积测量部分掌握应用的要求比重有所下降,但依然是四个等级中占比最高的。

表4-67 内容深度中"内容表述"各水平占比统计

教材版本	直观描述	归纳类比	演绎推理	探究开放
78版	8 (66.66%)	2 (16.67%)	2 (16.67%)	0 (0%)
92版	7 (58.33%)	2 (16.67%)	3 (25%)	0 (0%)
12版	7 (58.33%)	0 (0%)	2 (16.67%)	3 (25%)

从上表可以看到,三版教材在体积测量部分的"内容表述"大多采取"直观描述"方式。这是因为学生第一次接触到立体图形的体积,并且立体图形的体积测量对小学生的空间思维要求较高,所以教材对体积含义、体积单位及进率等知识点采用直接明了的方式呈现。另外针对"圆柱与圆锥体积公式"的学习,三版教材均采用了"演绎推理"方式,利用学生已有知识,通过转化、推理获得圆柱和圆锥的体积计算公式。

三版教材的"内容表述"也存在某些差异。例如78版和92版中均用"归纳类比"方式借助两个或以上例子来推测或归纳出"长方体和正方体"体积计算公式,但在12版中对"长方体和正方体体积公式"使用的是"探究开放"方式,教材出示表格和提示,引导学生进行自主探究;再如92版教材中增添的"长方体和正方体表面积和体积对比"知识点属于"演绎推理",要求学生按照书本给出的几个问题进行思考,明确表面积和体积的特征并对两者进行区分,获得一定的理性认识。而12版中增设的"求不规则物体的体积"知识点,教材设计了"阅读与理解""分析与解答""回顾与反思"三个环节引导学生开展探究活动。由此可见,12版对比前两版教材十分重视培养学生的自主探究能力。

运用"认知要求""内容表述"的等级计算公式,可以获得它们的平均等级,均衡考虑这两个影响因素后,得到了三版教材该知识主题的可比内容深度(见表4-68)。

表4-68 三版教材体积测量内容深度统计

教材版本	认知要求平均等级 (S_{i1})	内容表述平均等级 (S_{i2})	平均内容深度	可比内容深度 (S_i)
78版	2.583 3	1.5	2.041 7	0.510 4
92版	2.5	1.666 7	2.083 4	0.520 9
12版	2.666 7	2.083 3	2.375 0	0.593 8

"认知要求"的平均等级均在2—3之间,这说明总体深度集中在"理解""掌握"水平,这较为符合大纲或课标的目标要求。由于"演绎推理"和"探究开放"两种方式占比增多,导致"内容表述"平均等级逐步提升。由表可看到78版的可比内容深度最低,12版最高。这表明了体积测量的内容深度在改革开放初期定位较低,学习只是为了社会生产需要,这点从教材安排"土、石方的简单计算"内容就可以看出。但随着义务教育普及和教育改革的推进,这部分的内容深度也不断上升。

4. 习题难度

习题难度是衡量内容深度的另一重要因素,影响习题难度的两大因素是"认知要求"和"习题背景",下面是对三版教材的习题进行的统计。三版教材有关体积测量的"认知要求"和"习题背景"占比见表4-69和表4-70。

表 4-69 习题难度中"认知要求"各水平占比统计

教材版本	习题总量	了解(模仿)	理解(认识)	掌握(应用)	综合应用
78 版	55	43.64%	12.72%	40%	3.64%
92 版	99	23.81%	21.43%	34.52%	20.24%
12 版	78	17.81%	20.55%	53.42%	8.22%

可见,三版教材习题中"掌握"水平的占比相对较大,这表明了该主题下各知识点基本都要求学生能够达到应用的水平。92 版教材中的习题数量明显多于另外两版教材,因此其体积测量主题的教学课时占小学总课时的百分比也最高;另外 92 版教材中"综合应用"相关习题相对最多,主要出现在思考题和"＊"号题中,这体现了教材编写者比较关注教材弹性空间的设计。三版教材中"了解"水平的占比不断下降,而"掌握"水平不断上升,直至 12 版中需要达到掌握应用水平的习题已超过半数。说明体积测量部分的习题要求不再倾向单纯的模仿练习,而是要求学生进行有一定深度的学习。

表 4-70 习题难度中"习题背景"各水平占比统计

教材版本	习题总量	无背景	个人生活背景	公共生活背景	科学实验背景
78 版	55	27.27%	3.64%	69.09%	0%
92 版	99	39.29%	0%	60.71%	0%
12 版	78	30.14%	16.44%	53.42%	0%

解决含有"背景"的习题,需要学生经历"具体材料的经验组织化"和"数学材料的逻辑组织化",也就是需要从"背景"出发,提炼出数学问题,建构数学模型,运用数学的概念、规则、方法加以解决。从上表可见,三版教材的习题背景都未涉及科学实验,这在提倡小学数学和其他学科相结合的当今,是需要改进和加强的。三版教材中公共生活背景占比均较大,这凸显了小学数学与生活实际相结合的特点。其中 78 版占比最大,这也与当时的社会现状有关。12 版个人生活背景习题占比明显上升,这体现了本次课改中强调的数学应与儿童生活实际相结合。

经计算,可以得到各版教科书体积测量习题难度中"认知要求""习题背景"的平均等级,再根据两者对应的权重进行加权平均,即可得到平均习题难度和可比习题难度(见表 4-71)。

表 4-71　三版教材体积测量习题难度统计

教材版本	认知要求 平均等级(X_{i1})	习题背景 平均等级(X_{i2})	平均习题难度 $\left(\dfrac{3}{5}X_{i1}+\dfrac{2}{5}X_{i2}\right)$	可比习题难度 $\left(\dfrac{3}{5}X_{i1}+\dfrac{2}{5}X_{i2}\right)\div 4$
78 版	2.036 4	2.418 2	2.189 1	0.547 3
92 版	2.511 9	2.214 3	2.392 9	0.598 2
12 版	2.520 5	2.232 9	2.405 5	0.601 4

三版教材平均习题难度和可比习题难度水平都呈上升趋势。在"认知要求"等级上,78 版较低而另外两版比较均衡,这是因为其"了解"水平的习题占比较大,要求等级较低;在"习题背景"平均等级上 78 版比较高,因为此版教材中公共生活背景习题占比较大。

5. 教材难度

依据上述统计,综合考虑可比内容广度、可比内容深度、可比习题难度三个维度,并按 0.2、0.5、0.3 的权重,计算出教材难度(见表 4-72)。

表 4-72　三版教材体积测量综合难度统计

教材版本	课时系数 (β_i)	可比内容 广度(G_i)	可比内容 深度(S_i)	可比习题 难度(X_i)	教材难度 (N_i)
78 版	$\dfrac{13}{14}=0.928\ 6$	0.923 0	0.510 4	0.547 3	0.604 0
92 版	$\dfrac{14}{14}=1$	0.857 1	0.520 9	0.598 2	0.611 3
12 版	$\dfrac{13}{14}=0.928\ 6$	0.923 0	0.593 8	0.601 4	0.661 9

由上表可见,92 版比 78 版教材难度上升了约 1.21%,应属基本相当,12 版比 92 版教材难度上升了约 8.28%,12 版的教材难度比 78 版提高了 5.79%,即经过 40 多年的教材改革,人教版小学数学体积测量教材的难度上升了 9.59%,呈现出的上升趋势应该是较为合理的,但就"上升的幅度应该控制在什么范围内是科学的"这一问题,尚需进一步研究。

(三)体积测量呈现方式

教材的呈现方式主要指教材中数学知识结构的外部表征。教材以什么样的方式表达内容,体现了教材怎样的指导思想、设计理念,反映教材的什么风格与特色,关系到教师如何教与学生如何学。下面就体积测量的呈现方式进行分析。

1. 素材选取

三版教材有关体积测量部分按照大纲要求,根据不同时代背景选取了不同的素材。这里将素材类型分为数学内部本身、数学与生活、数学与其他学科联系不同类型进行讨论。

表 4-73 三版教材体积测量素材类型占比

版本	数学内部本身	数学与生活	数学与其他学科联系
78 版	31.58%	63.16%	5.26%
92 版	42.86%	51.43%	5.71%
12 版	22.86%	62.86%	14.28%

从表 4-73 中可以看到,三版教材的素材选取主要来源于学生的生活实际,例如在"长方体和正方体"体积测量部分,78 版和 92 版教材引入体积概念时,设计的是"火柴盒、工具箱和水泥板",而 12 版则是"洗衣机、影碟机和手机",这些素材具有浓厚的时代特征。12 版教材减少"数学内部本身"素材,提高了"数学与生活"及"数学与其他学科联系"两类素材的占比,这一做法有助于学生"体会和理解数学与外部世界联系的基本途径",有助于学生"初步形成模型思想,提高学习数学的兴趣和应用意识"。[1] 12 版中"测量不规则物体体积"实验,不仅体现了数学与科学相联系,也体现了数学的应用价值,让学生感受到数学应用的广泛性和现实性。

2. 情境设计

《义务教育数学课程标准(2011 年版)》提出:要让学生在生动具体的情境中学习数学,创设情境成为当下教学设计要素之一。有学者认为,课堂情境在教学设计中也有必要进行整体设计,形成情境线,整体或局部将有关知识点和练习内容串联起来,形成一体。[2] 生活情境、实践操作、科学实验常常表现出不同的理解水平,下表将三版教材体积测量部分使用的不同情境数量进行了统计。

---

[1] 中华人民共和国教育部.义务教育数学课程标准(2011 年版)[S].北京:北京师范大学出版社,2012:7.

[2] 陆椿.整合知识点 创设情境线[J].小学教学研究,2019(21):18-22.

表 4-74 三版教材体积测量的情境类型占比

教材版本	生活情境	实践操作	科学实验	合计
78版	11（78.57%）	3（21.43%）	0（0%）	14
92版	17（77.27%）	5（22.73%）	0（0%）	22
12版	20（80%）	4（16%）	1（4%）	25

三版教材中情境设计以78版最少而12版最多，并且主要是"生活情境"。"实践操作"类情境三版教材中的数量相近，这有利于培养学生的动手操作能力。12版教材中以学生讨论或师生交流的形式安排了一些实践操作情境和科学实验情境，如通过学生熟悉的、直观的"乌鸦喝水"故事和石头放入盛水的杯子里的实验为学生感知、体会"物体占有空间""物体占有空间有大有小"提供表象支撑，为理解体积概念提供了丰富的感性经验。"测量不规则物体的体积"作为拓展部分，加强"体积测量"与生活的联系。

3. 插图运用

小学数学教材中运用插图可以让学生更为直观地理解数学内容，提高学生的抽象概括能力，学生在看看、数数、想想的过程中，可以有目的地观察画面，感知事物的数量特征，在获得知识的同时，也增强了学生观察事物的能力。78版教材整体黑白印刷，正文以文字叙述为主；92版教材以双色印刷；12版教材的插图数量明显增多且色彩丰富。

从功能性来看，可以将插图分为装饰性、表征性和知识性三类。经过统计可见，12版教材中插图的数量远远多于前两版。为了适应小学生的认知发展要求，12版教材明显增加了"装饰性图"的数量。除了和例题背景有关的插图外，这版教材设计了各种各样卡通角色和人物形象，这些角色和形象有时用来充当老师的角色，提出启发性问题，引导学生进一步思考；有时也会扮演学生的角色，出现在课堂讨论的环节中。另外相比前两版教材，12版中对每种栏目的标志也设置了装饰性插图，使得教材整体更美观。

但三版教材也具有共同点，即表征性插图的占比都最大，这凸显了一直以来数学教材都注重引用含有数或形意义的实物图、示意图以及表达数学信息或操作流程的图来帮助学生理解抽象的数学知识。

总体来看,三版教材在插图运用上从单调到丰富,不断改进,体现了教学改革从重视教师"教",忽视学生"学",到重视学生学习主观能动性的转变。改革开放初期,教材大多以单调的文字叙述为主,忽视了学生的身心发展水平;义务教育推行后,为了利于学生阅读教材,开始注重插图的运用,但引入插图的色彩仍比较单调,不够活泼;12版教材充分利用插图的辅助功能,将抽象化的数学知识以具体生动形象的面貌呈现,调动了学生学习积极性。

4.习题安排

习题是数学教材的重要组成部分,对于数学学习有重要作用。所以习题的数量、类型等都能在一定程度上反映出教材编写特点,也会影响数学课堂教学效果。

(1)题量分布

根据统计,三版教材的题量分布如下表。

表 4-75 三版教材体积测量题量分布

类别	78版		92版		12版	
	数量	比例	数量	比例	数量	比例
练习	47	85.45%	92	92.93%	71	91.03%
整理和复习	8	14.55%	7	7.07%	7	8.97%
合计	55	100%	99	100%	78	100%

可以看出,三版教材都很注重练习的设置,在每一个小单元结束时都安排了"练习"。在练习数量上,92版的题量远大于另两版教材,因而其总页数也相对最多。92版和12版都设有"整理和复习"部分,这部分是考察基础知识的掌握情况,且题量较少。

纵观三版教材在习题编排上都遵循小单元练习到单元复习两个层次。在"长方体和正方体体积测量"部分,78版教材共设置了4个小单元练习,而92版和12版两版教材中均设置了5个。在剔除了78版中"土、石方的简单计算"对应练习基础上,92版还增设了针对"体积和表面积对比"小单元练习;对于前两版教材中没有的"体积单位间的进率"练习,12版中也有安排。在"圆柱和圆锥体积测量"部分,78版仅设置了两个小单元练习和一个单元练习。另外两版教材中不仅针对圆柱体积和圆锥体积设置了单独练习,还增设了"整理和复习"。

(2) 思考题安排

表 4-76　三版教材体积测量思考题占比情况

类别	习题总量	思考题数	比例
78 版	55	2	3.64%
92 版	99	19	19.19%
12 版	78	6	7.69%

思考题是供学有余力的学生练习的题目，体现教材的弹性。三版教材都编有思考题，78 版中设有 2 道思考题，以问号和文字标示，数量较少。92 版出现了两种思考题：一是使用 * 号标识；二是加方框呈现，都是综合应用题，一共有 19 个，思考题数量远大于 78 版，习题难度相对较大。12 版教材由于精简了篇幅，练习题量和思考题量均有下降。

另外在习题的背景上，三版教材都未涉及科学实验，大多都是公共社会背景，这样的安排虽然凸显了数学生活化的特点，但是忽视了学科之间的联系，值得研究改进。

5. 语言表达方式

在版面的呈现方式上，前两版教材的表达形式均以文字为主，图形为辅，内容简洁明了，但很难引起学生的阅读兴趣。例如在推导长方体体积计算公式的操作实验中，78 版和 92 版教材都用陈述性的语言直接表述摆放方木块的各种情况，缺乏启发性问题；而 12 版在学生自主探索各种情况前后，都借助"学生对话"的插图设计了启发性问题，引导学生进行探究和思考。三版教材中在对概念、规则等阐述时，对重要的词句都使用了加粗强调，引起学生注意，有利于加深学生对重点知识的记忆。除了规则、概念一类的表述以外，当提出一个问题，或者强调补充时，教材的语言通常循循善诱，启发思考。例如"你有什么发现？""到现在为止，我们已经学习了哪些计量单位？"等等，这样的表述会帮助学生厘清思路、回顾知识，一步步找到解决问题的方法，建构自己对知识的理解。另外 12 版教材中还设计了一些"鼓励性语句"，例如"自己试一试！"等。

总的来看，改革开放 40 多年以来，教材编写上越来越注重增强教材的可读性。教材编写者希望通过教材的语言表达方式更好地启发学生进行思考、自主探究、总结规律，体现了教材改革从"教师中心""学科中心"向"学生中心"转变的课程理念。

（四）体积测量研究结论

1. 栏目设置逐渐丰富，增加探究性环节

从教材栏目的数量来看，92版增设了"你知道吗？"栏目，多为拓展学生数学文化知识。12版在此基础上又添设了"生活中的数学"和"成长小档案"栏目。"生活中的数学"栏目是用来提供与主题相关的生活实例，例如乘飞机的行李尺寸规定、蚁狮挖的洞是圆锥形，让学生体会自然和生活中的数学智慧和魅力。"成长小档案"栏目设置在完成单元授课之后，教师可以利用这一栏目让学生说一说自己对本单元学习的感想，让学生回顾本单元的学习收获。

例如，12版教材学习了"圆柱体积"后，通过"你知道吗？"栏目介绍了"圆柱容球"，向学生渗透数学文化。教师可以在教学中引导学生善用转化思想，激活学生思维，注意在拓展学生知识面的同时，激发学生学习立体图形的兴趣和探究欲望，把有密切联系的两种立体图形放在一起研究，为学生学习圆柱与圆锥的关系奠定基础，有利于推导圆锥体积计算公式。

2. 内容编排上都偏向直线式结构，缺乏体积测量对比

小学教材中的体积测量主要是对长方体、正方体、圆柱和圆锥四种立体图形的体积测量，三版教材在组织上无重复，前后各部分知识点独立。这样安排可以较好地让学生保持学习新鲜感，不易混淆各图形的体积测量方法。但缺少不同立体图形测量之间的比较和内在的逻辑联系，一定程度上会影响学生获得"体积测量"的系统知识。

3. 内容深度和习题难度逐渐提高，教材综合难度呈上升趋势

三版教材体积测量所用课时占比都明显低于内容占比，在一定程度上增加了内容的学习难度。如何处理好教学内容和教学课时的适切性是编者设计内容和教师教学需要考虑的问题，两者的占比相当通常是合理选择。

三版教材认知要求上都集中在"理解"和"掌握"两水平上。78版的教学大纲中对掌握运用的要求较高，因此教材中以"掌握"为主；在"内容表述"上，三版教材大多使用"直观描述"方式，因为立体图形体积测量对小学生思维要求较高，直观的方式适合学生的认知特点，利于学生理解和接受。在习题的认知要求上，"了解"比重逐渐下降，而"掌握"增加为占比最大的水平，体现了"体积测量"部分知识越来越得到重视，三版教材的综合难度也呈现出上升趋势。

4. 科学实验类习题较缺乏，与其他学科之间的联系较少

三版教材的习题背景大半都是"公共生活背景"，这凸显了各版教学大纲和课标中提出的小学数学应与生活实际相结合的特点。而三版教材的素材选取主要来自"数学内部本身"和"数学与生活"两类，这适应了"体积测量"内容的"认知要求"大多需要达到应用水平的要求，但与其他学科相关的素材三版教材中都较少，并且教材中的情境类型也缺乏"科学实验"。这些都体现了人教版教材在"体积测量"部分与其他学科之间的联系仍然较少。

5. 教材编写采用更多的生活化素材和插图，促进了数学生活化

小学数学教材是小学生数学知识的重要来源，也是学生学习数学知识的工具书。过去的数学教材最大的问题在于"繁、难、偏、旧"，难以调动学生的学习兴趣，不利于学生学习和理解。随着基础教育改革的推进，越来越提倡数学生活化，所以小学数学教材的编写也应尽量与学生生活实际相结合。[①]

从上文的研究中可以发现，教材中某些例题和习题选取了学生在家庭中发生的日常事件及常用的家庭用品，包括家务事、家庭集体活动、家庭用品、日常食品等。这部分素材选自学生每天都能在家中经历的活动，把抽象的知识形象化，让学生充分感受到数学知识就在身边。例如12版五年级下引入"体积含义"时，讨论洗衣机、影碟机和手机所占空间，这些都是学生在日常生活中能够常见的物品。另外，丰富的插图增添了更多的生活气息。12版中安排的带有人物形象的插图大多是学生日常生活可以接触到的角色，可以增强学生学习数学的亲近感。

---

① 凤江柳,梁宇.小学数学生活化在教材中的体现——以人教版小学数学教材为例[J].广西教育（义务教育）,2020(7):64-65.

第五章

统计与概率内容研究

传统意义上的统计是对各种数据的收集和分析,为了更直观地表示数据,人们发明了各种统计图表。到近现代,统计学依然是对于数据的收集和分析,但却有了本质的区别,因为近代统计学进行分析的基础是"不确定性",即"随机"。[①] 虽然统计学从传统到近现代有了本质上的转变,但是这种传统意义上的统计学在今天依旧非常重要。对数据的收集、整理和分析以及通过统计图表的直观表示的学习不仅有所加强,而且是我国小学数学教学的重要内容之一。现行课标将"统计与概率"置于独立的学习领域,其中包含"统计"与"概率"两部分内容,由于"概率"是本次课改新增加的课程内容,与前两个阶段不具有可比性,故而这里只对小学阶段统计表和统计图的教材内容进行比较研究。

一、统计表内容研究[②]

现实生活中有大量的数据需要采取抽样调查的方法收集和分析数据,用样本来估计总体,从而进行合理的推断和决策,这就是统计的思想方法。对三部大纲或课标相应的要求进行分析可知,92年大纲相比于78年大纲,对统计表的绘制要求有所降低,更加重视统计思想和方法的学习。2011年版课程标准对统计表的绘制要求和统计量的计算要求进一步降低,但注重让学生经历统计全过程,重视统计意义的理解和数据分析能力的培养,更加适应信息社会对现代人才的培养要求。

---

① 史宁中,孔凡哲,秦德生.统计的意义、思想、方法及其课程教学设计——数学教育热点问题系列访谈录之二[J].小学青年教师,2005(5):4-6.

② 顾瑾撰写初稿.

（一）统计表结构体系

教材的结构体系是决定教材质量的关键,知识的传递和表述需要镶嵌在具体的体系结构之中。[①] 分析三版教材统计表的结构体系,有利于比较出教材的知识结构是否与学生的接受水平相适应,以及是否能促进学生学习。

1. 单元设置以及教材内容的逻辑联系

三个版本教材统计表单元设置及包含的知识点如下表5-1。

表5-1　三版教材统计表单元设置及包含的知识点

教材版本	单元设置	知识点
78版	五年级下册:简单的统计表和统计图	数据的分组整理 单式统计表的填写 简单的复式统计表的绘制 含有百分数的统计表的绘制
92版	第八册:简单的数据整理和求平均数	简单的数据整理 单式统计表的认识
	第十册:简单的统计(一)	原始数据的收集 数据的分组整理 单式统计表的填写 简单的复式统计表的填写 简单的复式统计表的数据分析
	第十二册:简单的统计(二)	含有百分数的统计表的绘制
12版	一年级下册:分类与整理	分类 非正式的图文统计表
	二年级下册:数据收集与整理	原始数据的收集 简单的数据整理 单式统计表的填写 单式统计表的数据分析
	三年级下册:复式统计表	简单的复式统计表的填写 简单的复式统计表的数据分析

---

① 任丹凤.论教材的知识结构[J].课程·教材·教法,2003(2):5-8.

三版教材在统计表知识点设置方面都基本包含了数据整理、单式统计表、简单的复式统计表这三个部分。根据各版本对于数据整理和统计表掌握要求的不同,将数据整理分为"简单的数据整理"和"数据的分组整理",将统计表分为对其的"认识""填写""绘制"以及"数据分析"。其中"12版教材"相比"78版教材"和"92版教材"删去了"含有百分数的复式统计表的绘制"这一较有计算难度的知识点,"12版教材"在学习正式的统计表前,在一年级下学期安排了"分类与整理",使学生在掌握分类的含义、方法以及在非正式图文统计表的基础上进一步学习正式的统计表。

表格中可以看出三版教材在统计表内容的单元设置方面呈现出两个变化。

第一个变化是从集中编排到分散编排。从"78版教材"安排一个单元教学统计表和统计图的内容到"92版教材"将统计表的内容分成三次教学,分别安排在四、五、六年级下学期。其次是统计表内容的前移。"12版教材"同样将统计表内容分散至三个单元教学,但与"78版教材"和"92版教材"不同的是,"12版教材"将统计表内容提前至第一学段学习,这样的安排比现行课标略有超前。

第二个变化是对统计表的绘制要求和计算要求的降低,重视数据分析能力的培养。例如,对于简单的复式统计表的要求,从"78版教材"的"绘制"到"92版教材""12版教材"的"填写"和"数据分析";"12版教材"相比"78版教材"和"92版教材"删去了"含有百分数的复式统计表的绘制"这一较有计算难度的知识点,降低了对统计表的绘制的要求。

呈现出这两个变化的原因是大纲(课标)对于统计表知识领域的要求有较大的变化,课标要求学生早些经历统计的全过程,重视统计思想和方法的教学,其背后社会原因是对于统计知识应用价值的认识提升。从20世纪80年代开始全球范围内把"统计和概率的初步知识"作为数学素养的一部分,在基础教育阶段非常注重学生统计和概率的基础知识的获得和数据分析观念的发展[①],这符合现代信息社会对现代人才的培养要求。

从表格中还可以看出三版教材在统计表内容的逻辑联系方面呈现出的共性和个性。

三版教材主要内容的逻辑顺序没有改变,首先初步掌握数据收集整理的方法,学会对原始数据进行分类和整理,为进一步学习统计表打好基础;之后学生初步学会制作简单的统计表并且会看简单的统计表,能对统计表进行简单的分析,为之后制作和分析稍复杂的统计表(简单的复式统计表和含有百分数的统计

---

① 巴桑卓玛.中小学生对统计的认知水平研究[D].东北师范大学,2006.

表)提供更多的支持。

与"78版教材"和"12版教材"直线式的编排不同,"92版教材"在"数据整理"和"单式统计表"这两个重要的知识点上采取了螺旋式编排,在"92版教材"的第八册安排了"简单的数据整理"和"单式统计表的认识",在第十册安排了"数据的分组整理"和"单式统计表的填写",重现了这两个知识点并且提升了认知要求。

2. 内容分布及比重

通过对教材的单元数、页码数、课时数、知识点数、例题数、练习数的统计,以及课时和页数占整套的比重进行比较。

三个版本教材统计表内容分布如下表5-2。

表5-2 三版教材统计表内容分布统计

教材版本	单元数	页码数	课时数	知识点数	例题数	练习数
78版	1	8	8	4	4	2
92版	3	4+18+4=26	8	8	5	5
12版	3	6+5+5=16	8	8	5	3

表中可以看出三版教材"统计表"的课时数一样多,"12版教材"与"92版教材"设置的单元数、知识点数和例题数一样多;从表中可以发现"92版教材"涉及统计表内容的页码数、练习数最多;"78版教材"涉及统计表内容的单元数、页码数、知识点数、例题数和练习数都是三个版本中最少的。"12版教材"涉及统计表内容的页码数和练习数在"78版教材"和"92版教材"之间。由上表说明"92版教材"更为重视统计表内容学习的训练和巩固。

作为主题内容的统计表,在三个版本教材中的分布比重如下表5-3。

表5-3 三版教材统计表内容分布比重统计

教材版本	开本	整套总页数	主题页数	主题占整套页数百分比%	整套总课时数	主题课时数	主题占整套课时数百分比%
78版	32开	1 120	8	0.71	1 168	8	0.68
92版	大32开	1 682	26	1.55	986	8	0.81
12版	16开	1 359	16	1.18	952	8	0.84

统计发现,三版教材中统计表所用课时的占比较为接近,而内容的占比有较大悬殊。"78版教材"内容占比与所用课时占比较为接近,这样的教学内容设计

与课时安排较为合理。"92版教材"和"12版教材"内容的占比明显高于所用课时占比,这一定程度说明学生学习"92版教材"和"12版教材"会因时间相对偏紧而增加难度。

3. 具体栏目的安排

对比三个版本教材统计表内容的栏目设置。具体栏目的安排如下表5-4。

表5-4 三版教材统计表具体栏目的安排

教材版本	单元前内容	单元内主要栏目	单元内其他栏目	单元末栏目
78版	引言	例题 练习	—	—
92版	复习(第十册) 引言(第十二册)	例题 做一做 练习	对话框 思考题	整理与复习
12版	—	例题 做一做 练习	对话框	成长小档案

从表中发现:"12版教材"在单元前没有任何内容,而"78版教材"和"92版教材"均有引言,引言的作用主要为:在开始学习这单元知识之前,告知学生统计表的应用背景,强调学习统计表的重要性;介绍统计表的基本概念,使学生对其有初步的了解。"92版教材"在第十册的"简单的统计(一)"单元前安排了单式统计表的复习,提供复习导入的材料,促进新知识的构建以及旧知识的理解深化。

三版教材在单元内主要栏目都包含了例题和课后的练习,"92版教材"和"12版教材"都增设了与例题相匹配的基础性练习和变式练习"做一做"。在学习完例题后,学生们有配套的习题及时练习再通过比较训练,能够促进学生对新知识的理解,提升对其的掌握水平。

关于单元内其他栏目,"92版教材"和"12版教材"都有设置对话框,通过对话框提示或启发学生思考;"92版教材"比"12版教材"多"思考题"栏目,但是"78版教材"均无涉及。"92版教材"为促进学生进一步掌握统计表知识,设置了思考题,用于培养学生更强的统计意识和应用能力,并且使习题编排具有一定的层次性。

在单元末栏目中,"92版教材"安排了整理与复习,"12版教材"安排了成长小档案,而"78版教材"的统计表内容位于其版本教材的最后一册,"78版教材"将统计表的复习设置在整套书最后的总复习模块,在单元末未单独安排栏目。

(二)统计表内容设计

内容设计包括内容广度、内容深度、习题难度、教材难度等方面。对此进行量化分析比较,确定知识范围、教材内容所要求的思维深度、学生解答习题的难易程度,最终确定教材的整体难度水平。

1. 内容广度

通过对三版教材的分析,划分出统计表内容的知识点如下表5-5。

表5-5 三版教材统计表知识点一览

知识点	78版教材	92版教材	12版教材
分类			√
非正式的图文统计表			√
数据的收集		√	√
简单的数据整理		√	√
数据的分组整理	√	√	
单式统计表的认识		√	
单式统计表的填写	√	√	√
单式统计表的数据分析			√
简单的复式统计表的填写		√	√
简单的复式统计表的绘制	√		
简单的复式统计表的数据分析		√	√
含有百分数的统计表的绘制	√	√	
知识点数	4	8	8

知识点的分布,从"78版教材"的4个知识点到"92版教材"和"12版教材"的8个知识点,可以看出三版教材统计表的内容广度在增加。"92版教材"和"12版教材"相比于"78版教材"主要增加了"数据的收集"和对统计表的"数据分析",对于统计表的学习重点从填写绘制统计表逐步改为重视学生完整统计过程的体验,侧重运用合适的统计表表示数据,强调统计在生活中的作用,进而提升对统计意义的理解。

三版教材在"统计表"知识主题下所含知识点数 $n=12$,其中78版教材知识

点数 $n_1=4$,92版教材知识点数 $n_2=8$,12版教材知识点数 $n_3=8$。这样,内容广度分别是 $\frac{4}{12}=0.3333$,$\frac{8}{12}=0.6667$,$\frac{8}{12}=0.6667$,因为三版教材在该知识主题下安排的课时数都为8,所以内容广度除以课时系数1,得到可比内容广度分别是78版教材可比内容广度 $G_1==0.3333$,92版教材可比内容广度 $G_2=0.6667$,12版教材可比内容广度 $G_3=0.6667$。

2. 内容深度

内容深度是指教材所要求的学生思维深度,也是相关知识点的深度。内容深度的大小受许多方面因素的影响,通过已有研究发现,内容的"认知要求"及"内容表述"是其主要的影响因素。[①]

(1) 内容深度的"认知要求"

"认知要求"四级水平的划分为:了解(模仿)、理解(认识)、掌握(应用)、综合应用,分别赋值1,2,3,4。将三版教材的每个知识点按照水平划分标准分别赋值见下表5-6。

表5-6 三版教材统计表知识点认知要求一览

知识点	78版教材	92版教材	12版教材
分类	—	—	2
非正式的图文统计表	—	—	2
数据的收集	—	3	3
简单的数据整理	—	3	3
数据的分组整理	3	3	—
单式统计表的认识	—	2	
单式统计表的填写	3	3	3
单式统计表的数据分析	—	—	3
简单的复式统计表的填写	—	3	3
简单的复式统计表的绘制	3		
简单的复式统计表的数据分析		3	3

---

① 刘久成.小学数学"简易方程"内容量化分析——基于人教版三套教科书的比较[J].课程·教材·教法,2019(8):72-78.

(续表)

知识点	78版教材	92版教材	12版教材
含有百分数的统计表的绘制	3	3	—
平均等级	3	2.875	2.75

由上表可以看出,统计表的知识点认知要求集中于"掌握(应用)",这主要是因为统计的内容是应用数学的一个分支,其应用的价值很强,所以三部大纲(课标)对这块知识的认知要求都较高。观察其平均等级,可以发现从"78版教材"到"12版教材"认知要求的平均等级依次略有下降。这是因为在后两版教材中,"92版教材"采用螺旋式编排,让一个知识点重复出现,对其认知的要求逐步提升;而"12版教材"将统计表模块的知识提前至第一学段学习,增添"分类"和"非正式的图文统计表",这两个知识点的认知要求稍有降低,通过初步的认识理解来为后期掌握"数据整理"和正式的统计表知识做铺垫。

(2)内容深度的"内容表述"

"内容表述"反映的思维特征划分为直观描述、归纳类比、演绎推理、探究开放四级水平,分别赋值1,2,3,4。将三版教材的每个知识点按照水平划分标准分别赋值见下表5-7。

表5-7 三版教材统计表知识点内容表述一览

知识点	78版教材	92版教材	12版教材
分类	—	—	4
非正式的图文统计表	—	—	1
数据的收集	—	1	2
简单的数据整理	—	1	1
数据的分组整理	1	1	—
单式统计表的认识	—	1	—
单式统计表的填写	1	1	1
单式统计表的数据分析	—	—	1
简单的复式统计表的填写	—	2	4
简单的复式统计表的绘制	1	—	—
简单的复式统计表的数据分析	—	1	1

(续表)

知识点	78版教材	92版教材	12版教材
含有百分数的统计表的绘制	1	1	—
平均等级	1	1.125	1.875

由上表可以看出,统计表的知识点表述方式集中于"直观描述",对"单式统计表"的概念进行了呈现,让学生对相关内容有个基本的了解。

"92版教材"在"简单的复式统计表"知识点上的表述方式为"归纳"。为了便于学生了解复式统计表的作用和编制方法,教材从单式统计表引入,逐步归纳出复式统计表的编制关键在于分栏,让学生了解分栏的方法和步骤,看懂表头。

"12版教材"在"简单的复式统计表"知识点上的表述方式为"探究"。通过引导学生先对两个单式统计表进行观察,找寻它们的异同:统计的项目是一样的,差别是统计的对象不同,数据不同;再通过讨论,学生认识到可以用更简洁的方式来呈现数据,让学生在思考和探究的基础上"再创造"出符合要求的复式统计表;最后通过合并前后两种统计表的反复对比和分析,让学生感受到合并的必要性,体会到复式统计表的简洁性。这个学习过程是学生观察、思考、探究、发现的过程。

"12版教材"在"分类"知识点上的表述方式也为"探究"。由于统计过程本身就是一个解决问题的过程,教材注重体现了这一点,设计了学生熟悉而又现实的学习活动,让学生体会统计的过程,从而让学生体会到了分类的含义、方法及目的,又突出了分类的实际意义。同时,在过程中为学生的探索留出了空间,学生可以自行选择标准进行分类计数,可以引发学生对于分类的深层次的思考。这些都充分体现了对学生个性发展的尊重。

(3) 三版教材的内容深度

表 5-8　三版教材统计表内容深度统计

教材版本	认知要求平均等级(S_{i1})	内容表述平均等级(S_{i2})	平均内容深度($S_{i1}/2+S_{i2}/2$)	可比内容深度$S_i=(S_{i1}/2+S_{i2}/2)\div 4$
78版	3	1	2	0.500 0
92版	2.875 0	1.125 0	2	0.500 0
12版	2.750 0	1.875 0	2.312 5	0.578 1

三个版本在统计表内容的"认知要求"平均等级从"78版教材"的3逐渐下

降至"12版教材"的2.750 0,"内容表述"平均等级从"78版教材"的1逐渐上升至"12版教材"的1.875 0,说明对知识点的认知要求有所降低,内容表述逐渐增加探究开放,而不仅仅只是直观呈现。三版本平均内容深度在2与3之间,这说明总体深度集中在"理解"和"掌握"水平,这比较符合大纲或课标的目标要求。"12版教材"可比内容深度相对较高,说明统计表的内容深度相对于改革开放之初的教材在上升,教学要求在提高。

3. 习题难度

习题难度是指解答习题时对学生思维来说的难易程度。许多因素都会影响习题难度,"认知要求"水平和"习题背景"为主要影响因素。通过对三版教材习题数量的统计,依据量化研究,给每个习题对照水平划分标准分别赋值,可以得到"认知要求""习题背景"四级水平的分别占比,见表5-9和表5-10。

表5-9 三版教材统计表习题认知要求各水平占比统计

教材版本	题数	了解(模仿)	理解(认识)	掌握(应用)	综合应用
78版	10	0	3(30%)	7(70%)	0
92版	24	2(8.3%)	1(4.2%)	21(87.5%)	0
12版	21	1(4.8%)	1(4.8%)	18(85.7%)	1(4.8%)

由上表可见,"92版教材"中的习题明显多于另两版教材,说明"92版教材"更为重视统计表内容学习的训练和巩固。三个版本的习题中"掌握"水平的占比大,都不低于70%,这表明各知识点基本上都要求在理解的基础上达到掌握(应用)的水平;"了解(模仿)"水平的占比较小,说明教材不太重视记忆、模仿水平习题的编制。三个版本中"综合应用"的习题只有一题,编者在"统计表"内容缺乏对教材弹性空间的设计。

表5-10 三版教材统计表习题背景各水平占比统计

教材版本	题数	无背景	个人生活背景	社会生活背景	科学实验背景
78版	10	0	4(40%)	6(60%)	0
92版	24	0	13(54.2%)	11(45.8%)	0
12版	21	0	18(85.7%)	3(14.3%)	0

含有"背景"习题的解决,需要经历"具体材料的经验组织化"和"数学材料的逻辑组织化",也就是需要从"背景"出发,提炼出数学问题,建构数学模型,运用

数学的概念、规则、方法加以解决。① 统计发现三版教材中习题主要涉及个人生活背景和公共生活背景,这与统计表知识和生活紧密联系有关;科学实验背景的习题占比为0,在提倡数学与其他学科结合的今天,这方面内容应该有所涉及。

再按照"认知要求""习题背景"相应的权重进行加权平均,经计算,可以得到各版教材"统计表"的平均习题难度和可比习题难度见下表5-11。

表5-11　三版教材统计表习题难度统计

教材版本	认知要求平均等级(X_{i1})	习题背景平均等级(X_{i2})	平均习题难度 $\left(\frac{3}{5}X_{i1}+\frac{2}{5}X_{i2}\right)$	可比习题难度 $\left(\frac{3}{5}X_{i1}+\frac{2}{5}X_{i2}\right)\div 4$
78版	2.700 0	2.600 0	2.660 0	0.665 0
92版	2.791 7	2.458 3	2.658 3	0.664 6
12版	2.904 8	2.142 9	2.600 0	0.650 0

三版教材的习题难度相差不大,以"12版教材"略低,"78版教材"略高。"78版教材"在认知要求平均等级上比其他版本低,但是在习题背景平均等级上不低,主要是当时更注重统计知识在生产实践中的应用。"12版教材"在认知要求平均等级上较高,但习题中的个人生活背景明显多于其他两版教材,故习题背景平均等级在三版本中最低,这是因为新课改中强调教学内容与儿童生活实际相联系。

4. 教材难度

表5-12　三版教材统计表内容综合难度统计

教材版本	课时系数	可比内容广度(G_i)	可比内容深度(S_i)	可比习题难度(X_i)	教材难度(N_i)
78版	$\frac{8}{8}=1$	0.333 3	0.500 0	0.665 0	0.516 2
92版	$\frac{8}{8}=1$	0.666 7	0.500 0	0.664 6	0.582 7
12版	$\frac{8}{8}=1$	0.666 7	0.578 1	0.650 0	0.617 4

---

① 刘久成.小学数学"简易方程"内容量化分析——基于人教版三套教科书的比较[J].课程·教材·教法,2019(8):72-78.

由上表可见，三版教材"统计表"内容的综合难度呈现上升趋势，从1978年到2012年人教版小学数学"统计表"的教材难度上升了19.60%。"92版教材"相对于"78版教材"综合难度上升了12.88%，"12版教材"相对于"92版教材"综合难度上升了5.96%，"92版教材"在"统计表"内容广度上有明显的上升，知识点数增加，"12版教材"在内容深度方面提升较大，主要是因为知识点的内容表述给学生留有的探究空间增大，对学生思维能力的要求较高。

（三）统计表呈现方式

教材的呈现方式指教材中数学知识结构的外部表征，关系到教师如何教与学生如何学。通过对三版教材在呈现方式的素材选取、情境设计、插图运用、习题安排、语言表达方式等方面进行对比分析，有助于了解教材的风格与特色以及教材编写的设计理念和指导思想。

1. 素材选取

素材是数学学习内容的载体，素材的类型主要包括数学内部本身、数学与生活、数学与其他学科联系，对教材中例题素材选择进行统计见下表5-13。

表5-13 三版教材统计表例题素材选择统计

教材版本	例题数	数学内部本身	数学与生活	与其他学科
78版	4	0	4(100%)	0
92版	5	0	5(100%)	0
12版	5	0	5(100%)	0

三版本的教材皆选取数学与生活素材，数学与生活素材又可细分为数学与个人生活和数学与社会生活。其中"统计表"例题素材选择以数学与个人的生活素材为主，从解决学生生活中的实际问题角度出发，设计学生熟悉而又现实的生活情境，一是为了让学生可以更好理解统计表的概念，二是为了让学生充分地体会统计表在生活中的作用与必要性。同时从生活中取材，由个人直接体验到的生活经验出发接触学习统计表的知识，再到理解并学会用统计表的知识解决实际问题，这符合学生学习由具体的生活问题逐渐抽象到一般的概念、方法，再运用到具体的实际问题当中的心理过程，但单一性素材选取的缺陷也是显而易见的。

2. 情境设计

情境的分类较多，从形式上可分为实物或图形、活动或动作、文字语言、创设问题等情境,对教材中情境设计进行统计见下表5-14。

表 5-14 三版教材例题情境设计的类型统计

教材版本	例题数	实物或图形	活动或动作	文字语言	创设问题
78版	4	0	0	4(100%)	0
92版	5	1(20%)	0	2(40%)	2(40%)
12版	5	0	2(20%)	0	3(60%)

在情境设计的类型上,三版教材大有不同。"78版教材"4道例题都是通过文字语言的描述进入生活情境,"92版教材"是通过文字语言的描述进入情境和创设问题情境,以及展示主题图这三种形式,"12版教材"主要是创设问题情境以及通过组织活动,让学生参与到日常生活情境的活动中,在活动中学习新知识。

"78版教材"的情境形式单一,因为"78版教材"将统计表知识放在最后一册,考虑到高年级的学生语文水平比中低年级的学生高,所以纯语言文字的情境描述也是能够理解的。但是文字语言相较于图片、活动对于学生的吸引力较小,不易调动学生的学习积极性。

"92版教材"开始将统计表知识分散编排,从四年级开始接触,相较于"78版教材","92版教材"更注重问题情境的创设,而"12版教材"则都是通过活动和创设问题来进行情景设计。这是因为《义务教育数学课程标准(2011年版)》中明确要求学生"体会数学知识之间、数学与其他学科之间、数学与生活之间的联系,运用数学的思维方式进行思考,增强发现和提出问题的能力、分析和解决问题的能力"。

3. 插图运用

教材中的插图通常包括装饰性图、表征性图和知识性图,对教材中"统计表"插图运用进行统计见下表5-15。

表 5-15 三版教材统计表插图运用统计

教材版本	插图总数	主题页数	插图密度	装饰性图	表征性图	知识性图
78版	11	8	1.38	0(0.00%)	4(36.4%)	7(63.6%)
92版	51	26	1.96	3(5.9%)	22(43.1%)	26(51.0%)
12版	57	16	3.56	9(15.8%)	21(36.8%)	27(47.4%)

"12版教材"的插图总数最多,共57幅,"92版教材"次之,共51幅,"78版教材"的插图总数最少,仅11幅。比较三版教材的插图密度(插图密度=插图总

数/主题页数),"12 版教材"插图的密度最高,平均每页包含 3.56 幅插图。

"12 版教材"排版呈现方式为图文混合,最大的特点就是采用大量的图片来代替旧教材中以文字叙述为主的内容。图片呈现了丰富的、与儿童生活息息相关的素材,让学生在观察图画、联系生活中进行数学化,从而学习新知识。但是要注意的是插图数量过于繁多易使得教材内容杂乱无序,形成数学学习材料组织干扰。[1]

对比三版教材,可以发现"78 版教材"插图主要是知识性插图,用于配合文字来解释、说明、提示或揭示数学概念、规则、方法。"92 版教材"表征性插图占比上升,图表中含有数的意义,通过观察表征性插图,提升学生提取和分析图中信息的能力。"12 版教材"中用于装饰性的插图数量大幅增多,占比也上升,其原因:一是"12 版教材"的排版呈现方式为图文混合,图片的数量和密度大幅上升,相应的装饰性的插图数量大幅增多;二是"12 版教材"统计表内容跨越第一、二学段,需要通过色彩鲜艳的图画吸引低年级学生的注意。

4. 习题安排

教科书是由正文、例题和习题三部分组成的,相对于正文和例题,习题主要由学生独立完成,是学生有效巩固所学知识技能、领会思想方法、形成数学能力和素养的最主要途径。习题安排的优劣是衡量数学教科书质量的重要指标,直接影响到学生学习质量的高低。[2]

对三版教材统计表内容的习题的数量、层次、类型进行统计,分析概括其特点,见表 5-16 和表 5-17。

表 5-16 三版教材统计表习题层次统计

教材版本	习题总数	基础题	发展题	综合题	思考题
78 版	10	9(90%)	0	1(10%)	0
92 版	24	22(78.6%)	0	1(3.6%)	5(17.8%)
12 版	21	18(75%)	2(8.3%)	2(8.3%)	2(8.3%)

---

[1] 陈月茹.关于教科书插图问题的思考[J].天津市教科院学报,2008(3):28-31.
[2] 余元庆.谈谈习题的配备与处理——介绍几本外国中学数学课本中的习题配备[J].数学通报,1980(3):6-10.

表 5-17　三版教材统计表习题类型统计

教材版本	习题总数	填写题	绘制题	调查题	填写分析题	操作题	涂画题
78 版	10	3（30%）	5（50%）	2（20%）	0	0	0
92 版	24	10（41.7%）	4（16.7%）	3（12.5%）	5（20.8%）	2（8.3%）	0
12 版	21	0	0	7（33.3%）	10（47.6%）	1（4.8%）	3（14.3%）

从数量上看，"92 版教材"和"12 版教材"的习题总数远远大于"78 版教材"，可以说明"92 版教材"和"12 版教材"更重视统计表知识的巩固训练。对比习题出现的位置，"78 版教材"没有设置随堂练习"练一练"，全部为课后练习题；而"92 版教材"和"12 版教材"分别安排了 4 道和 3 道随堂练习，来配合例题的学习，同时设置了大量的课后练习题来巩固相关知识，结构更加合理。

从层次上看，将习题分为基础题、发展题、综合题以及思考题。三版教材都是以基础题为主，大部分的习题是针对知识点的基础性练习，作用在于巩固新知和训练技能。

"92 版教材"设置了最高比重的思考题，有独特的解题思维、解题方法，具有一定的综合性和开放性，思维难度更高。"12 版教材"相比于其他两版习题的层次更丰富，设置了 2 道发展题，通过变式练习，加深学生对统计表知识的理解，加强知识之间、学科与生活实际之间的联系，提高学生对知识的综合应用能力，同时安排了 2 道思考题，具有一定的综合性和开放性。

从习题类型分析，"78 版教材"的题型种类最少，包括填写题、绘制题和调查题三种，其中 80% 的习题为填写题和绘制题，20% 为调查题，这说明"78 版教材"统计表内容的重点放在"学会填写和绘制统计表"。

"92 版教材"提升了填写题的占比，题型相较于"78 版教材"更丰富，除了填写题、绘制题和调查题，还增加了填写分析题和操作题，这说明"92 版教材"降低了统计表的绘制要求，在重视学生掌握统计表的填写的基础上，也逐渐重视培养学生对统计表内数据的简单分析能力。

"12 版教材"在"92 版教材"题型的基础上，在一年级下册第一次接触"分类"知识点时增设涂画题，删去了绘制题，大幅增加了填写分析题和调查题的数量，这说明对学生绘制统计表的要求在逐步降低，重视学生的统计过程和数据分析能力，培养他们使用调查法收集整理数据的能力。

5. 语言表达方式

教材的语言表达方式主要包括关于概念、规则、问题等的表述特点、言语表述主体的设计及句式的使用，对教材这三方面进行比较分析。

在关于概念、规则、问题等的叙述特点方面，相较于"78版教材"和"92版教材"的平铺直叙，安排一些总结性的话语，从而给出一个明确的数学知识概念或规则，"12版教材"是以儿童化的对话方式呈现，站在儿童的立场上，根据现实生活中儿童不同的生活、心理及个性特点，塑造出了一组贴近小学生的人物形象，并且在他们身边会呈现一个个对话气泡，接着用儿童生活化的语言来表现人物的所思所想。这样设计叙述方式，可以拉近学习者与学习对象之间的距离。通过浏览教材中的人物对话，可以引起学生的共鸣从而较快地投入到学习情境中去。此外，"12版教材"还设计了一些引导提示语，引导学生对问题做出更进一步的思考。

教材文本叙述中使用的人称主要有四种：零人称、第一人称、第二人称和第三人称。零人称直截了当给出题目要求，第一人称主要是"我""我们"，"你"则归为第二人称，第三人称则是借设计的一系列人物或卡通形象之口来说出自己想要表达的内容，实际起到了类似于教师引导学生学习的功能。"78版教材"主要使用零人称；"92版教材"表述主体主要是第二人称，例如"你有什么发现？""请你帮助……？"等；"12版教材"表述主体以第一人称和第二人称为主，通常会借插图人物说出，例如"我们一起……""你喜欢什么样的记录方式？"这两种叙述方式采用了自然的课堂中对话方式，贴合我们实际的课堂语言。不同的人称表述方式各有特色，不同的表述方式互相穿插，丰富了整套教材的语言呈现方式。

不同的句式表达在教材的文本叙述中各显其用，如陈述句可以呈现出一个明确的数学概念、规则，疑问句则能引起学生对问题的积极思考，祈使句明确学生在课堂中所要完成的任务，反问句则启发学生对所学知识的回顾反思。"78版教材"的句式以陈述句为主，直接呈现统计表的知识概念和规则。"92版教材"句式逐渐丰富，除了陈述句还使用了一般疑问句，通过抛出问题促使学生思考。"12版教材"句式更为丰富，有陈述句、一般疑问句、祈使句，主要使用一般疑问句和祈使句，同时句子结构又较为简单，与小学生的理解能力相匹配。

(四) 统计表研究结论

1. 统计表在结构体系方面的结论

三版教材在统计表内容的结构体系的设计思路比较类似，都是以"数据的收集整理—数据的呈现—数据的分析"为主线展开,强调学生通过经历统计的过程来掌握统计表的知识,学会制表读表,掌握基本的统计方法,培养学生的统计意识。"78版教材"在统计表内容中至少经历三个环节中的两个环节"数据的收集整理"和"数据的呈现","92版教材"逐渐偏向经历完整的三个环节,而到"12版教材"则是明确强调经历统计全过程,强调注重培养学生的数据分析能力。

(1) 三版教材中统计表在单元设置以及包含的知识点方面呈现出两个变化:从集中编排到分散编排;降低绘制要求和计算要求,重视数据分析能力的培养,符合信息社会对现代人才的培养要求。

(2) 三版教材中统计表在知识逻辑方面,主要知识点之间的逻辑关系没有改变。但"92版教材"在重要知识点的编排方式上与其他两版不同,采用了螺旋式编排,对重要的知识点或较难理解的知识点安排重现并逐步提高学生对重要知识点的掌握水平,有利于学生对重要知识点的理解和掌握。

(3) "92版教材"和"12版教材"中的统计表内容占比明显高于课时占比,这两版教材与"78版教材"相比,在知识点数、页码数和练习数增加的前提下,所用课时数却未增加,此种状况下会增加统计表内容的学习难度,因此应该合理安排课时来减轻学生在这一知识主题上的学习负担。

(4) 三版教材中统计表在栏目安排方面有较大的区别,"92版教材"和"12版教材",单元内主要栏目增设了"做一做",及时练习巩固相关知识;单元内其他提示和思考栏目的增加,以及单元末的整理复习和成长记录,丰富教材的结构,拓展和提升了例题的功能,有助于激发学生学习的兴趣,启发引导其思考,达成更加完整的目标要求。

2. 统计表在内容设计方面的结论

(1) 三版教材中统计表的知识点数量在增加。"92版教材"和"12版教材"相比于"78版教材"主要增加了"数据的收集"和对统计表的"数据分析",对于统计表的学习重点逐渐从填写绘制转向强调经历统计全过程,强调注重培养学生的数据分析能力。

(2) 三版教材中统计表的内容深度总体相差不大,总体深度集中在"理解"和"掌握"水平,符合大纲或课标的目标要求。"12版教材"可比内容深度最高,主要是因为知识点的表述方式逐渐走向探究开放,对学生思维能力的要求较高。

(3) 三版教材的习题难度相差不大,但在不同类型上的表现不同。三版本中,"78版教材"在习题背景平均等级上最高,主要是当时更注重统计知识在生产实践中的应用。"12版教材"在认知要求平均等级上较高,但习题中的个人生活背景明显多于其他两版教材,故在习题背景平均等级上是三版本中最低的,这是因为新课改中强调教学内容与儿童生活实际相联系。

(4) 三版教材统计表内容的综合难度呈现上升趋势,这是因为在改革开放之初我国小学数学侧重于计算,缺乏对"统计表"知识的完整理解,注重的是统计技能的学习。随着社会的发展,愈发强调数学的应用性,应用性强的"统计表"的定位和重要性逐渐提升,实施义务教育后,现行数学课标更加重视培养学生的统计思想和数据分析观念。

3. 统计表在呈现方式方面的结论

(1) 三版教材的例题素材皆选取于数学与生活,都设计了学生熟悉而又现实的生活问题情境,符合课程改革强调的"有价值的数学""必要的数学",体现数学学习的实用性和生活性。

(2) 三版教材在例题的情境设计的形式上大有不同。"78 版教材"的形式单一,皆为文字语言描述;"92 版教材"在此基础上增加了创设问题情境,以及展示主题图这两种形式;"12 版教材"则主要通过组织活动,创设问题情境。教材例题的情境设计应紧密结合儿童生活经验,在创设活动中学数学;依托儿童生活事例,渗透数学思想和数学知识等方式,设疑引思,引导学生利用自身已有的经验来探索新知。①

(3) 三版教材中各版本教材运用不同类型的插图比重有较大差异。"78 版教材"主要是知识性插图,用于讲解概念、规则;"92 版教材"提升表征性插图的比例,锻炼学生读图提取关键信息的能力;"12 版教材"插图的总数最多,密度最高,增加了许多装饰性插图;排版方式为图文混合,图片呈现了与儿童生活相关的素材,学生在观察图画中学习新知,有利于激发学生的探索欲。但是教材设计要注意插图数量过于繁多易使得教材内容杂乱无序的问题。

(4) 三版教材统计表的习题安排方面,"92 版教材"和"12 版教材"重视统计表知识的巩固和技能训练。"12 版教材"更注重习题的发展性、开放性和综合性,侧重锻炼学生的开放性思维,培养学生的创造能力,给学生思维发展留空间。相应的题型分布发生了较大的变化,主要题型从对统计表的绘制填写变为数据的填写和分析,是因为大纲或者课标对统计表学习要求的变化,降低了绘制统计表的要求,提高了数据分析的要求。

(5) 三版教材在语言表达方式逐步向儿童化的对话方式转变,逐渐贴合实

---

① 廖俏颜.生活素材在小学数学教学中的应用策略[J].教育导刊,2009(4):52-53.

际课堂语言。对数学概念和规则的表述由平铺直叙、总结呈现转变为以对话方式呈现,辅以提示语引导学生逐步明确概念或规则。人称使用上,从单一的零人称或第二人称转变为表述主体以第一和第二人称为主,模拟对话形式。句式上,相比于"78版教材"以陈述句为主,"92版教材""12版教材"句式更加丰富,同时"12版教材"句子结构又较为简单,与小学生的理解能力相匹配。

二、统计图内容研究[①]

随着技术的迅猛发展和阅读习惯的改变,图表越来越多地融入人们的生活,人类开始进入"读图时代"。统计图是整理和描述数据的有力工具,是统计用数字"说话"的最常用的形式之一,具有直观形象、清晰明了等特点。统计图能够帮助我们更好地把握数据,进而在处理现实问题时做出合理的决策。因此,恰当地选择合适的统计图来表达数据信息、正确地解读统计图的数据信息是现代社会公民应当具备的基本素质。

小学阶段统计图的教学一般是在学生获得了数与形以及统计表的知识基础上进行的,按照条形、折线和扇形统计图,先单式、后复式的顺序展开。通过学习简单的数据统计过程,学生重点掌握一定的统计方法,逐步形成数据分析观念。

(一)统计图结构体系

教材的结构体系是指将教学材料分化为可供连续学习的内容元素及其组织,教材的结构制约着学习活动的开展形式,影响着学生的思维方式和学习方法,合理的教材编排结构有助于激发学生非智力因素的参与,提高学习效率,更好地发挥教材的功能。这里就统计图内容从教材的单元设置、内容分布以及教材内容的逻辑联系、具体栏目的安排等进行分析。

1. 内容分布

(1)三版教材统计图内容分布情况

从三版教材统计图内容分布学期、所在单元名称以及单元内容进行统计,如下表5-18所示。

---

① 孙京京撰写初稿.

表 5-18 三版教材统计图内容分布

教材版本	授课学期	单元序号	单元名称	单元内容
78版	五下	第一单元	简单的统计表和统计图	1. 统计表 2. 统计图 单式、复式条形统计图 单式、复式折线统计图 扇形统计图
92版	四下	第一单元	混合运算和应用题	1. 混合运算 2. 两、三步计算的应用题 3. 简单的数据处理和求平均数 数据整理（一格代表一个单位的单式条形统计图） 求平均数
92版	五下	第一单元	简单的统计（一）	1. 数据的收集与整理 收集数据、单式统计表和单式统计图（一格代表多个单位的单式条形统计图） 复式统计表 2. 求平均数
92版	六下	第四单元	简单的统计（二）	1. 统计表 2. 统计图 单式、复式条形统计图 单式、复式折线统计图 ＊扇形统计图
12版	四上	第七单元	条形统计图	1. 条形统计图（一格代表一个单位） 2. 条形统计图（一格代表两个单位） 3. 条形统计图（一格代表五个及多个单位）
12版	四下	第八单元	平均数与条形统计图	1. 平均数 2. 复式条形统计图
12版	五下	第七单元	折线统计图	1. 单式折线统计图 2. 复式折线统计图
12版	六上	第七单元	扇形统计图	1. 扇形统计图 2. 选择合适的统计图

78版统计图的内容集中在五下第一单元"简单的统计表和统计图",单元共安排两小节,在学习统计表的基础上,按照条形统计图、折线统计图、扇形统计图的顺序教学,教材采用直线式编排,内容环环紧扣。

92版在低年级适当渗透统计图的方法和形式,体现统计思想的运用。四、五年级下册在统计表中穿插教学"一格代表一个单位"和"一格代表多个单位"的单式条形统计图,通过这一统计方式的转变,突出"以一当多"的必要性,为六年级学生脱离方格纸理解条形统计图打下基础;教材螺旋式编排,层层递进,学生分阶段、分层次逐步认识条形统计图。之后集中教学折线和扇形统计图,其中扇形统计图作为选学内容。

21世纪以来,教材编排做出重大调整,突出体现在统计知识学习的低龄化和过程化。第一学段,学生已能够用自己喜欢的方式(文字、图画等)呈现分类计数的结果。[①] 12版在四上教学单式条形统计图,教材联系学生已有经验,通过条形图与统计表、象形统计图的对比,感受条形图的特点;随着统计数据的增大,出现"一格代表多个单位",同时在"做一做"中,通过观察有联系的两个条形统计图的不便,为后续学习复式统计图积累感性经验。复式条形统计图、折线统计图和扇形统计图作为独立的单元,分别编排在四下、五下和六上三册教材中;12版新增"选择合适的统计图"这一内容,综合比较各种统计图的特点,根据实际问题选择合适的统计图来描述数据。

(2) 三版教材内容分布的比较

三版教材的内容分布有一定相同之处:其一,统计图主题内容均分布在第二学段,这与统计图知识对学生能力要求相对较高有关;其二,教材均以"条形统计图—折线统计图—扇形统计图"的顺序设置,其中条形统计图和折线统计图均是先教学单式,再教学复式,这样由易到难、由简单到复杂,循序渐进。

三版教材的内容分布有以下变化:其一,图与表的教学由融合到分离,统计图成为独立的教学单元。78版与92版始终将统计图与统计表的教学相融合,12版将二者分离,在第一学段完成统计表的全部教学后于第二学段学习统计图,表明教材对统计内容的重视,与其上升为独立的教学领域有关。其二,内容分布逐渐前移,由直线式编排转向螺旋式分层递进。78版统计图内容全部集中安排在最后一册,采用直线式编排,一次性完成教学;而92版与12版采用螺旋式递进,逐步扩展,在条形统计图的教学上,均先认识"一格代表一个单位"的条形统计图,再认识"一格代表多个单位"的统计图,降低学生学习的难度。此外,

---

① 刘久成.小学统计教学六十年发展研究[J].数学教育学报,2011(5):28-31.

12版更加注重统计内容的提前渗透,在正式教学条形统计图前,按照象形统计图→方块统计图→条形统计图的顺序,逐步抽象和标准化。

2. 具体栏目

(1)三版教材统计图具体栏目设置情况

三版教材统计图内容的栏目设置各有特色,具体呈现如下表5-19所示。

表5-19 三版教材具体栏目设置

栏目	78版	92版	12版
单元前栏目	引言	引言或复习	无
主要栏目	概念陈述 例题 练习	概念陈述 例题 做一做 练习	例题 做一做 练习
其他栏目	无	无	生活中的数学
单元末栏目	无	整理与复习 单元末练习	成长小档案

78版栏目设置简洁单一。单元前设置"引言",简要介绍统计图的特点并铺垫学习内容。教学具体类型的统计图时,教材先直接描述统计图的特点和作用,后通过例题举例呈现统计图的绘制方法。每一个知识点或一个知识单元后均设置"练习",易于学生及时巩固复习。

92版在单元前设置"引言"或"复习"栏目,"复习"栏目呈现与新知相关的复习题,帮助学生寻找新知的生长点。教材仍旧先直接给出统计图的概念和特点,通过例题和具有一定思维要求的"想一想"问题,学生在例题的引领示范以及自身的思考中,掌握相关知识和方法;例题后安排与之匹配度较高的"做一做",提供学生亲自运用所学知识解决问题的机会;"练习"与78版类似,提供常规习题或挑战性练习,其中认知要求较高的题目加 * 号标记,作为思考题。部分单元末设置的"整理与复习""单元末练习"则是以练习的形式帮助学生进行知识整理,进一步巩固本单元的学习内容。

12版的栏目设置较为丰富。教材通过例题设置相应的问题情境,引发学生思考,借由人物对话提出关键性问题并展示学生思考后可能出现的多样化答案,学生在自主探索、合作交流解决问题的过程中,结合例题的讲解示范逐步掌握统计图的相关知识;"做一做"与"练习"栏目与92版类似。单元内设置"生活中的数学",提供贴合生活应用的内容,作为对正文内容的拓展和延伸,开阔学生视野,感受数学价值。每一单元的结尾设置"成长小档案"栏目,引导学生自己梳理总结,建立符合个人认知特点的知识结构。

(2) 三版教材具体栏目设置比较

三版教材栏目设置有一定相同之处:单元主要栏目都以"例题—练习"的顺序设置,较注重基础知识的掌握和基本技能的获得,保证学生能达到课标的基本要求。

不同之处在于:在单元前栏目的设置上,78版设置"引言",92版则有"引言"与"复习"两种形式,12版统计图部分未设置单元前栏目,但设有单元主题图,构造情境激发学生兴趣。可见改革开放后的一段时间内,教材更注重知识的逻辑性、连贯性,新课改后,教材由关注学科内容的系统性和逻辑性转向对学生发展规律、学习兴趣的关注。在单元主要栏目的设置上,78版以例题解析直接呈现知识结果;92版与12版在此基础上有所改进,例题内部分别安排"想一想"问题和人物对话呈现问题和思考过程,不仅注重结果也注重过程,体现建构主义学习理论对教材编写的指导;两版教材增设针对例题的巩固性习题"做一做",及时巩固所学知识。在单元末栏目的设置上,92版注重知识的综合巩固运用,12版设置了"成长小档案"栏目,帮助学生建构知识体系框架以及进行自我评价,突出学生的主体地位。在核心栏目之外,12版设置"生活中的数学"栏目,体现数学的实际运用价值。

(二) 统计图内容设计

此部分主要采取定量刻画的方法,对内容广度或知识容量、内容深度、习题难度、教材难度进行比较研究。

1. 内容比重

通过统计,三版教材中统计图主题内容的教材页数及其占整套教材的百分比,以及教学该主题所用教学时间占小学数学总课时的百分比统计见表5-20。

表5-20 三版教材统计图总体情况统计

教材版本	开本	整套总页数	主题页数	主题占整套页数百分比%	小学总课时	主题课时	主题占小学总课时百分比%
78版	32开	1 120	10	0.89	1 168	10	0.86

(续表)

教材版本	开本	整套总页数	主题页数	主题占整套页数百分比%	小学总课时	主题课时	主题占小学总课时百分比%
92版	大32开	1 682	21	1.25	986	8	0.81
12版	16开	1 359	32	2.35	952	10	1.05

纵向比较,三版教材统计图主题的内容占比呈显著增长趋势,这与本世纪以来的课改将"统计与概率"上升为独立的知识领域及对统计内容的重视密不可分。相比而言,三版教材该主题内容所用课时占比则比较接近。横向比较,78版主题内容占比与所用课时占比较为接近,这样的教学内容设计与课时安排较为合理;92版和12版教材主题内容占比均明显高于课时占比,原因在于这两版教材的插图较多,统计图所占篇幅较大。

由此可以计算78版、92版、12版教材统计图的课时系数分别是:1.000 0,0.800 0,1.000 0。

2. 内容广度

根据统计图主题内容下的例题和说明中所呈现的概念、方法、规则划分出"条形统计图""折线统计图""扇形统计图"三个知识单元,具体知识点见表5-21至表5-23。

(1)条形统计图知识点

表5-21 三版教材条形统计图知识点统计

知识点	78版	92版	12版
单式条形统计图(一格代表一个单位)的认识、填充和数据分析		√	√
单式条形统计图(一格代表多个单位)的认识、填充和数据分析		√	√
条形统计图的认识	√	√	
单式条形统计图(无方格坐标轴)的绘制	√	√	
单式条形统计图(无方格坐标轴)的数据分析		√	
复式条形统计图的绘制	√	√	√
复式条形统计图的数据分析		√	√

(续表)

知识点	78 版	92 版	12 版
横向复式条形统计图			✓
合计	3	7	5

78 版只含有 3 个知识点,92 版和 12 版均增设"单式条形统计图(一格代表一个单位)(一格代表多个单位)的认识、填充和数据分析",有所区别的是,92 版将其作为正式学习统计图前的铺垫,降低学生理解难度,12 版则是作为单式条形统计图的全部教学内容。显然脱离方格纸的统计图对学生理解的要求更高,更具有一般性,由此可以窥探出改革开放 40 多年来教材注重螺旋式编排,同时统计图绘制的要求不断降低。92 版和 12 版对"条形统计图的数据分析"知识点的增设反映出教材逐渐注重学生从图中提取信息进行交流的能力,培养学生的数据分析观念。12 版还增加了"横向条形统计图"这一知识点,帮助学生了解生活中统计图的不同表现方式,强调对统计实际意义的理解。

(2) 折线统计图知识点

表 5‑22　三版教材折线统计图知识点统计

知识点	78 版	92 版	12 版
折线统计图的认识	✓	✓	✓
单式折线统计图的绘制	✓	✓	✓
单式折线统计图的数据分析	✓	✓	✓
复式折线统计图的绘制	✓	✓	✓
复式折线统计图的数据分析	✓	✓	✓
合计	5	5	5

三版教材折线统计图的知识点设置并无变化,均含有 5 个知识点。

(3) 扇形统计图知识点

表 5‑23　三版教材扇形统计图知识点统计

知识点	78 版	92 版	12 版
扇形统计图的认识	✓	✓	✓
扇形统计图的绘制	✓	✓	

(续表)

知识点	78 版	92 版	12 版
扇形统计图的数据分析		√	√
选择合适的统计图			√
合计	2	3	3

回顾三版教材,扇形统计图的有关内容是否列入小学课程必修内容经历了几次反复:78 版设置了 2 个知识点,92 版在此基础上增加了"扇形统计图的数据分析",但该知识单元被标注为选学内容,体现教材弹性化的设计。12 版重新将其纳入必学知识,取消对其绘制的要求。

除此之外,在教材内容的设置上,12 版增设"选择合适的统计图"这一知识点,从提取信息的角度比较各种方法的优劣,了解它们的适用范围,根据实际问题的背景,合理选择描述数据的方法,以便更好地进行数据分析。

经统计,三版教材统计图知识主题下所含知识点的并集中有 $n=17$ 个知识点,其中 78 版含有 $n_1=10$ 个知识点,92 版含有 $n_2=15$ 个知识点,12 版含有 $n_3=13$ 个知识点。根据计算可以得出三版教材的可比内容广度见下表 5-24。

表 5-24 三版教材统计图内容广度统计

教材版本	课时系数 $\beta_1=\dfrac{T_1}{T}$	知识点数 n_i	内容广度 $\dfrac{n_i}{n}$	可比内容广度 $\dfrac{n_i}{n}\div\beta_i$
78 版	1	10	$\dfrac{10}{17}=0.5882$	0.5882
92 版	0.8	15	$\dfrac{15}{17}=0.8824$	1.1029
12 版	1	13	$\dfrac{13}{17}=0.7647$	0.7647

从表中可以看出,92 版可比内容广度最大,12 版次之,78 版最窄,这与 92 版课时系数较低有关,表明实施义务教育后,缩短统计图的教学时间,但同时又精选知识内容,增加了知识点,可比内容广度增大。

3. 内容深度

将三版教材的每个知识点按照水平划分标准分别赋值,得到"认知要求""内容表述"四级水平的分别占比(见表 5-25 和表 5-26)。

表 5-25　内容深度中"认知要求"各水平占比统计

教材版本	了解（模仿）	理解（认识）	掌握（应用）	综合应用
78 版	0%	30.00%	70.00%	0%
92 版	0%	33.33%	66.67%	0%
12 版	7.69%	38.46%	46.15%	7.69%

整体看来，三版教材的认知要求均主要集中在"理解"和"掌握"这两个水平。对于较低层次（了解模仿）而言，只有12版的"横向条形统计图"这一知识点处在该水平。最高水平的认知要求没有出现在78版和92版的正文部分，12版设置"选择合适的统计图"这一知识点，需要学生在理解各种统计图特点和作用的基础上，根据问题的背景灵活选择。

表 5-26　内容深度中"内容表述"各水平占比统计

教材版本	直观描述	归纳类比	演绎推理	探究开放
78 版	80.00%	20.00%	0%	0%
92 版	66.67%	33.33%	0%	0%
12 版	53.85%	38.46%	0%	7.69%

从上表中不难看出，三版教材知识点的内容表述基本上为"直观描述"和"归纳"两类，并且以"直观描述"为主，没有采用演绎推理的表述，这与统计内容离不开生活实践的特点相符合，教材运用可观察的生活实例，直观形象地帮助学生理解不同统计图的特点和作用，掌握绘制方法。12版选用三组校园树木数量的素材，为学生创造探究的空间，学生通过比较选择最合适的统计图。虽然12版教材统计图知识主题下探究开放内容不多，但纵观三版教材，从无到有，体现了新课改的一个进步。

运用"认知要求""内容表述"的等级计算公式，可以获得它们的平均等级，均衡考虑"认知要求""内容表述"这两个影响因素，可以得到三版教材该知识主题的可比内容深度（见表5-27）。

表 5-27　三版教材统计图内容深度统计

教材版本	认知要求平均等级（S_{i1}）	内容表述平均等级（S_{i2}）	平均内容深度	可比内容深度（S_i）
78 版	2.700 0	1.200 0	1.950 0	0.487 5

(续表)

教材版本	认知要求平均等级（S_{i1}）	内容表述平均等级（S_{i2}）	平均内容深度	可比内容深度（S_i）
92 版	2.666 7	1.333 3	2.000 0	0.500 0
12 版	2.538 5	1.615 4	2.076 9	0.519 2

"认知要求"的平均等级在 2 与 3 之间,内容表述的平均等级较低,在 1 到 2 之间,将上述两个因素按同等权重进行计算,12 版可比内容深度最高,92 版次之,78 版最低。表明统计图内容深度在改革开放 40 多年来逐步升高。

4. 习题难度

通过三版教材统计图习题数量统计,依据量化研究设计从"认知要求""习题背景"两方面进行刻画,并给每个习题对照水平划分标准分别赋值,可以得到"认知要求""习题背景"四级水平的分别占比(见表 5-28 和表 5-29)。

表 5-28　习题难度中"认知要求"各水平占比统计

教材版本	题数	了解(模仿)	理解(认识)	掌握(应用)	综合应用
78 版	12	0%	0%	100%	0%
92 版	22	0%	27.27%	63.64%	9.09%
12 版	29	0%	6.90%	89.66%	3.45%

78 版统计图主题的所有习题只涉及"掌握"一级,均要求学生掌握绘制统计图的方法,比较单一;92 版和 12 版"掌握"水平的习题占比最大,"理解"水平次之,这表明教材对大部分习题均要求在理解的基础上达到掌握应用的水平,增加习题的层次。在"综合应用"水平,92 版和 12 版均有涉及,但数量很少,主要出现在思考题和 * 号题中,体现编者开始关注教材弹性化设计。

表 5-29　习题难度中"习题背景"各水平占比统计

教材版本	题数	无背景	个人生活背景	公共生活背景	科学实验背景
78 版	12	0%	25.00%	75.00%	0%
92 版	22	0%	54.55%	45.45%	0%
12 版	29	0%	44.83%	48.28%	6.90%

统计发现三版教材中均未涉及无背景的习题,这与统计活动自身离不开生

活实践有关。只有 12 版涉及"科学实验背景"的习题,但占比较少,新课改以来提倡数学教材内容联系其他学科现实,因此这方面内容应该得到加强。

经计算,可以得到各版教材统计图习题难度中"认知要求""习题背景"的平均等级,再按照"认知要求""习题背景"相应的权重计算,即可得到平均习题难度和可比习题难度(见表 5 - 30)。

表 5 - 30　三版教材统计图习题难度统计

教材版本	认知要求平均等级(X_{i1})	习题背景平均等级(X_{i2})	平均习题难度 $\left(\frac{3}{5}X_{i1}+\frac{2}{5}X_{i2}\right)$	可比习题难度 $\left(\frac{3}{5}X_{i1}+\frac{2}{5}X_{i2}\right)\div 4$
78 版	3.000 0	2.750 0	2.900 0	0.725 0
92 版	2.818 2	2.454 5	2.672 7	0.668 2
12 版	2.965 5	2.620 7	2.827 6	0.706 9

三版教材习题"认知要求"的平均水平差异不大,92 版因更注重联系个人生活,没有设计科学实验背景,其习题背景水平最低,78 版可比习题难度最高。表明统计图习题难度在改革开放之初对学生要求较高,实施义务教育后有所降低,本次课程改革又有所回升。

5. 教材难度

综合考虑可比内容广度、可比内容深度、可比习题难度三个维度,并按 0.2、0.5、0.3 的权重,计算出教材综合难度(见表 5 - 31)。

表 5 - 31　三版教材统计图综合难度统计

教材版本	课时系数(β_i)	可比内容广度(G_i)	可比内容深度(S_i)	可比习题难度(X_i)	教材难度(N_i)
78 版	1	0.588 2	0.487 5	0.725 0	0.578 9
92 版	0.8	1.102 9	0.500 0	0.668 2	0.671 0
12 版	1	0.764 7	0.519 2	0.706 9	0.615 0

从表中可知,92 版较 78 版综合难度上升了 15.91%,较为明显,这是因为教材知识点增加而课时数减少,增加了教材难度。12 版相对于 92 版综合难度稍有回落,下降了 8.35%,而相对于 78 版,即改革开放 40 多年人教版小学数学统计图的教材难度上升了 6.24%。

（三）统计图呈现方式

教材的呈现方式主要指教材中数学知识结构的外部表征，不同的呈现方式不仅体现了教材编写者课程理念、教材的编写风格和设计理念等方面的差异，更是关系到教师的教和学生的学。现从素材选取、情境设计、插图运用、习题安排、语言表达方式这五个维度对三版教材的呈现方式进行比较。

1. 素材选取

统计图是处理、呈现和分析数据的方法之一，数据分析方法的选用取决于问题的背景。素材选用的重要性是统计与概率区别于其他数学内容的重要特点。将素材分为数学内部本身、数学与生活、数学与其他学科等不同类型，三版教材统计图中素材选取情况如表5-32。

表5-32　三版教材统计图素材选取情况

素材类型	78版		92版		12版	
	数量	比例	数量	比例	数量	比例
数学内部本身	0	0%	0	0%	0	0%
数学与生活	5	100%	11	100%	13	86.67%
数学与其他学科	0	0%	0	0%	2	13.33%
合计	5	100%	11	100%	15	100%

从数量上看，三版教材选取的素材总量显著提升；从类型上看，78版和92版的素材只有数学与生活这一种类型，12版增设数学与其他学科类型的素材，但是占比较低。整体来看，三版教材在素材来源方面都十分注重与现实生活的联系，这与统计内容本身离不开生活实践的特点和小学阶段对统计学习的要求相符合，但是又有其各自不同的特点：

78版的生活素材包括日常生活和工农业生产生活，各占一半。这与78大纲提出"随着学生年龄的增长和知识范围的扩大，应该多联系一些学生所能理解的工农业生产实际"的要求相符合。92版在此基础上增添了学生更为熟悉的家庭生活和校园生活素材，如学生家庭住址分布和学生投垒球成绩，促进学生对统计背景素材的理解，体现出教材编写者开始关注学生的主体地位，但工农业生产生活仍占有较大的比例。

12版的素材最为丰富。首先，与学生联系紧密的日常生活和校园生活素材成为主体,力求贴近学生生活现实,教材选用学生最爱的早餐、运动项目等素材,更具生活气息,这与本次课程改革"学生是学习的主体"的课程理念有关,强调数学与学生生活实际的联系;其次,增添社会生活素材,教材呈现出生率和死亡率的数据,通过复式折线统计图来研究我国人口老龄化问题,对社会热点问题的关注是培养学生成为合格公民的重要途径;最后,教材提供与其他学科相关的素材,这体现出不仅是统计图,更是数学学科在生产、生活、社会以及其他学科中的广泛应用,也反映了当下素质教育中学科整合的热点。

总体看来,三版教材的素材选取呈现出以下的趋势:一是从关注工农业生产到关注学生个人生活和校园生活;二是社会生活和其他学科知识成为新的素材。

2. 情境设计

例题中的情境对于学生对知识的理解以及运用有着不可或缺的作用,著名数学家弗赖登塔尔就十分重视数学中情境,提出了"现实数学"的教育思想。本文根据情境的形式,将其分为实物或图形、活动或动作、文字语言、创设问题等类型。统计发现,三版教材均创设生活情境,突显统计图的实际应用价值。除此之外,12版根据《课标(2011年版)》所提出的"经历简单的收集、整理、描述和分析数据过程"的目标,将经历完整的统计活动过程作为统计学习的首要任务。教材在"做一做"中安排学生自己收集、整理数据的统计实践活动,关注统计学习中过程性目标的实现。实践活动的安排体现了"基本活动经验"的获得在小学数学课程中的反映,表明改革开放40多年来,课程目标从"双基"向"四基"转变。

3. 插图应用

教材插图在增加美观、激发学生学习兴趣、培养认知能力和观察能力、促进理解以及渗透情感态度与价值观等方面有重要功能。根据插图的功能将其分为装饰性图、表征性图、知识性图这三类。本文研究内容属于统计领域,因此未将该部分教材中出现的统计图表纳入插图的范围。

统计研究发现,78版黑白印刷,统计图主题下并未出现任何其他插图;92版双色印刷,增设少量的装饰性图和表征性图。装饰性图包括例题主题图和栏目标识图,如十字路口通过车辆的主题图(92版五年级下册第1页插图),但是该图与文字交叠,读者阅读时反而更易集中于辨认图上的文字,主题图创设情境、激发兴趣的功能被弱化。表征性图是利用插图来表达数学信息,如呈现学生住家分布状况的简单示意图(92版四年级下册第23页插图),学生参与到情境中按要求整理数据,感受统计不再只是单纯含有枯燥数字的内容。12版插图单独呈现,色彩丰富。教材创设卡通小精灵和众多的学生人物形象,以合作交流的对话式代替旧教材中枯燥的文字叙述,成为教材插图的一大特点;教材含有较多表示情境和背景的装饰性图,以及少量包含数据和信息的表征性图,促进学生提取和分析插图信息的能力。

对比三版教材,40多年来,教材从单色印刷转变为双色印刷,继而现行教材都采用彩色胶印,从枯燥的文字叙述转变为图文结合,色彩丰富,增加表征性和装饰性插图,趣味性增强,文本结构更趋合理,符合小学生的年龄特点。

4. 习题安排

美国数学家、数学教育家波利亚(G.Polya)提出:"一个重大的发现可以解决一道重大的题目,但是在解答任何一道题目的过程中都会有点滴的发现。"[1]习题作为数学教材的重要组成部分,其数量、类型、难度等在一定程度上既反映了教材编写者的价值取向,体现了教材的整体风格特点,也将对数学课堂教学实践产生不可忽视的影响[2],下面将从题量分布和习题类型这两个方面进行比较研究。

(1)题量分布

按习题出现的不同位置可分为练习、整理和复习、单元末练习三类,"练习"出现在每一课时或紧密联系的几课时的正文后,"整理和复习"和"单元末练习"出现在单元末,根据统计,三版教材的题量分布如下表5-33。

表5-33 三版教材统计图题量分布

类别	78版		92版		12版	
	数量	比例	数量	比例	数量	比例
练习	12	100%	20	90.91%	29	100%
整理和复习	0	0%	1	4.55%	0	0%
单元末练习	0	0%	1	4.55%	0	0%
合计	12	100%	22	100%	29	100%

由表中看出,三版教材都十分注重课堂练习的设置,以及时巩固对应课时所

---

[1] 乔治·波利亚.怎样解题:数学教学法的新面貌[M].涂泓,冯承天,译.上海:上海科技教育出版社,2002:1.
[2] 王建波.中美澳三国初中数学教材统计内容的比较研究[M].上海:上海教育出版社,2016:95.

学知识、方法。92版和12版在单元末增设综合练习——"整理和复习",是新知教学完成后,教材提供的具有代表性、针对性的题目,帮助学生回顾整理本单元的知识内容;"单元末练习"需要学生综合运用本单元知识解答,习题具有一定的层次性,两版教材均注重知识整合后的综合运用,帮助学生构建合理的知识结构。纵观92版和12版整套教材,发现均有设置这两类的习题,但并不是每个单元后都有配备,因此不难解释在统计图部分为何其占比低。

(2) 习题类型

统计图知识主题中的习题类型主要包括作图题、解答题、填空题。需要说明的是:习题类型划分时,作图题单指根据已给数据或收集数据填充、绘制统计图的习题;填空题指需要在括号里填写结果的题目;解答题指读取并运用图表中的数据来解决实际问题的题目;部分习题包含多个小问,所以会有多种形式相结合的习题。三版教材中统计图习题类型具体见表5-34。

表5-34 三版教材统计图习题类型

类型	78版		92版		12版	
	数量	比例	数量	比例	数量	比例
作图题	11	91.60%	10	45.45%	2	6.90%
解答题	0	0%	7	31.82%	10	34.48%
填空题	0	0%	1	4.55%	0	0%
作图+解答	1	8.40%	4	18.18%	12	41.38%
作图+填空	0	0%	0	0%	4	13.79%
填空+解答	0	0%	0	0%	1	3.45%

从表中明显可以看出三版教材的题型设置差异较大,78版和92版均是"作图题"占比最高,教材注重练习以掌握绘制统计图的基本技能,体现改革开放一段时间内"双基教学"在我国小学数学课程中仍然占有重要位置。12版大量减少"作图题"这一单一形式呈现的习题,取而代之的是"作图+解答"题,表明12版不再把绘制统计图作为重点,而是将"发展数据分析观念"作为核心目标,注重对统计图进行数据分析,做出简单的推断和预测以解决实际问题。教材"作图题"的设置有所区别,78版与92版只有极少量的题目涉及对现实生活中随机数据的收集、处理,大多数题目对于数据的来源没有提出要求,也就是说,讨论的数据以给定数据为主。12版则明显增加了这一要求,既有对给定数据的整理、分析,也有大量要求学生根据问题的需要采用适当方法收集数据。这种数据具有

随机性、客观性,因而也更能反映统计在解决问题中的科学价值。①

从整体的题型丰富度上看,相比于习题中问题数量较少,大多以单一的题型呈现的78版和92版教材,12版则更胜一筹。不仅三种类型的题目都有涉及,并且多种形式相结合的习题占比明显升高,丰富的习题表现形式可以提高学生的兴趣,避免大量单一性训练带来的疲倦和思维定势。

5. 表达方式

不同的教材根据其本身的编写理念、教学目标及学生的身心发展特点,形成了一个独具特色的语言系统。下面对三版教材的语言表达方式进行比较分析。

教材语言表述中常使用的人称有四种:零人称、第一人称、第二人称和第三人称。其中,零人称指不采用任何人称作为表达的主体,直接陈述;第一人称主要是"我"或"我们";第二人称主要是"你";第三人称是被教材编写者设计出来的主体,通常以拟人化或者卡通人物的形象出现,并伴有图片的呈现。78版统计图主题内容下的所有表述均采用零人称,体现知识内容的客观性;92版仍以零人称为主,部分例题设置教师人物形象,以教师的口吻发问,贴合实际的课堂教学语言,学生阅读时仿佛与教材中的隐形教师进行面对面的对话交流。12版采用了零人称、第二和第三人称这三种表述主体,教材创设卡通小精灵和众多的学生人物形象,小精灵向学生提出问题启发思考、呈现关键性知识或者进行必要的解释说明,起到教师引导学生学习的作用,激起儿童学习兴趣;众多学生形象的人物对话反映了学生学习中的一般状况,将学生代入教材所呈现的活动进程当中,有效提高学生参与教学活动的积极性。② 同时,借此陈述客观性知识和寻找解决问题的策略。

前两版教材的言语表述简明扼要,正规严肃,92大纲强调"正确使用数学术语",注意语言的准确性和科学性;12版教材的语言更为生活化,但若是一味地追求教材的可读性,也略有不足之处,12版强调学生在活动中感悟统计图的特点和作用,缺少适时的陈述总结,使得教师和学生在使用教材时需要对结论和规律的总结更加关注。

---

① 刘久成.小学统计教学六十年发展研究[J].数学教育学报,2011(5):28-31.
② 沈重予,王钵.小学数学内容分析与教学指导(第一册)[M].南京:江苏凤凰教育出版社,2015:11-12.

(四) 统计图研究结论

1. 内容分散编排:由直线式到螺旋式分层递进

改革开放以来,统计图主题的编排方式大致经历了三次改变:集中在高年级→渗透与集中高年级相结合→分散在各个年级。[1] 改革开放之初,统计图内容采用直线式编排,与统计表合并设置为一个单元,安排在小学阶段的最后一学期,一次性完成教学;进入90年代后,教材开始根据教学内容的难易和学生的接受能力,将统计图内容适当分层次安排在4—6年级,提出不同要求:初步认识简单的统计图→能够填写、补充简单的统计图→会利用作图纸绘制简单的统计图并对其进行简单的分析,同时在低年级进行渗透,但主要内容仍然集中在最后一学期;本次课程改革以来,统计内容成为独立的领域,学习呈现"低龄化""全程化"特点,统计图和统计表成为独立的教学单元,各种类型统计图分散安排在四个学期,不同的统计知识方法穿插交替,同时加大了统计思想在低年级渗透的力度。

2. 目标领域拓宽:从掌握绘图技能到发展数据分析观念

四十多年来,统计图的教学目标经历了从掌握绘图技能到发展数据分析观念的转变。20世纪70年代,"文化大革命"结束后,当时社会面临的紧迫任务是废除片面强调工农业生产知识的实用主义课程,学生牢固地掌握系统的学科基础知识和基本技能成为国家建设和发展的迫切要求,总结美国发起的"新数学运动"的经验教训,提出"回到基础"的主张,提出"掌握统计的一些初步知识,能够绘制简单的统计图表"[2]。在随后逐步实施义务教育的过程中,教材开始注重让学生"了解一些简单的统计思想和方法",提出"对于绘制统计图表的要求不宜过高"[3],不仅要求学生会制作简单的统计图表,还会对其进行一些简单的分析;《课标(2011年版)》将"发展数据分析观念"作为核心目标,让学生从统计的角度思考与数据有关的问题,努力从不同的角度挖掘统计图中的有用信息,更好地结合具体情境做出决策,力图让学生经历统计活动的全过程。总体看来,四十多年

---

[1] 刘久成.小学统计教学六十年发展研究[J].数学教育学报,2011(5):28-31.
[2] 课程教材研究所.20世纪中国中小学课程标准·教学大纲汇编(数学卷)[M].北京:人民教育出版社,2001:99.
[3] 课程教材研究所.20世纪中国中小学课程标准·教学大纲汇编(数学卷)[M].北京:人民教育出版社,2001:155.

来，教材内容由知识提升为观念，信息时代，知识的衰减和更新速度空前加快，但是知识体现的观念或思想却相对稳定，因此，教材应该从数学学科的"大观念"出发，精选素材并合理组织，让学生在联系真实生活的情境中展开深度学习。

3. 内容深度与习题难度总体平稳，综合难度稍有上升

研究发现实施义务教育后，数学课程有加大知识容量，追求教学效率的倾向，这与92大纲中特别强调"教学要讲究实效，注意提高课堂教学效率"有一定关联，但是此种状况下会增加教材内容的学习难度。

三版教材的内容深度变化不大，总体比较平稳。教材的"认知要求"均主要集中在"理解"和"掌握"水平，这说明教材更加重视学习者对统计图主题知识的理解和运用；教材呈现的概念和问题大都比较简单直接，与统计内容本身离不开生活实践以及统计图相关知识方法在小学阶段的要求相符合，学生易于理解，但挑战性不够，缺乏一些贴近实际又能引发学生进行思考与实践的内容。四十多年来，教材的习题总量明显上升，总体难度比较接近。习题要求比较单一，大部分均要求在理解的基础上达到掌握应用的水平，高水平的综合运用题设置极少，应适当加强；习题背景方面，我国教材过多关注个人生活和社会生活背景，仅12版设置了少量其他学科背景，且题型多样，多种形式相结合的习题取代了过去单一题型的习题。

改革开放四十多年来，统计图主题的综合难度上升了6.24%，总体难度变化比较平稳。

4. 素材选取生活化：充分发挥统计知识的育人价值

教材生活化是世界数学教材编写的发展趋势，改革开放以来，数学教材逐渐加强与学生实际生活的联系，素材选用的变化反映了教育观、人才观的演变。十年"文化大革命"结束后，国家致力于培养学生成为四个现代化的建设者，教材"选择现代科学技术所必需的数学基础知识作为教学内容"，此时人们对统计与概率的学科价值的认识较为浅表，仅仅为了应对简单的生产实际而学习一些简单的统计表和统计图；随着社会的进步和信息时代的来临，社会对人才培养的要求提升到培养创新意识和实践能力，要求公民具有终身学习的能力、具有健全的人格和较高的公民素质，显然，传统的学科中心式的教材已不再适应社会发展的要求。[①] 于是，在"以学生发展为本"理念的指导下，现代数学课程教材更侧重与

---

① 陈倩.小学数学新教材与传统教材的比较研究[D].西南师范大学，2005.

学生的个人日常生活、校园生活相联系,突出学生的主体地位,教材精选其他学科以及社会生活中的素材,认识到统计与概率内容不仅可以为解决问题提供工具与方法,还具备了形成关于研究对象的知识以及发现事物发展规律的价值与功能,充分发挥与挖掘统计内容的学科价值和育人功能。[1]

5. 内容呈现方式协调发展:从"教材"转向"学材"

改革开放之初奉行的知识本位的教材本质观认为,教材的内容主要是通过纯文本的方式向学生呈现事实、概念、法则,采用注重知识逻辑顺序的"逻辑式组织",教材被看作学科知识的浓缩和反映,仅仅发挥了作为信息资源的单一功能[2];教材单元栏目结构简洁,内容呈现枯燥单调,语言正规严肃,注重数学概念表述上的科学性与严谨性,体现出其站在教师的角度,以"教"为中心。而基于新课程的教材本质观,不仅重视教材作为信息资源的功能,更强调教材促进学生发展的功能,协调发展逻辑式组织方式和心理式组织方式,在兼顾两种教材组织方式的基本精神时,更多地考虑学生学习的实际需求,实现从"教材"向"学材"转变,最大限度地促进学生的学习和发展。进一步说,知识、效率、社会需求仍然是课程教学需要考虑的维度,但当这些维度发展存在冲突时,则在教学的价值序链上,需要优先考虑学生的全面、自由、健康发展的价值。现行教材色彩丰富,图文并茂,不仅向学生展示知识内容,还采用多种表达主体向学生展示如何获得知识的过程与方法,减少冗长的语言叙述。"主题图""生活中的数学""成长小档案"等栏目不仅激发学生兴趣,更使学生获得知识与技能的同时成为学生学会学习、联系社会生活实际和形成正确价值观的过程。但是教材缺少适量的总结性陈述,增加了教师教学以及学生知识建构的难度。同时,三版教材均缺少一些难度较高的探究栏目,"统计图"主题下的插图简化且多为人为编造,缺少现实生活中的真实图片,这是应该注意的问题。

---

[1] 章全武.改革开放四十年小学数学统计与概率内容嬗变研究——基于七份课程文件的内容分析[J].数学教育学报,2020(6):69-73.
[2] 张恰.基于新课程的教材本质特性探析[J].东北师大学报,2005(4):153-156.

第六章

研究结论与启示

1978年颁布的小学数学教学大纲,将教学内容设计为数与计算、量与计量、比和比例、代数初步、几何初步、统计初步和应用题几个领域,这一划分直至2001年课程改革被打破,课程内容被调整为数与代数、图形与几何、统计与概率和综合与实践四个学习领域。然而,作为算术主干的数的认识及其运算,以及代数、几何、统计初步知识的相关内容仍作为小学数学的重要组成部分,在四十多年来的小学数学教材中未曾中断,具有长线特点。为了便于比较,同时突出小学数学的主体内容,我们选择了"数与代数"中整数认识、分数认识、小数认识、整数运算、分数运算、小数运算、简易方程、正比例和反比例,"图形与几何"中认识三角形、立体图形认识、多边形面积、体积测量,"统计与概率"中统计表、统计图,共十四个知识主题或单元进行研究,并获得以下结论。

一、各领域研究结论

(一)数与代数领域

1. 数与代数的结构体系

(1)螺旋上升,注重知识间的内在联系

人教版三版教材数与代数内容的编排基本遵循螺旋上升的原则,将同一知识主题内容进行分层次处理,有的提前孕伏,如用字母表示数与简易方程的教学就经历了早期的孕伏阶段、用字母表示计算公式以及运算定律的过渡阶段、最后基于之前的初步认识进入正式系统的学习阶段;有的则分成不同层次分阶段出现,如分数和小数的认识就分为两个阶段教学,第一个阶段主要结合学生的生活经验初步认识分数、小数,但在顺序上"78版教材"与"92版教材"和"12版教材"存在区别,后两版教材均将初步认识分数置于初步认识小数之前,让学生感受到有限小数是十进分数的另一种表示形式,显示了分数与小数之间的内在联系。第二阶段进一步理解分数、小数的意义和性质,由于小数的计数系统可从整数的十进制类比而来,小数的写法和运算法则与整数类似,学生可以通过类比迁移学习小数的性质和四则运算,因而第二阶段将小数的学习置于分数之前。像这样适当划分阶段、螺旋上升式编排教材,能够使学生在不同学龄段,由浅入深,循序渐进地加深认识和理解,提高学习效果[①]。"92版教材"比"78版教材"更加注重将数学逻辑顺序和儿童认知顺序恰当结合,在"比和比例"内容编排上根据知识间的内在联系将"比"前置于分数除法之后,加强了"比"与分数除法的联系,并为学习正比例、反比例奠定了基础;"12版教材"更加突出知识间的联系与综合,分数的认识内容编排上将公因数、公倍数的学习穿插在约分、通分之中,改变了"78版教材""92版教材"将其设置在独立单元中的做法,这样,学生更能感受到公因数、公倍数的应用,但也一定程度降低了该知识的系统化要求。

(2) 单元设置持续调整,略有差异

三版教材将数与代数领域各知识主题划分为若干个单元,穿插编排到不同的年级或不同的学期,在册数、单元名称、单元内容、单元数量等方面,不同版本各有侧重,略有差异。

由于学制的不同("78版教材"是5年制,"92版教材"和"12版教材"都是6年制),所以在时间安排上必然存在差异。例如三版教材分数的认识皆分为两个单元且皆以分数的初步认识和分数的意义和性质作为单元标题,但单元分布的册数和顺序各不相同。值得注意的是分数的初步认识集中于三年级教学,分数的意义和性质分布于四、五年级教学,在时间跨度上三版教材较为相似。

教材编写以课程标准(教学大纲)为依据,课程理念的不同也会导致单元设置上的差异。例如,整数的认识基本按照四大循环圈的逻辑顺序以螺旋式编排,分为"20以内数的认识""百以内数的认识""万以内数的认识"和"多位数的认识"。但"92版教材"依据大纲将"多位数的认识"又分解成了"亿以内的数"和"亿以上的数",在单元设置上自然多出一个单元。同时课标(2011年版)强调"四基"和"四能",将"10以内数的认识"更细致地划分为"1—5以内数的认识"和"6—10以内数的认识"两个单元。

(3) 栏目安排不断丰富,满足学生的不同需求

教材中各式各样的栏目发挥着特有的功能,体现了教材的理念和特色,丰富了教材的呈现方式。人教版三版教材都含有核心栏目"例题—练习—复习",以

---

① 王鲜凤.小学数学教材螺旋上升编排方式探析[J].教学与管理,2006(26):77-80.

此为基本脉络组织教学内容,结构清晰,重视数学基础知识的掌握和基本技能的训练。随着时间推移,教材的结构不断优化,部分教学内容在例题前安排了准备题或复习题,按照准备性知识—揭示新知识—巩固深化的层次编排①。

"92版教材"和"12版教材"栏目形式多样,富有层次,注意遵循学习心理学的特点,激发学生阅读兴趣,适应学生的不同需求。"92版教材"增设了"复习""做一做""你知道吗?""思考题"等栏目。单元教学开始的"复习",通过对已有相关知识的回顾,为新知教学做了铺垫;"做一做"是对例题的模仿或变式,加深对知识的理解,注重基础性;"你知道吗?"起着拓展数学知识、渗透数学文化等多重作用;"思考题"则是弹性教学内容,为学有余力的学生提供学习资源,体现因材施教的教育原则;"12版教材"在沿用之前栏目的基础上,在每单元末设计了"成长小档案"栏目,给学生提供自我评价的机会,有利于学生对该单元的学习状况进行反思和总结,形成更为系统的知识结构。

2. 数与代数的内容设计

(1) 页数占比呈"倒 V"形变化且均高于课时数占比

由表 6-1 可知,三版教材数与代数领域页数占比变化呈"倒 V"形,先小幅度上升,后直线下降。"12版教材"主题总页数最少,主要是由于 20 世纪 90 年代末我国中小学数学教育依旧存在课程内容相对陈旧并且偏窄、偏深,课程目标偏重知识和技能的培养,忽视对数学素养、应用意识和实践能力的培养等问题②,为了减轻学生负担,落实素质教育,第八次课程改革以来进一步删减了繁难、过时的教学内容,精简教材,增加联系实际的内容。

表 6-1 三版教材数与代数各主题页数占比统计表

主题	78版教材		92版教材		12版教材	
	页数	占比(%)	页数	占比(%)	页数	占比(%)
整数认识	101	9.017 6	129	7.669 4	178	13.097 9
分数认识	41	3.660 7	49	2.913 2	44	3.237 7
小数认识	23	2.053 6	31	1.843 0	25	1.839 6
整数运算	467	41.696 4	766	45.541 0	383	28.182 5

---

① 梁秋莲.小学数学教学探索:课程标准与教材教法之演进[M].北京:人民教育出版社,2007:216.
② 杨刚,卢江.小学数学课程改革的研究与实践[M].北京:人民教育出版社,2007:3.

(续表)

主题	78版教材 页数	78版教材 占比(%)	92版教材 页数	92版教材 占比(%)	12版教材 页数	12版教材 占比(%)
分数运算	76	6.785 7	147	8.739 6	55	4.047 1
小数运算	49	4.375 0	64	3.805 0	53	3.899 9
简易方程	26	2.321 4	41	2.437 6	34	2.501 8
正比例和反比例	19	1.696 4	19	1.129 6	14	1.030 2
合计	802	71.607 1	1 246	74.078 5	786	57.836 6

表6-2 三版教材数与代数各主题课时占比统计表

主题	78版教材 课时	78版教材 占比(%)	92版教材 课时	92版教材 占比(%)	12版教材 课时	12版教材 占比(%)
整数认识	96	8.219 2	59	5.983 8	60	6.302 5
分数认识	25	2.140 4	24	2.434 1	22	2.310 9
小数认识	14	1.198 6	18	1.825 6	19	1.995 8
整数运算	488	41.780 8	318	32.251 5	217	22.794 1
分数运算	81	7.031 3	72	7.302 2	32	3.361 3
小数运算	46	3.938 4	32	3.245 4	29	3.046 2
简易方程	18	1.541 1	22	2.231 1	18	1.890 6
正比例和反比例	10	0.856 2	7	0.709 9	6	0.630 3
合计	778	66.609 6	552	55.983 8	403	42.331 9

通过表6-1和表6-2的对比可以发现,三版教材中数与代数内容页数占比明显高于课时数占比,在此情况下会增加该领域的学习难度。教学时间短但内容多,学生的学习水平、知识的消化能力又各不相同,如果教师为了教学进度加快节奏,势必会造成学生无法扎实掌握知识,囫囵吞枣,最终两极分化。

(2) 可比内容广度持续加大,可比内容深度比较平稳

由于数与代数领域中八个主题所占的分量不同,计算该领域的总体可比内容广度,需要考虑各主题的页数占比或课时占比(可比内容深度、可比习题难度同样如此)。为便于对照,这里分别以页数占比和课时占比作为权重算出该领域的可比内容广度(可比内容深度、可比习题难度同样计算,括号里表示按课时占

比作为权重算得的值)。可以看出,两种算法所得的值不仅排列顺序基本不变,而且数值也几乎没有差别。

可比内容广度通常与教材内容所含知识点的数量和课时系数有关。由表6-3可知,三版教材知识点总数中"78版教材"和"12版教材"基本一致,"92版教材"比其他两种教材多了将近30个;虽然内容广度略有起伏,但从表6-4可以清晰看到所用教学课时降低的幅度过大,依次下降了226课时、149课时,所以导致数与代数可比内容广度持续扩大(见表6-4)。

表6-3 三版教材数与代数各主题知识点数统计表

主题	整数认识	分数认识	小数认识	整数运算	分数运算	小数运算	简易方程	正比例和反比例	合计
78版教材	27	23	7	85	24	22	14	5	207
92版教材	28	21	10	100	27	26	18	5	235
12版教材	29	20	9	83	19	24	19	5	208

表6-4 三版教材数与代数可比内容广度统计表

主题	整数认识可比内容广度	分数认识可比内容广度	小数认识可比内容广度	整数运算可比内容广度	分数运算可比内容广度	小数运算可比内容广度	简易方程可比内容广度	正比例和反比例可比内容广度	数与代数可比内容广度
78版教材	0.794 1	0.920 0	0.791 7	0.801 9	0.705 9	0.733 0	0.814 9	0.833 3	0.794 4 (0.791 8)
92版教材	1.339 9	0.875 0	0.879 6	1.447 7	0.893 4	1.238 0	0.857 1	1.190 4	1.300 4 (1.281 5)
12版教材	1.364 6	0.909 1	0.750 0	1.760 8	1.414 3	1.270 0	1.105 9	1.388 8	1.498 9 (1.510 0)

三版教材的可比内容深度变化不明显,总体较为平稳(见表6-5)。统计发现三版教材各主题内容深度中"认知要求"主要集中于"了解""理解"和"掌握"三个水平,相对而言"了解(模仿)"水平占比较低,说明教材更加重视让学生理解领会知识,而不仅仅是对例题的简单模仿和记忆。但三版教材整数的认识和小数的认识这两部分的内容深度完全没有出现最高水平的"综合应用";各主题内容深度中"内容表述"以"直观描述"和"归纳类比"为主,"演绎推理"和"探究开放"占比较低,这不利于发展与提升学生的数学思维深度。

表 6-5　三版教材数与代数可比内容深度统计表

主题	整数认识可比内容深度	分数认识可比内容深度	小数认识可比内容深度	整数运算可比内容深度	分数运算可比内容深度	小数运算可比内容深度	简易方程可比内容深度	正比例和反比例可比内容深度	数与代数可比内容深度
78 版教材	0.449 1	0.467 4	0.517 9	0.541 2	0.572 9	0.687 6	0.633 9	0.575 0	0.541 0 (0.542 4)
92 版教材	0.446 4	0.464 3	0.487 5	0.511 3	0.583 4	0.634 6	0.632 0	0.675 0	0.523 4 (0.525 0)
12 版教材	0.426 7	0.512 5	0.486 1	0.500 0	0.578 1	0.640 6	0.644 8	0.650 0	0.507 6 (0.514 1)

（3）可比习题难度小幅上升，习题背景生活化逐渐丰富

通过表6-6可以看到三版教材可比习题难度呈小幅上升趋势，总体比较接近。各主题习题难度中"认知要求"仍集中于"了解""理解"和"掌握"三个等级，与内容深度的"认知要求"相对应；"无背景"习题仍占有一定的比重，基本上是文字叙述，呈现形式比较单一，难体现怎样将现实生活中的问题转化为数学问题，不利于培养学生的数学应用意识。随着数学教育要加强情境化、生活化等教学理念的提出，习题背景逐渐丰富，注重联系学生个人生活和公共生活，但略有不足的是科学实验背景占比极低，适当增加此类背景可以加强与其他学科的联系，增强跨学科解决问题的能力，感受数学的基础性和重要性。

表 6-6　三版教材数与代数可比习题难度统计表

主题	整数认识可比习题难度	分数认识可比习题难度	小数认识可比习题难度	整数运算可比习题难度	分数运算可比习题难度	小数运算可比习题难度	简易方程可比习题难度	正比例和反比例可比习题难度	数与代数可比习题难度
78 版教材	0.334 6	0.420 3	0.400 0	0.440 0	0.515 0	0.518 6	0.637 0	0.633 0	0.447 5 (0.445 9)
92 版教材	0.316 5	0.488 7	0.432 2	0.474 7	0.567 4	0.521 0	0.669 5	0.574 3	0.479 1 (0.480 8)
12 版教材	0.374 2	0.538 2	0.466 0	0.485 6	0.535 5	0.583 5	0.651 9	0.615 0	0.482 2 (0.491 3)

(4) 综合难度持续增长,"12 版教材"难度最高

数与代数内容教材的综合难度整体上升,涨幅先快后慢:"92 版教材"上升了 18.08%(页数占比)/17.70%(课时占比),"12 版教材"上升了 4.91%(页数占比)/6.55%(课时占比),"12 版教材"较"78 版教材"综合难度上升了 23.88%(页数占比)/25.40%(课时占比),数与代数是小学数学的主体内容,占有较大比重,这组数据在一定程度上反映了我国改革开放以来小学数学教材难度的演变状况。

影响教材综合难度的基本因素主要有可比内容广度、可比内容深度、可比习题难度。通过表 6-7 我们可以发现,三版教材数与代数内容可比内容广度大幅上升,可比内容深度较为接近,略有下降,可比习题难度呈小幅上升趋势。一个"好"的课程设计应当是在控制课程难度的前提下,优化课程深度与课程广度[①]。教材的编写要尽可能避免出现"广而浅"或"窄而深"的模式。

表 6-7　三版教材数与代数内容综合难度统计表

教材版本	可比内容广度(G_i)	可比内容深度(S_i)	可比习题难度(X_i)	教材难度(N_i)
78 版	0.794 4	0.541 0	0.447 5	0.563 6 (0.563 3)
92 版	1.300 4	0.523 4	0.479 1	0.665 5 (0.663 0)
12 版	1.498 9	0.507 6	0.482 2	0.698 2 (0.706 4)

3. 数与代数的呈现方式

(1) 插图数量和类型增多,图片的使用更符合学生心理特点

教材插图在丰富教材内涵、提高教材质量、增强教育效果方面发挥了重要作用。从"78 版教材""92 版教材"到"12 版教材",教材的插图数量显著增加,教材从文字为主逐渐转变为图文结合。"12 版教材"提高了装饰性图片所占的比例,以图片的形式明确标注不同的栏目,增强了教材的结构性和层次感;添加的卡通图片,借用卡通人物形象提出问题,引导学生思考,符合小学生从具体向抽象过

---

① 史宁中,孔凡哲,李淑文.课程难度模型:我国义务教育几何课程难度的对比[J].东北师大学报,2005(6):152-156.

渡的思维特征,有利于调动学生的学习兴趣,激发学生学习的积极性和主动性。"78版教材"只有黑白两色图片,"92版教材"采用单一色彩图片,"12版教材"选用彩色图片,色彩的丰富符合小学生对缤纷色彩的需求,依靠图片的色彩性增强了教材的趣味性和可读性。"12版教材"几乎每一单元前都会有一幅主题图,包括直接呈现数量关系的主题图、问题情境类主题图、动手操作类主题图、观察类主题图、综合性主题图等。教材中生动形象的语言,图文并茂的表述,更加适合学生的阅读和理解,也能增强文本的效果。

(2) 素材选取源于生活,数学与其他学科之间的联系加强

素材是数学学习内容的载体,三版教材的素材选取主要来自"数学内部本身"和"数学与生活"两种类型,并且后者呈增加趋势。小学生的思维处于由具体思维向抽象思维过渡的阶段,利用具体的现实生活素材可以帮助学生理解抽象的数学概念、思想方法、基本原理和规律,重视学生的已有生活经验,并随着时代变化逐渐更替素材,引导学生感受数学在生活中的应用价值,发展学生利用数学知识解决实际生活问题的能力。"12版教材"增强了数学与其他学科之间的联系,从物理、化学等学科中选取素材,打破了学科之间的壁垒,让学生感受数学的广泛应用。数学与其他学科的密切联系,将有利于挖掘可以利用的自然资源、社会现象和人文遗产,使学生的数学知识学习更加系统、更具整体性,有利于学生的知识整合和综合思维能力发展。

(3) 情境设计多样化,学生学习主动性提高

三版教材以生活情境为主,并呈现多样化特征。78版教材的情境设计相对单一,92版教材有所改进,12版教材在以生活情境为主的基础上增设实践操作和科学实验类型的情境设计,如:学习公因数和公倍数时,创设铺地砖/墙砖的探究活动;在学习通分时创设了"你知道地球上的陆地多还是海洋多吗?"这一问题情境。小学生具有强烈的好奇心,对于新鲜事物的接受度和兴趣更高,多样化的情境设计可以弥补单一化情境设计带来的枯燥感,激起学生的学习兴趣,提高学生学习的主动性,符合以学生为中心的课程改革思想。

(二) 图形与几何领域

1. 图形与几何的结构体系

(1) 认识图形的内容安排由遵照数学逻辑顺序转变为兼顾学生的认知特点

图形概念教学不仅考虑到数学科学的逻辑顺序,也要考虑学生的认知特点。"78版教材"从二年级下学期开始图形的认识,并且按照一维、二维、三维图形的

顺序逐步展开，基本遵照欧氏几何概念体系。小学数学而非数学科学，要根据学习者的认知特点和数学学习需求设计教学内容。小学生学习几何不是以几何公理体系为基础，而是以生活经验为基础的。小学生的生活实践告诉我们，他们形成几何概念时，最先感受到的是空间物体，点、线、面的认识也必须以空间物体为依托，因此，小学生在认识图形时宜从简单的几何体出发。根据这样的要求，"92版教材"和"12版教材"采取了先三维、二维图形的直观认识，再进一步认识基本的一维、二维、三维图形。这样既考虑到数学知识的系统性，又兼顾小学生的学习特点。

（2）基本延续教材内容结构顺序，适当拉开学习时间间隔

避开低年级直观认识基本的三维、二维图形，三版教材中"图形与几何"领域的单元设置和内容分布的顺序基本相同。"78版教材"和"92版教材"都将"三角形、平行四边形和梯形"设置成独立单元，"12版教材"将"三角形"与"平行四边形和梯形"分开，适当拉长图形认识的教学时间间隔。平面图形的认识与相应图形的面积测量均以独立的单元分别编排在不同的学期中，涉及中高年级，有一定的时间跨度。立体图形的认识及相应的表面积和体积则都安排在同一单元，相对集中，设置于小学最后一学期，凸显了平面图形是小学几何教学的重点。

（3）栏目设置由简单逐渐走向丰富多样

三版教材"图形与几何"领域的核心栏目基本保持一致，均按照"例题—练习"的体例进行编写，但是在栏目设置的丰富程度上却大不相同。"78版教材"单元内容结构通常包含引言、例题、习题三个部分，直接呈现概念、规则，辅以练习和思考题，结构简单分明。"92版教材"层次更加清晰合理，增添紧跟例题之后的"想一想""做一做"栏目，引导学生主动探究，及时内化和巩固运用所学知识；单元末设置"整理与复习"栏目，提供基础性或者挑战性练习，帮助学生进一步复习巩固本单元所学内容；部分单元安排"你知道吗?"栏目，拓宽学生视野，增强数学与生活的联系。"12版教材"在基本保留"92版教材"结构的同时，栏目安排更加丰富完整，教材设计了一系列探索性活动和实际操作活动，如通过"折一折""量一量"等丰富的操作活动，培养学生自主探究和动手操作等能力；无论是单元前的主题图或引言，还是"阅读与理解""分析与操作""回顾与反思""生活中的数学""数学小游戏""成长小档案"等栏目，形式多样活泼，增强了学生数学学习的过程性和互动性。

2. 图形与几何的内容设计

(1) 内容占比呈上升趋势

表6-8 三版教材图形与几何各主题页数占比统计表

主题	三角形		多边形面积		立体图形认识		体积测量		合计	
	页数	占比(%)	页数	占比(%)	页数	占比(%)	页数	占比(%)	页数	占比(%)
78版教材	7	0.62	17	1.52	5	0.45	22	1.96	51	4.55
92版教材	7	0.42	29	1.72	10	0.59	32	1.90	78	4.64
12版教材	12	0.88	26	1.91	11	0.81	31	2.28	80	5.89

"78版教材"和"92版教材"图形与几何内容占比相差不大,"12版教材"则有明显提升。总体看来,三版教材"图形与几何"领域的内容占比呈上升趋势,体现出实施义务教育以来,特别是本世纪以来图形与几何领域越来越受到重视,内容有所拓展。

(2) 课时占比先增后减,且明显低于内容占比

表6-9 三版教材图形与几何各主题课时占比统计表

主题	三角形		多边形面积		立体图形认识		体积测量		合计	
	课时	占比(%)	课时	占比(%)	课时	占比(%)	课时	占比(%)	课时	占比(%)
78版教材	5	0.43	11	0.94	3	0.26	13	1.11	32	2.74
92版教材	6	0.61	13	1.32	4	0.41	14	1.42	37	3.75
12版教材	6	0.63	11	1.16	4	0.42	13	1.37	34	3.57

由上表可见,"92版教材"图形与几何领域课时占比最高,"78版教材"最低。实施义务教育后,图形与几何领域的课时占比明显提升,新课改后又稍有回落。整体看来,三版教材的内容占比明显高于所用课时占比,这一定程度说明学生学习会因时间相对偏紧而增加难度。

（3）紧随时代要求，精选知识内容

表6-10　三版教材图形与几何各主题知识点数统计表

主题	三角形	多边形面积	立体图形认识	体积测量	合计
78版教材	18	13	14	12	57
92版教材	18	13	19	12	62
12版教材	27	14	19	12	72

由表中明显看出，图形认识主题下的知识点数量呈现上升趋势。一方面，教材逐步细化，图形的认识中不断补充图形各组成元素的知识点，如"三角形的顶点和边""直角三角形的斜边和直角边"以及"圆锥的侧面"等，使学生对图形的认识更加完整和充分。另一方面，本次课程改革后，"12版教材"强化图形特征的认识，增加"两点间的距离""三角形三边关系""三角形内角和的运用"以及"立体图形的展开图"等知识点。

图形测量主题下的知识点在基本延续原有设置的基础上，紧随时代要求和学生的实际需要进行调整，删去一些陈旧的知识点，同时增添符合现代教育理念的内容。如1985年国家提出实施九年义务教育，小学生毕业后不会直接参加农村生产实践，"92版教材"和"12版教材"剔除了原有教材设有的"土、石方的计算"，"12版教材"增加估测面积和面积估算的知识点，体现本次课程改革注重培养学生的估测意识和能力。

（4）可比内容广度先降低后增长

由于图形与几何领域中四个主题所占的分量不同，计算该领域的总体可比内容广度、可比内容深度、可比习题难度，需要考虑各主题的页数占比或课时占比，这里分别以页数占比和课时占比作为权重分别计算（括号里表示按课时占比作为权重算得的值）。

表6-11　三版教材图形与几何可比内容广度统计表

主题	三角形可比内容广度	多边形面积可比内容广度	立体图形认识可比内容广度	体积测量可比内容广度	该领域可比内容广度
78版教材	0.744 8	1.024 2	0.933 3	0.923 0	0.933 1（0.930 7）
92版教材	0.620 7	0.866 7	0.950 0	0.857 1	0.851 1（0.832 2）
12版教材	0.931 0	1.103 3	0.950 0	0.923 0	0.986 4（0.985 9）

从表中可以看出，各主题的可比内容广度基本上呈现先降低后增长的态势，

三版教材的总体可比内容广度以"12版教材"最高,"92版教材"最低。原因在于"92版教材"课时系数相对较高,实施义务教育后,为了保证学生学习效果,教材在适当增加知识点的同时,相对延长图形与几何领域的教学时间;本次课程改革,精选知识内容,增加知识点数量的同时缩短了教学时间,使得"12版教材"可比内容广度大幅提高。

（5）内容表述方式的思维要求提高,内容深度持续增长

表6-12　三版教材图形与几何可比内容深度统计表

主题	三角形可比内容深度	多边形面积可比内容深度	立体图形认识可比内容深度	体积测量可比内容深度	该领域可比内容深度
78版教材	0.440 0	0.442 3	0.294 7	0.510 4	0.456 7(0.455 5)
92版教材	0.425 0	0.586 5	0.333 3	0.520 9	0.512 7(0.507 9)
12版教材	0.452 5	0.642 9	0.400 0	0.593 8	0.561 9(0.562 1)

除三角形领域外,其余主题的内容深度均呈持续增长趋势(三角形的内容深度先减后增)。主要因为内容表述中"演绎推理"和"探究开放"两种方式占比提高。随着时间的推移,教材减少"直观描述"这种单一的内容表述方式,逐渐要求学生在问题情境中自主提出问题,解决问题,通过归纳类比、演绎推理等方式发现图形的特征、推导测量公式,经历数学知识的形成过程,不断发展学生的逻辑思维能力。总体看来,改革开放以来,图形与几何领域的可比内容深度持续增长。

（6）重视知识应用,习题难度呈上升趋势

表6-13　三版教材图形与几何可比习题难度统计表

主题	三角形可比习题难度	多边形面积可比习题难度	立体图形认识可比习题难度	体积测量可比习题难度	该领域可比习题难度
78版教材	0.537 0	0.453 7	0.400 1	0.547 3	0.500 2(0.499 6)
92版教材	0.575 0	0.527 4	0.504 0	0.598 2	0.557 8(0.559 3)
12版教材	0.538 0	0.568 6	0.527 0	0.601 4	0.571 0(0.570 9)

三角形主题下,"92版教材"习题难度最高,"78版教材"和"12版教材"基本持平,主要原因在于"92版教材"设置了较多思考题,对学有余力学生的认知水平提出了更高的要求。其余主题的可比习题难度总体上呈现逐步上升的趋势,

这与可比内容深度的变化方向一致。

改革开放以来教材内容不论是在认知要求还是内容表述方面都更重视学生思维和实践能力的同步发展,在习题编排时,习题的认知水平要求由过去简单的"了解"和"理解"转向在理解的基础上掌握应用,同时加强习题与生活实际的联系,减少无背景的习题数量。总体看来,四十多年来,图形与几何领域的可比内容深度持续增长。

(7) 图形与几何领域教材综合难度持续增长

表 6-14　三版教材图形与几何内容综合难度统计表

教材版本	可比内容广度(G_i)	可比内容深度(S_i)	可比习题难度(X_i)	教材难度(N_i)
78 版	0.933 1 (0.930 7)	0.456 7 (0.455 5)	0.500 2 (0.499 6)	0.565 0 (0.563 8)
92 版	0.851 1 (0.832 2)	0.512 7 (0.507 9)	0.557 8 (0.559 3)	0.593 9 (0.588 2)
12 版	0.986 4 (0.985 9)	0.561 9 (0.562 1)	0.571 0 (0.570 9)	0.649 5 (0.649 5)

从表中可知,分别以页数占比和课时占比作为权重计算所得的值,排列顺序不变,并且几乎没有差别。"92 版教材"较"78 版教材"综合难上升了 5.11%(4.33%),变化较为平稳;"12 版教材"在内容广度、内容深度和习题难度方面都有了明显的提高,综合难度增加 9.37%(10.43%)。比较"78 版教材"和"12 版教材",即可得改革开放 40 多年来,人教版小学数学"图形与几何"领域的教材难度上升了 14.96%(15.20%)。

3. 图形与几何的呈现方式

(1) 素材选取生活化,但与其他学科联系不够紧密

图形与几何领域选取的素材主要来源于数学内部本身和生活实际。四十多年来,教材内容逐渐加强与学生实际生活的联系,注重从学生生活积累的视觉感知和实际体验出发积累空间观念,选择一些学生熟悉的实物抽象出几何图形,帮助学生初步形成模型思想,发展几何直觉,体会和理解数学与外部世界联系的基本途径,提高学习数学的兴趣和应用意识;选取的生活素材也从"火柴盒、工具箱和水泥板"转变为"洗衣机、影碟机和手机",与时代变化紧密相连。但三版教材中与其他学科联系的素材占比仍然较低,这与本次课改提倡数学教材内容联系

其他学科现实并不相符,在教材修订中这方面内容应该得到加强。

(2) 注重从实践操作中对形体知识的直观感知,发展空间观念

该领域的情境设置在关注实际生活的基础上,越来越注重实践操作和科学实验,关注学生几何活动经验的积累以及几何直觉的发展。随着时间的变迁,教材不仅着眼于理解和掌握一些必要的几何事实,而且强调学生经历自主探索与合作交流的过程,学生从生活经验中所熟悉的形体入手,采用观察、操作、实验的方法(量一量、折一折、比一比、数一数、剪一剪、拼一拼等)来认识和归纳几何形体的特征,自主探究几何量及其计量方法,培养了学生的动手操作能力。教材的情境设置和实践活动的安排体现了数学基本活动经验的获得,表明课程目标从"双基"向"四基"发展。

(3) 内容呈现由严肃枯燥转向生动活泼,图文结合,更具可读性

教材改革越来越重视教材中插图的运用,不仅在数量上有所增加,在插图的类型上也更加多样。改革开放初期,教材中的插图数量较少,采用单色印刷,且主要是知识性图;随着实行义务教育和课程改革,插图逐渐增多,实行彩色胶印,从枯燥的文字叙述转变为图文结合,多样化的装饰图生动活泼,同时注重运用含有数或形意义的实物图、示意图以及表达数学信息或操作流程的图来帮助学生理解抽象的数学知识,文本结构更趋合理,符合小学生的年龄特点。

教材语言从先前的简明扼要、正规严肃转向生动活泼、循循善诱,教材设置"小精灵"和众多的人物形象,运用祈使句、陈述句、疑问句、反问句等多种句式启发学生进行思考、自主探究、总结规律,增强了教材的可读性、启发性,实现从"教材"向"学材"转变,最大限度地促进学生的学习和发展。

(4) 习题认知要求逐步提升,多与公共生活常识相联系

"78版教材"中图形与几何领域习题的认知要求多为"了解"和"理解"水平,随着时间的推移,教材中"了解"水平的习题占比不断下降,直至现行的"12版教材",大部分习题均要求在理解的基础上达到掌握应用的水平,不再倾向单纯的模仿练习,体现了课标对运用知识解决生活中实际问题的要求。在对学生认识要求水平较高的"综合应用"层次,"92版教材"设置了相对较多数量的思考题,但并不要求全部学生掌握,体现编写者关注教材弹性空间的设计。总体看来,三版教材"综合应用"水平的习题数量仍然较少,需要进一步改进。在习题背景方面,三版教材均有大量无背景的习题,相比于个人生活和科学实验背景,习题多与公共生活常识相联系,要求学生运用知识去解决生活中的实际问题。

（三）统计与概率领域

1. 统计与概率的结构体系

（1）知识单元从集中到分散编排，知识逻辑从直线式到螺旋式递进

统计部分的知识主题有"统计表"与"统计图"，具体包含四个知识单元："统计表""条形统计图""折线统计图""扇形统计图"。

"78版教材"将所有知识单元集中编排在小学阶段的最后一学期（五年级下册）的第一单元内，内含的知识点按直线式依次呈现。先统计表后统计图，统计图中按照条形、折线和扇形统计图依次编排，统计图表均按照先单式、后复式的顺序展开。"92版教材"在第一学段进行统计图表的渗透，主要知识单元编排在第二学段的三个单元，统计图表的知识点穿插混合编排，通过先单式后复式的螺旋式编排，不断提升学生对知识的掌握水平。本次课程改革以来，统计与概率内容成为独立的领域，统计图和统计表成为独立的教学单元，"12版教材"将各种统计图表内容分散编排在七个学期，贯穿在各个年级中，统计图表内容分布逐渐前移，有利于学生更早地感受统计的思想和方法，统计图表内容的编排也由直线且集中的方式转向螺旋式分层递进。

（2）领域目标从偏重计算、绘制技能到注重发展数据分析观念

纵观改革开放以来，统计与概率领域的教学目标经历了从掌握绘图技能到发展数据分析观念的转变，大纲要求让学生早一些经历统计的全过程，重视统计思想和方法的培养，教学重点逐渐从统计量的计算、统计图表的绘制，转向强调经历统计过程，强调注重培养学生的数据分析能力。

2011年颁布的《义务教育数学课程标准》将"统计与概率"的课程目标和课程内容聚焦在"数据分析"，强调学生通过经历统计的过程来掌握统计知识，学会制表读表，掌握基本的统计方法，培养学生的统计意识，其原因在于统计知识应用价值的提升。随着社会信息化的发展，人类社会正式迈入"大数据时代"，数据已经成为人们日常生活中不可缺少的一部分，我们比以前更加依赖来自外界的信息做出决策。由此可见，统计与概率的知识和思想方法是大数据时代下每一个公民所必备的素养，这符合信息社会对现代人才的培养要求。

（3）栏目安排在注重基本知识技能的基础上向注重学生主体性和生活性发展

在统计与概率领域栏目安排方面，三版教材的共性在于单元主要栏目都是"例题＋练习"，都注重基础知识的掌握和基本技能的获得，保证学生能达到课标

的基本要求。

相比于"78版教材","92版教材"和"12版教材"的栏目安排更丰富一些。"92版教材"与"12版教材"的例题内部分别安排"想一想"和通过人物对话呈现问题与思考过程,不仅注重学习的结果也注重学习的过程。两版教材增设针对例题的巩固性习题"做一做"以及挑战性习题"思考题",习题具有一定层次性,在及时巩固所学知识的同时培养学生更强的统计意识和应用能力。

此外,"12版教材"体现了注重学生主体性和生活性的特点。"12版教材"设置了"成长小档案"栏目,帮助学生建构知识体系以及进行自我评价,突出学生的主体地位。在核心栏目之外,"12版教材"设置"生活中的数学"栏目,体现数学在生活中的实际运用价值。

2. 统计与概率的内容设计

(1) 内容占比总体呈显著增长趋势,高于课时占比

表6-15　三版教材统计与概率各主题页数占比统计表

主题	统计表		统计图		合计	
	页数	占比(%)	页数	占比(%)	页数	占比(%)
78版教材	8	0.71	10	0.89	18	1.60
92版教材	26	1.55	21	1.25	47	2.80
12版教材	16	1.18	32	2.35	48	3.53

表6-16　三版教材统计与概率各主题课时占比统计表

主题	统计表		统计图		合计	
	课时	占比(%)	课时	占比(%)	课时	占比(%)
78版教材	8	0.68	10	0.86	18	1.54
92版教材	8	0.81	8	0.81	16	1.62
12版教材	8	0.84	10	1.05	18	1.89

由上面表格的统计可知:三版教材"统计与概率"领域的内容占比总体呈显著增长趋势,这与本世纪以来的课改将"统计与概率"上升为独立的知识领域及对统计内容的重视密不可分。

通过对表6-15和表6-16的对比可发现:"78版教材"主题内容页数占比

与所用课时占比较为接近,这样的教学内容设计与课时安排较为合理;"92版教材"和"12版教材"主题内容页数占比均明显高于课时占比,这一定程度说明学生学习"92版教材"和"12版教材"会因时间相对偏紧而增加难度。

(2) 知识点数量显著上升,更加重视数据分析

表6-17 三版教材统计与概率各主题知识点数统计表

主题	统计表	统计图	合计
78版教材	4	10	14
92版教材	8	15	23
12版教材	8	13	21

由上表知识点的分布,可以看出:在改革开放之初,教材内容编写遵循"精选、增加、渗透"的方针[①],此后,由于对统计知识和技能学习的重视,以及逐渐认识到数据分析能力的重要性,"统计与概率"相关的知识点数量显著增加。具体知识点的增减如下:

"92版教材"和"12版教材"相比于"78版教材"主要增加了"原始数据的收集"和对统计图表的"数据分析",对于统计图表的学习重点从填写绘制统计表逐步改为重视学生完整统计过程的体验,反映出教材逐渐注重学生从图表中提取信息进行交流的能力,培养学生的数据分析观念。

"92版教材"的设计相比于"78版教材"和"12版教材"更有弹性,其中"扇形统计图"知识单元被标注为选学内容,"12版教材"又重新将其纳入必学知识,但取消对其绘制的要求。

除此之外,"12版教材"在统计图主题还增设了"横向复式条形统计图"和"选择合适的统计图"这两个知识点。前者帮助学生了解生活中统计图的不同表现方式,强调对统计实际意义的理解,后者侧重运用合适的统计图表示数据,从提取信息的角度比较各种方法的优劣,了解它们的适用范围,根据实际问题的背景,合理选择描述数据的方法,以便更好地进行数据分析。

本世纪之初推行的新一轮基础教育课程改革将"统计与概率"确定为独立的知识领域,教材编制观念也发生转变,改变传统的接受性学习,朝自主、合作、探究学习的方向发展。故"12版教材"在"92版教材"的基础上精简并增添了知识点,总体上与"92版教材"知识点数量相差不大。

---

① 刘久成.小学数学教材内容和结构改革六十年[J].课程·教材·教法,2012(1):70-76.

(3) 教材综合难度呈现上升至平稳趋势

根据"统计表"和"统计图"两个主题内容的研究,这里分别以各主题页数占比和课时占比作为权重,综合算出该领域的可比内容广度、可比内容深度、可比习题难度。

表6-18 三版教材统计与概率可比内容广度统计表

主题	统计表可比内容广度	统计图可比内容广度	该领域可比内容广度(页数占比)	该领域可比内容广度(课时占比)
78版教材	0.333 3	0.588 2	0.475 1	0.475 6
92版教材	0.666 7	1.102 9	0.861 4	0.884 8
12版教材	0.666 7	0.764 7	0.731 9	0.721 1

表6-19 三版教材统计与概率可比内容深度统计表

主题	统计表可比内容深度	统计图可比内容深度	该领域可比内容深度(页数占比)	该领域可比内容深度(课时占比)
78版教材	0.500 0	0.487 5	0.493 0	0.493 0
92版教材	0.500 0	0.500 0	0.500 0	0.500 0
12版教材	0.578 1	0.519 2	0.538 9	0.545 4

表6-20 三版教材统计与概率可比习题难度统计表

主题	统计表可比习题难度	统计图可比习题难度	该领域可比习题难度(页数占比)	该领域可比习题难度(课时占比)
78版教材	0.665 0	0.725 0	0.698 4	0.698 5
92版教材	0.664 6	0.668 2	0.666 2	0.666 4
12版教材	0.650 0	0.706 9	0.687 9	0.681 6

从表中可以看出,"92版教材"可比内容广度最大,"12版教材"次之,"78版教材"最小,这与"92版教材"中统计图的课时系数较低有关,表明实施义务教育后,缩短统计领域的教学时间,但同时又精选知识内容,增加了知识点,可比内容广度增大。

三版教材的可比内容深度和可比习题难度相差不大,"12版教材"可比内容深度最高,"78版教材"最低,表明统计领域内容深度四十多年来逐步升高。"78

版教材"可比习题难度最高,"92版教材"最低,表明统计领域习题难度在改革开放之初对学生要求较高,实施义务教育后有所降低,本次课程改革又有所回升。

表6-21 三版教材统计与概率内容综合难度统计表

教材版本	可比内容 广度(G_i)	可比内容 深度(S_i)	可比习题 难度(X_i)	教材难度 (N_i)
78版	0.475 1(0.475 6)	0.493 0(0.493 0)	0.698 4(0.698 5)	0.551 0(0.551 2)
92版	0.861 4(0.884 8)	0.500 0(0.500 0)	0.666 2(0.666 4)	0.622 1(0.626 9)
12版	0.731 9(0.721 1)	0.538 9(0.545 4)	0.687 9(0.681 6)	0.622 2(0.621 4)

依照页数占比和课时占比分别算出三版教材"统计与概率"内容的综合难度(括号内为课时占比算出),由上表可见,教材难度呈现先上升后平稳的趋势,并且两种算法所得的结果基本一致。从1978年到2012年人教版小学数学"统计与概率"的教材难度上升了12.92%(12.73%)。"92版教材"相对于"78版教材"综合难度上升了12.90%(13.73%),"12版教材"相对于"92版教材"综合难度上升了0.16%(下降了0.88%),说明"12版教材"与"92版教材"的综合难度相当。"92版教材"在"统计与概率"内容广度上相对于"78教材"有明显的上升,缘于课时数减少的情况下知识点数增加,而"12版教材"主要缘于内容深度方面提升较大,一些知识点的内容表述给学生留有的探究空间增大,对学生思维能力的要求较高。

3. 统计与概率的呈现方式

(1) 注重情境设计和素材选取生活化,插图运用呈增加趋势

教材例题的情境设计紧密结合儿童生活经验,三版教材在统计领域主要的情境类型有:通过文字语言的描述进入情境、展示主题图进入情境以及创设问题情境这三种。创设问题情境是现今教材编写的特征之一,让学生在发现、提出、分析、解决问题的活动中学数学,感受数学思想和方法,积累数学活动经验,建构新知。

三版教材的排版方式呈图文结合,并有插图比重增加趋势。"78版教材"只在"统计表"中出现少量插图,"92版教材"中的插图有所增加,但其密度明显低于"12版教材","12版教材"插图总数最多,排图最密,尤其是增加了许多装饰性插图。教材中的插图多与儿童生活相关,学生在观察图画中参与学习过程,获得新知。

(2) 习题数量上升,加强基础性练习的同时更加重视思维训练

三版教材的习题总量明显上升,"92版教材"和"12版教材"在统计领域的习

题数量大致是"78版教材"的两倍。三版教材都十分注重课堂练习的设置,及时巩固所学知识和方法。

三版教材的题型设置差异较大,"78版教材"和"92版教材"统计图中,均以"作图题"占比最高,注重绘制统计图的基本技能。"12版教材"不再把绘制统计图作为重点,而是将"发展数据分析观念"作为核心目标,注重对统计图进行数据分析,做出简单的推断和预测以解决实际问题。"92版教材"开始注重锻炼学生的开放性思维,"12版教材"通过数据填写和数据分析来提高学生的分析思维,更加注重培养学生的创新能力。

二、整套教材研究结论

(一)三版教材知识容量

首先界定三版教材中十四个知识主题的内容范围,保持其前后对应,并将其中的概念、方法、规则等作为知识点进行划分,统计各主题的知识点数,以此作为教材的内容广度。同时确定相应内容的教材页数和所需教学课时,教学课时依据教学大纲(课标)及教学参考书确定。然后按知识领域进行合并计算,得到每一版教材各领域上的知识点数、教材页数和教学课时数。具体情况统计如下:

表6-22 三版教材各领域知识点数统计表

教材	数与代数	图形与几何	统计与概率	合计
78版教材	207	57	14	278
92版教材	235	62	23	320
12版教材	208	72	21	301

"数与代数"是小学数学的主体部分,本研究选择的知识主题有八个相对较多,知识点数也远大于其他两个领域。比较发现,在"数与代数""统计与概率"相应主题上的知识点数以及知识点总数都以"92版教材"为最多,主要缘于整数、分数、小数的运算主题中有所增加,相对于"78版教材","92版教材"表现为向增加知识广度转向;"12版教材"在"数与代数"领域知识点大幅减少,与"78版教材"大致持平,但在"图形与几何"领域表现为明显增加,说明在精简传统算术内容的同时,几何内容得到了拓展。总体来看,在十四个主题上相应内容的知识点经"92版教材"明显扩充后,"12版教材"略有收缩。

教材难度不仅与内容广度有关,也与相应的教学时间有关。有研究认为,课程难度与课程广度、课程深度成正比,而与课程时间成反比。[1] 为综合考虑整套教材的总体难度,有必要计算各版教材三个领域相应主题内容上的页数占比和课时占比,如表6-23、表6-24所示。

表6-23 三版教材各领域页数占比统计表

教材	整套页数	数与代数		图形与几何		统计与概率		合计	
		页数	占比(%)	页数	占比(%)	页数	占比(%)	页数	占比(%)
78版教材	1 120	802	71.61	51	4.55	18	1.60	871	77.76
92版教材	1 682	1 246	74.08	78	4.64	47	2.80	1377	81.52
12版教材	1 359	786	57.84	80	5.89	48	3.53	914	67.26

由上表可见,选择研究的十四个主题内容所占篇幅均已超过整套教材的三分之二,较为广泛,海量的数据收集与分析研究所得结论能基本反映整套教材的状况,具有较大程度的可靠性和有效性。

三版教材中相应内容的教材总页数有明显差异。"92版教材"的篇幅相对于"78版教材"大幅增加,"12版教材"的页数虽然有所减少,但由于开本由"92版教材"的大32开改成了16开,因而总体篇幅大致相当。这不仅说明后两版教材的内容及其知识点有了明显增加,同时由于排版方式和插图的增加也影响到教材篇幅的扩张。"92版教材"中十四个主题内容的页数占比为81.52%,如此大的篇幅说明该版教材对这些基础的、有长线特征的主题内容的重视。"12版教材"占比减少,反映了本次课程改革对传统基础内容的精简,增加了一定篇幅的新知识主题,如欧氏几何概念体系以外的变换几何、坐标几何以及可能性等,扩展了课程内容领域。

表6-24 三版教材各领域课时占比统计表

教材	整套课时	数与代数		图形与几何		统计与概率		合计	
		课时	占比(%)	课时	占比(%)	课时	占比(%)	课时	占比(%)
78版教材	1 168	778	66.61	32	2.74	18	1.54	828	70.89

---

[1] 史宁中,孔凡哲,李淑文.课程难度模型:我国义务教育几何课程难度的对比[J].东北师大学报(哲学社会科学版),2005(6):151-155.

(续表)

教材	整套课时	数与代数		图形与几何		统计与概率		合计	
		课时	占比(%)	课时	占比(%)	课时	占比(%)	课时	占比(%)
92版教材	986	552	55.98	37	3.75	16	1.62	605	61.35
12版教材	952	403	42.33	34	3.57	18	1.89	455	47.79

1992年国家教委颁发的《九年义务教育全日制小学、初级中学课程计划(试行)》指出,"合理安排课程,注意教学要求和课业负担适当"。为了适应减轻学生过重学习负担之需,"92版教材"的总教学课时大幅减少,"12版教材"又进一步减少。试图通过减少教学时间来减轻学生负担,但由于课程内容领域的拓展,相应的知识点数不降反升,课时占比又逐渐下降且明显低于相应的教材页数占比,这无疑会增加学生的学习难度,因而减轻学生过重学习负担的愿望并未实现。

(二) 三版教材总体难度

已有研究表明,以教材的内容广度、内容深度、习题难度来刻画教材的静态难度受到普遍认同。为了定量刻画教材的总体难度,在划分知识点,确定内容广度的基础上,对内容深度、习题难度构建指标体系并进行水平划分,通过建立量化模型,得到可比内容广度、可比内容深度、可比习题难度。

依据三版教材在各领域的可比内容广度、可比内容深度、可比习题难度的统计,并且考虑到三个领域相关内容在各套教材中所占比重不同,为了综合考察三版教材的总体难度,这里以各领域的页数占比或课时占比作为权重(括号里为课时占比作为权重算出的值),综合算出各版教材的可比内容广度、可比内容深度、可比习题难度。如,78版整套教材的可比内容广度 = $(0.794\,4 \times 71.61 + 0.933\,1 \times 4.55 + 0.475\,1 \times 1.60) \div 77.76 = 0.795\,9$。可比内容深度、可比习题难度也类似算得。

表6-25 三版教材可比内容广度统计表

教材	数与代数可比内容广度	图形与几何可比内容广度	统计与概率可比内容广度	整套教材可比内容广度
78版教材	0.794 4 (0.791 8)	0.933 1 (0.930 7)	0.475 1 (0.475 6)	0.795 9 (0.790 3)

(续表)

教材	数与代数可比内容广度	图形与几何可比内容广度	统计与概率可比内容广度	整套教材可比内容广度
92 版教材	1.300 4 (1.281 5)	0.851 1 (0.832 2)	0.861 4 (0.884 8)	1.259 7 (1.243 6)
12 版教材	1.498 9 (1.510 0)	0.986 4 (0.985 9)	0.731 9 (0.721 1)	1.413 8 (1.439 6)

可以看出,三版教材可比内容广度虽在不同领域表现出不同特征,但总体上越来越大,且上涨幅度明显,以页数占比、课时占比分别作为权重所得结果一致。一段时间以来,我国的传统课程内容被认为属于"窄而深"的模式,在实施义务教育以后,课程内容的广度确实一定程度上得到了拓广。教学内容中,在相应部分增加了许多新的知识点,如：92 版教材比 78 版在"10 以内"多安排了"加减混合",在"百以内"增加了"乘加、乘减""等式与方程的关系""正比例和反比例的比较""立体图形展开图""数据的收集""数据的分析"等知识点;12 版教材又结合运算教学增加了相应的"估算""用计算器探索规律""等式的性质""三角形内角和应用""不规则物体体积""分类"及非正式的"图文统计表""选择合适的统计图"等知识点,同时 12 版教材减少了"三位数除多位数""求一个整数的近似数（四舍五入法）""带分数的四则运算""圆锥的展开面""扇形统计图的绘制"等知识点。知识点的变化,体现了课程内容改革的理念和要求,削减了大数目计算,加强估算,增强数学应用,更好地实现小学与初中数学的衔接,提高了义务教育的整体性。

表 6－26　三版教材可比内容深度统计表

教材	数与代数可比内容深度	图形与几何可比内容深度	统计与概率可比内容深度	整套教材可比内容深度
78 版教材	0.541 0 (0.542 4)	0.456 7 (0.455 5)	0.493 0 (0.493 0)	0.535 1(0.538 0)
92 版教材	0.523 4 (0.525 0)	0.512 7 (0.507 9)	0.500 0 (0.500 0)	0.522 0 (0.523 3)
12 版教材	0.507 6 (0.514 1)	0.561 9 (0.562 1)	0.538 9 (0.545 4)	0.514 0 (0.518 9)

三版教材可比内容深度变化不大,略有下降。内容深度主要受教材内容的

认知要求和内容表述方式的影响,通过对教材中正文部分特别是例题部分的研究,可以看出其认知要求主要集中在"理解"和"掌握"两个水平,这与大纲(课标)的要求相对一致,而对于最低和最高水平的"了解(模仿)"和"综合应用"很少涉及。内容表述反映的思维特征以"直观描述"和"归纳类比"为主,"演绎推理"和"探究开放"占比较低,尤其是"探究开放"类的内容表述在本次课改之前几乎为零,这样的设计不利于学生深度思维和创新能力的发展。

表6-27 三版教材可比习题难度统计表

教材	数与代数可比习题难度	图形与几何可比习题难度	统计与概率可比习题难度	整套教材可比习题难度
78版教材	0.447 5 (0.445 9)	0.500 2 (0.499 6)	0.698 4 (0.698 5)	0.455 7(0.453 5)
92版教材	0.479 1 (0.480 8)	0.557 8 (0.559 3)	0.666 2 (0.666 4)	0.490 0 (0.490 5)
12版教材	0.482 2 (0.491 3)	0.571 0 (0.570 9)	0.687 9 (0.681 6)	0.500 8 (0.504 8)

三版教材可比习题难度有所上升。习题难度主要受到解答习题的认知要求和习题背景的影响,78版和92版教材中涉及背景的习题占比相对较小,由于本次课改注重数学与生活实际的联系,注重数学应用与实践,因而12版教材中有背景的习题明显增加,这一定程度推高了习题的难度。三版教材中的习题背景多为个人生活背景或公共生活背景,科学实验背景的习题占比极小,在大力提倡数学与其他学科相联系,发展学生科学思维,增强跨学科解决问题能力的要求下,这方面内容应予适当加强。

根据上述各版教材的可比内容广度、可比内容深度、可比习题难度,我们采用西南大学"中小学理科教材国际比较研究(小学数学)"课题组经调研、分析确定的权重即0.2、0.5、0.3计算出三版教材的总体难度。

表6-28 三版教材的总体难度统计表

教材	78版教材	92版教材	12版教材
总体难度(页数占比)	0.563 4	0.659 9	0.690 0
总体难度(课时占比)	0.563 1	0.657 5	0.698 8

比较发现,三版教材的总体难度呈现上升趋势。"12版教材"相较于"92版教材"上升了4.56%(6.28%)(括号里为课时占比算出的值,下同),"92版教材"相较于"78版教材"上升了17.13%(16.76%),"12版教材"相较于"78版教材"上升了22.47%(20.78%),以页数占比和课时占比所获得的难度数值几乎一致。并且可以看出,难度的上升主要缘于教学内容的广度增加,教学课时反而减少,以及习题难度提高。

随着我国社会经济发展,教育环境和条件的改善,以及儿童早期智能开发等因素,课程教材难度增加是必然趋势,但如何控制上升幅度,使之在一个合理范围呢?教材的难度水平如果能从不同年龄阶段儿童的智力水平、学习能力来科学设计是一条合理途径,但这不仅需要测量不同年龄阶段儿童的智力水平和学习能力,也需要确定不同学习内容所需要的智力水平和潜在的学习能力,同时由于儿童智力水平发展的差异,导致这样的科学研究还存在许多未知领域。如何适度控制教材难度上升幅度以及在不同学习主题上怎样控制难度水平,对课程改革方案设计和教材编制来说是一个不小的挑战。

三、研究启示

上述十四个主题内容的研究,虽然不是对小学数学教材内容的完全覆盖,但已基本反映教材的全貌,所得结论不仅揭示了三版教材的难度水平、主要特征和基本规律,而且对于我国未来小学数学教材改革带来启示。

(一)充分认识教材在基础教育课程改革中的核心地位

在我国,中小学教材是几亿师生的精读文本,对读者的影响极为深远。作为国家事权的教材制度,无不把教材建设当作人才培养的关键举措。有学者认为,在当前我国的学校教学过程中,教材发挥了两方面的重要作用,第一是学生学习的重要资源,第二是学生学习的主要工具。[①] 作为学生学习的重要资源,教材应力图将人类在长期的实践中所积累的知识予以精简、提炼和概括,以学生能够理解和接受的方式表达出来,不仅如此,教材中所承载的思想文化内涵,所表现的主流价值的精髓,对学生的情感态度教育起潜移默化的作用。作为引导学生学习的工具,教材为学生提供了学习主题、基本线索和知识结构,教材不仅要呈现知识内容,还应向学生展示获得知识的过程和学习的方法,让学生逐步体验到如何去发现和提出问题、分析和解决问题,学会观察、思考和表达,发展创新能力。

---

① 高凌飚.关于教材评价体系的建议[J].全球教育展望,2002(4):46-50.

可以说，没有哪种文本像教材那样，如此旗帜鲜明地以改造人的内心世界为己任，如此当仁不让地以影响人的未来发展为标准，如此有目的、有计划、有系统地塑造青少年一代。一定程度上说，有什么样的教材，就会有什么样的年轻一代，就会有什么样的国家未来。

（二）教材与课程标准以及学生潜在学习能力的一致性研究值得关注

教材的编写必须以课程标准为依据，教材与课程标准保持一致是落实国家课程标准的最重要的举措和手段，是教师依据课程标准开展课堂教学的基本要求。建立教材与课程标准一致性评价模式，是朝向科学研究教材的努力。目前比较有代表性的一致性分析模式有 Webb 模式、The Surveys of Enacted Curriculum 模式（简称 SEC 模式）和 Achieve 模式。[①] SEC 模式是 Andrew Porter 和 John Smithson 通过对 Webb 分析模式进行批判和发展得到的，它弥补了 Webb 模式知识种类维度的缺陷，适用于教材与课程标准的一致性分析。Achieve 模式主要用于测验—标准的一致性分析。目前，我国关于教材一致性研究还不够成熟，处于借鉴和本土化实践阶段，为数不多的成果主要集中于习题与课程标准的一致性研究。教材多样化的今天，为繁荣教材建设，促进教材质量的提高，教材与课程标准的一致性评价研究应受到关注。

教材是为学生学习而设计的，是学生获得系统知识技能的主要资源，教材内容的确定要符合学生的认知发展水平，要与学生潜在学习能力一致。皮亚杰认为，儿童学到些什么，取决于他的发展水平，并不是儿童看到的每一件事件都可以充作引发儿童做出反应的刺激的。儿童的智慧和道德结构同我们成人不一样，因而新的教育方法应尽一切努力按照儿童的心理结构和他们不同的发展阶段，将要教的材料以适合不同年龄儿童的形式进行教学。[②] 皮亚杰对儿童认知发展的重要见解，对于今天的课程内容设计仍有指导意义。

美国学者柯普兰是皮亚杰理论的倡导者，著《儿童怎样学习数学》（1984 年）列出了不同年龄阶段儿童所能掌握的数学概念：简易分类（4—7 岁），系统次序（4—9 岁），数目守恒（4—7 岁），度量衡守恒（4—9 岁），加法、乘法、倍数（7—9 岁），交换性质（7—9 岁），结合性质（7—11 岁），分配性质（9—11 岁），欧几里得几何图形（4—9 岁），时间（7—11 岁），面积（9—11 岁），体积（11—15 岁），比例

---

① 王玎铃,武艳红,马兰刚.现行高中物理教科书与课程标准的一致性研究[J].物理教师,2021(6):23-30.

② 施良方.学习论——学习心理学的理论与原理[M].北京:人民教育出版社,1994:191-198.

(7—15岁),概率(9—15岁)。有学者研究认为,在儿童掌握数概念的初期,是不能脱离开实物来进行认数和记数的;小学四、五年级左右是分数概念发展的关键阶段,此时的"数"不再是仅仅代表整个实物,而是开始表示实物的一部分。① 有关学习心理方面的研究说明儿童学习数学概念具有一定的规律性和顺序性,并且存在关键阶段。小学数学概念在教材中排列的顺序,以及要求儿童认识概念所应达到的要求,都应服从于儿童的认知规律。由于学生的学习智能不仅具有多元性,而且存在差异性,因而教材与学生潜在学习能力的一致性研究必然具有复杂多变性。然而,无论从理论逻辑上还是从实践呼求上看,增强教材与学生潜在学习能力的一致性,是提升教材编制水平的应然追求。

(三) 统筹考虑教材的知识广度、深度,使之在"广而浅"和"窄而深"中更趋平衡

就基础教育课程的基础性、普及性和发展性而言,普及性要求课程设计必须考虑课程的广度,课程不能过深;而基础性和发展性又要求学生必须掌握学科学习和研究的相对系统的基础知识,并在学习中发展学科能力,接受科学研究的最基本训练,因而,课程又必须保持一定的深度。② 从上述研究来看,三版教材的总体难度呈明显上升趋势,主要缘于可比内容广度和可比习题难度的增加。三版教材在十四个知识主题中知识广度有明显差异,78版教材的广度较小,92版教材比78版有大幅增加,但在内容深度上略有降低,可视为由"窄而深"的教材模式向"广而浅"方向转变;12版教材在相应主题上的知识点虽略有减少,但在其他主题上有一些新的知识点增加进来,总体来看,本次课改设计的四个学习领域所包含的知识主题相对于前两版教材所涉及的课程内容仍可视为再次向"广而浅"方向靠拢。实践中"广而浅"和"窄而深"的课程模式似乎并不可取,应立足于两者的适度平衡。

20世纪末及其之前中国的小学数学教材内容结构是以小学算术作为核心学科的,在"精选、增加、渗透"和"加强应用、注重实践"的课程内容改革下,小学算术这门学科会不会在小学数学教育改革的潮流中被冲散、被淹没?美籍华人学者马立平博士在第二届融汇中西教育论坛上认为,小学算术是西方逻辑体系和东方教学智慧的结晶,我们有责任把这颗珍宝擦拭干净,打磨完

---

① 林崇德主编,沃建中著.小学数学教学心理学[M].北京:北京教育出版社,2001:144-145.
② 孔凡哲.螺旋式上升课程设计编排风格的误区及其矫正[J].课程·教材·教法,2006(10):41-46.

丽,呈现给世人。"广而浅""窄而深"是典型的两种课程类型,日本学者佐藤学在《学习的快乐——走向对话》中认为,课程改革从"广而浅"的课程向"少而深"的课程转型是迫在眉睫的课题。① 算术是小学数学的核心学科。几十年来,它的内容被逐渐精简、变得零落,其他数学分支的零散知识渗透进来,内容有逐渐泛化之势,小学算术的主干地位有所削弱,这种现象应当引起我们的重视。

（四）教材内容呈现可视化和具象化越加明显的同时,应加强与学科知识内容相匹配

教材内容的呈现是指教材中知识结构的外部表征,主要基于学习理论,依据课程目标和课程内容,按照知识发生、发展规律,进行组织架构。研究表明,教材的呈现方式影响教材的难度。在栏目安排、句法组织、图文搭配和视觉美感等方面要精心谋划,使之与学科知识内容相匹配,符合数学知识逻辑、数学教学逻辑和数学学习逻辑。改革开放以来,小学数学教材内容的呈现从文字为主到图文搭配的转变,体现出知识的可视化和具象化表征,知识习得的过程也更具情境性和互动性,学生借助图表,能更好地理解文字背后的价值理性,一定程度上反映从"教材"到"学材"的转变。"学材"观认为,教材是学生学习的读本,是面向学生学习体验建立的文化素材。知识以"对话者"的身份表现在教材中,具有内在的生命力、生活性和生长性。② 12版教材对此做了有益的尝试,通过创设情境或围绕某个问题,引导学生观察事物、分析数学事实,提出有意义的数学问题,运用提示语,启发学生合作、探究,学生成了知识形成过程中的"对话者",减少了教材中冗长的语言叙述。

教材的呈现方式必须符合对教材的功能定位,为实现教材的价值服务。三版教材中插图、照片和表格的篇幅随时间推移明显增加,特别是一些高质量的照片,增加了文本的直观性、趣味性和结构性。但由于单元内容的编排必须围绕主题内容进行组织和知识整合,必须保持一定的严肃性和准确性,才有利于学生建立清晰、准确的学科概念和系统的知识结构。因而,教材中图表不宜追求外观的华丽和过多的数量与篇幅,否则会影响教材知识主题的集中性与相关性,分散学生的注意力,使得学生的关注点不是在数学概念的抽象和规律的探寻上,而在图

---

① 佐藤学.学习的快乐——走向对话[M].钟启泉,译.北京:教育科学出版社,2004:117.
② 李志超.从"教材"到"学材":以学生为中心的教材观研究[J].课程·教材·教法,2020(8):25-31.

表的外观和形式上。① 选择和运用插图需要对插图的功能进行优化,有学者在对教材插图的研究中发现,教材编排时对于插图功能的体现不明确,插图绘制缺乏精心构思与设计,与教材内容做不到很好的配合,信息表达不准确。② 因此在选择教材插图时既要注重体现图文并茂,又要突出插图的不同功能。有学者通过眼动实验研究认为,不同类型的知识匹配不同类型的插图可以产生不同的学习效果。事实性知识和程序性知识匹配组织型插图对学习的促进作用最优,概念性知识匹配解释型插图对学习的促进作用最优;解释型插图对促进学习理解效果最佳,组织型插图对促进学习记忆效果最佳。③ 因此教材中的插图设计应考虑知识类型和学科特点,与学科知识内容相匹配,以更好地发挥插图传递信息的教育价值。

(五)增强习题认知要求的层次性,注重习题背景的多样化

三版教材习题的认知要求倾向于在理解的基础上达到掌握(应用)的水平,而了解(模仿)、综合应用水平的习题设置极少,缺乏层次性。有学者对人教版"12 版教材"中创造性思维的呈现进行定量研究发现:创造性思维各维度在人教版小学数学教材中均有呈现,尤为重视聚合思维;创造性思维各维度的呈现存在年级差异,且出现了"四年级现象"(即创造性思维在四年级的整体呈现比例最低);创造性思维的呈现存在课程领域差异,各维度在统计与概率及综合与实践的呈现比例远高于数与代数及图形与几何。④ 不同层次习题的运用,能让学生的数学学习有一个循序渐进的过程,也能更好地适应不同学生的学习需要。为了使学生的数学学习达到相应的目标要求,在习题的设置上应适当分为不同层次和思维类型,既有基础巩固、综合运用,也要涉及拓展探究,以促进学生对知识的灵活运用和创新思维能力的发展。

在习题背景方面,为了强化数学的实际应用,12 版小学数学教材对个人生活和社会生活背景给予了更多关注,虽然也设置了部分科学实验背景,但数量较少,涉及的学科领域也不宽广。数学并不是一门独立于其他知识体系的学科,而是与许多学科都有着密切的联系,尤其是对于自然科学而言,数学是学习这些学科的工具和语言,数学教育应该让学生认识到数学与这些学科的联系,这对于学

---

① 刘久成,刘久胜.人教社三种教材中"圆"的课程内容比较[J].数学教育学报,2015(2):46-49.
② 李悄.中小学教材建设的探索和实践[J].教育研究,2014(1):105-110.
③ 付婷婷.多媒体学习资源中插图设计的眼动研究[D].天津师范大学,2016.
④ 丁福军,张维忠.创造性思维在数学教材中的呈现研究——以人教版小学数学教材为例[J].浙江师范大学学报(自然科学版),2021(2):234-240.

生全面理解数学知识,形成合理的数学观,以及广义的数学能力都有着重要的价值。① 加强我国小学数学教材习题背景的多样化,注重与现实生活和其他学科之间的联系,是未来教材改革关注的问题之一。

(六)改善教材内容组织结构,为减轻学生过重课业负担创造条件

通过对教材难度的比较研究,可以客观描绘教材的难度水平,洞察教材编制的特征和问题。当前,小学生学习负担过重是客观存在的现象,原因是多方面的,课程教材的因素需要科学研究,精准判断。内容深度是影响教材难度的重要因素,而内容深度受内容的安排顺序、组织结构以及潜在的数学思维深度的影响,所以有学者认为,减轻学生的课业负担包括内容减负和结构减负,结构减负是指通过调整教材知识组织结构,改变教材知识呈现体系,从而实现减轻学生课业负担的教材减负方式。② 结构减负的途径主要在于教材内容的螺旋式组织与统整化设计。比如,图形认识的内容,分低年级直观认识到中高年级特征认识两个阶段,并且先基于儿童生活直观认识三维、二维的图形,然后按一维、二维、三维的顺序揭示图形的本质特征,这样既考虑到儿童感性经验的积累,又兼顾数学学科的逻辑发展。不过,有些具体内容的顺序安排还需要进一步优化。比如,长度单位本质上是用于度量线段的长度,然而,上述三版教材在内容的安排上,"线段"的概念总是迟于"量长度",这在逻辑上似乎并不合理。③ 教材中栏目的安排是教材组织结构的外在表现,三版教材中的栏目逐渐增多,功能得到进一步细化,对教与学有更明确的指向,但不是栏目越多越好,单元划分越细越好,功能相近或相同的内容、知识体系紧密相关的内容应适当整合,使教材的结构清晰、简明,减少重复,利于教学。

---

① 邝孔秀,宋乃庆.发达国家小学数学教科书编写改革趋势及其启示[J].比较教育研究,2016(5):63-70.
② 胡惠闵,王小平.国内学界对课业负担概念的理解:基于500篇代表性文献的文本分析[J].教育发展研究,2013(6):18-24.
③ 刘久成.建国以来小学数学"长度单位"教材内容的演进与思考[J].数学教育学报,2021(5):8-13.

主要参考文献

[1] 曾天山.教材论[M].南昌:江西教育出版社,1997.

[2] [荷兰]弗雷登塔尔.数学教育再探——在中国的讲学[M].刘意竹,杨刚,等译.上海:上海教育出版社,1999.

[3] 课程教材研究所.课程教材改革之路[M].北京:人民教育出版社,2000.

[4] 课程教材研究所.20世纪中国中小学课程标准·教学大纲汇编课程(教学)计划卷[M].北京:人民教育出版社,2001.

[5] 林崇德主编,沃建中著.小学数学教学心理学[M].北京:北京教育出版社,2001.

[6] [美]乔治·波利亚.怎样解题——数学教学法的新面貌[M].涂泓,冯承天,译.上海:上海科技教育出版社,2002.

[7] [日]佐藤学.学习的快乐——走向对话[M].钟启泉,译.北京:教育科学出版社,2004.

[8] 梁秋莲.小学数学教学探索:课程标准与教材教法之演进[M].北京:人民教育出版社,2007.

[9] 王建磐.中国数学教育:传统与现实[M].南京:江苏教育出版社,2009.

[10] 陈月茹.中小学教科书改革研究[M].北京:教育科学出版社,2009.

[11] 课程教材研究所.新中国中小学教材建设史(1949—2000)研究丛书·数学卷[M].北京:人民教育出版社,2010.

[12] 鲍建生,徐斌艳.数学教育研究导引(二)[M].南京:江苏教育出版社,2013.

[13] 孔凡哲,张恰.教科书研究方法与质量保障研究[M].长春:东北师范大学出版社,2015.

[14] 马云鹏.小学数学课程标准与教材研究[M].北京:高等教育出版社,2016.

[15] 袁振国.中小学理科教材难度国际比较研究丛书[M].北京:教育科学出版社,2016.

[16] 林碧珍.小学数学教法探微[M].福州:福建教育出版社,2017.

[17] 曹一鸣,梁贯成.21世纪的中国数学教育[M].北京:人民教育出版

社,2018.

[18] 李润泉,夏有霁,曹飞羽.新编全日制十年制学校小学数学教材介绍[J].小学教学研究,1980(2):42-50.

[19] 张玺恩,蔡上鹤.当前中小学数学教材改革中需要深入研究的几个问题[J].课程·教材·教法,1981(1):38-41.

[20] 曹飞羽,李润泉.四十年来小学数学通用教材的改革[J].课程·教材·教法,1989(10):1-8.

[21] 曹飞羽,李润泉,张卫国.义务教育小学数学教材介绍[J].课程·教材·教法,1992(11):23-26,10.

[22] 宫建.对我国小学数学课程知识选择优化的思考[J].课程·教材·教法,1993(12):27-30,39.

[23] 黄甫全.关于课程难度阶梯的初步探讨[J].华南师范大学学报(社会科学版),1995(2):104-108.

[24] 蔡晓春,陆克毅.关于数学教材分析方法的探讨[J].数学教育学报,1996(2):35-39.

[25] 刘兼.面向21世纪的中小学数学课程改革——使大众数学成为现实[J].教育研究,1997(8):63-67.

[26] 卢江.面向21世纪的小学数学课程改革与发展[J].课程·教材·教法,1998(10):38-43.

[27] 鲍建生.中英两国初中数学期望课程综合难度的比较[J].全球教育展望,2002(9):48-52.

[28] 任丹凤.论教材的知识结构[J].课程·教材·教法,2003(2):5-8.

[29] 史宁中,孔凡哲,李淑文.课程难度模型:我国义务教育几何课程难度的对比[J].东北师大学报,2005(6):151-155.

[30] 郑毓信.关于小学数学教材建设的若干想法[J].课程·教材·教法,2006(7):35-38.

[31] 陈月茹.关于教科书插图问题的思考[J].天津市教科院学报,2008(3):28-31.

[32] 刘久成.小学数学教材内容和结构改革六十年[J].课程·教材·教法,2012(1):70-76.

[33] 熊华.小学生估算能力的培养——对小学数学教材估算编排修订的思考[J].课程·教材·教法,2012(10):74-80.

[34] 李卓.小学数学教材螺旋上升编排方式探析——以统计概率为例[J].内蒙古师范大学学报,2012(25):90-93.

[35] 蒲淑萍."中国 美国 新加坡"小学数学教材中的"分数定义"[J].数学教育学报,2013(1):38-41.

[36] 蔡金法,江春莲,聂必凯.我国小学课程中代数概念的渗透、引入和发展:中美数学教材比较[J].课程·教材·教法,2013(6):57-61,122.

[37] 蔡庆有,邝孔秀,宋乃庆.小学数学教材难度模型研究[J].教育学报,2013(10):97-105.

[38] 李悄.中小学教材建设的探索和实践[J].教育研究,2014(1):105-110.

[39] 宋运明,李明振,李鹏,宋乃庆.小学数学教材例题编写特点研究[J].课程·教材·教法,2014(2):47-51.

[40] 宋乃庆,宋运明,李欣莲.我国小学数学新教材编写特色探析——以西师版为例[J].西南大学学报(社会科学版),2014(3):80-85.

[41] 卢江.落实新理念,关注学生的数学发展和教师的教学需要——人教版《义务教育教科书·数学(一至六年级)》介绍[J].小学数学教师,2014(7、8):5-8.

[42] 胡典顺,蔡金法,聂必凯.数学问题提出与课程演变:两个版本小学数学教材的比较[J].课程·教材·教法,2015(7):75-79.

[43] 张倩,黄毅英.教科书研究之方法论建构[J].课程·教材·教法,2016(8):41-47.

[44] 吴立宝,王光明,王富英.教材分析的几个视角[J].教育理论与实践,2016(23):39-42.

[45] 王攀峰.教科书研究方法的现状、问题与建议[J].课程·教材·教法,2017(1):34-41.

[46] 蒲淑萍,宋乃庆,邝孔秀.21世纪小学数学教材的国际发展趋势研究——基于对10个国家12套小学教材的分析[J].教育研究,2017(5):144-151.

[47] 李星云.改革开放40年我国小学数学教材的建设[J].课程·教材·教法,2018(12):21-26.

[48] 李海东.基于核心素养的"立体几何初步"教材设计与教学思考[J].数学教育学报,2019(1):8-11.

[49] 刘久成.小学数学"简易方程"内容量化分析——基于人教版三套教科书的比较[J].课程·教材·教法,2019(8):72-78.

[50] 余宏亮.建设教材强国:时代使命、主要标志与基本路径[J].课程·教材·教法,2020(3):95-103.

[51] 李志超.从"教材"到"学材":以学生为中心的教材观研究[J].课程·教材·教法,2020(8):25-31.

[52] 章全武.中国小学数学教材建设70年:回顾与展望[J].数学教育学报,2021(3):59-63.

[53] 刘久成.建国以来小学数学"长度单位"教材内容的演进与思考[J].数学教育学报,2021(5):8-13.